新闻传播专业"十四五"规划教材

全媒体时代突发事件舆论引导实用教程

刘笑盈
康秋洁 ◎ 著

Embracing Omnimedia
Public Opinion Management
and Communication in Emergency

中国传媒大学出版社
·北京·

前　言

　　人们曾经给现代社会拟定了许多名字，总结了许多特点，例如"后工业社会""后现代社会""信息社会""知识经济社会""全球化社会"，等等。其中，"风险社会"和"全媒体时代"这两个概念的提出，特别值得我们注意。

　　早在20世纪80年代，德国社会学家贝克就提出了"风险社会"的概念。20世纪90年代，英国学者吉登斯进一步丰富了这个概念，他在《失控的世界》和《现代性的后果》等著作中对其进行了多次探讨。吉登斯认为，在传统社会中并不突出的"风险"概念，在现代社会变得更加突出了。风险的概念来自不确定性，来自时间和空间上的延伸，但是由于全球化所形成的时空压缩，风险的意义扩大了。更可怕的是，传统的风险主要来自外部（external risk），但是当代更多的风险来自内部，是被制造出来的风险（manufactured risk）。他解释说："所谓被制造出来的风险，是指由我们不断发展的知识对这个世界的影响所产生的风险，是指在我们没有多少历史经验的情况下所产生的风险。"[①]吉登斯还为现代性下的风险景象画像，认为其中包括高强度风险（如核战争）、突发事件的全球化、社会化自然的风险、影响人的生活的制度化风险、风险意识本身的风险、专业知识局限性的风险，等等。他声称："核战争的可能性、生态灾难，不可遏制的人口爆炸，全球经济交流的崩溃，以及其他潜在的全球性灾难，为我们每个人都勾画出一副令人不安的风险景象。"[②]风险社会的直接表现，就是突发事件的频繁发生。

---

①　吉登斯.失控的世界［M］.周红云，译.南昌：江西人民出版社，2001：22.
②　吉登斯.现代性的后果［M］.田禾，译.南京：译林出版社，2000：110.

　　吉登斯的预言也许是对的，当今世界的确是突发事件频发、充满了风险和挑战的世界。2001年美国的"9·11"事件，2002年俄罗斯的莫斯科剧院人质事件，2003年中国的"非典"疫情，2004年印度尼西亚海啸，2005年法国巴黎群体性骚乱，2006年印度孟买火车连环爆炸案，2007年美国弗吉尼亚州校园枪击事件，2008年中国汶川大地震、拉萨"3·14"事件，2009年全球金融危机，2010年欧债危机、智利矿难，2011年中国甬温动车事故、日本"3·11"地震、英国伦敦骚乱，2012年北京"7·21"特大暴雨、日本"购岛"事件，2013年美国"棱镜门"事件，2014年西非埃博拉病毒疫情、中国昆明火车站暴力恐怖案，2015年中国天津港爆炸事件、"6·1"东方之星沉船事件、尼泊尔地震、法国巴黎系列恐怖袭击事件，2016年英国脱欧公投、朝鲜核危机，2017年美国强飓风、欧洲极端寒潮，2018年印尼强震海啸、法国"黄马甲"运动，2019年波音客机失事、法国巴黎圣母院大火、意大利威尼斯水灾……全球范围内各种自然灾害、事故灾难、公共安全和社会安全等突发事故接踵而至，给各个国家政府带来了巨大的挑战。随着突发事件越来越多，我们意识到世界上已经没有"世外桃源"，危机随时可能发生。最终在2020年，人类遭遇了近百年来最大的黑天鹅事件——新冠肺炎疫情的全球性大流行，这一全球性公共卫生危机事件将危险和全球性的灾难推向了极端。

　　在上面的简述中，我们已经谈到不少中国的突发事件。中国突发事件多，主要原因有三个：一是在任何国家的成长转型时期都可能有一个突发事件的高发期，而中国是一个处于成长转型期的超大型社会。二是中国的转型期正好与全球化的"风险社会"叠加在一起。也就是说，除了存在着吉登斯所说的"全球化"和"现代性"的人类社会共性背景之外，中国还存在独特的社会背景。这种背景包含在"现代化的速率""转型社会""中等收入陷阱"三个概念中。所谓"现代化的速率"，是指传统社会向现代社会转型的变化速度。据估计，中国的现代化速率要高于欧美国家数倍以上，而速度越快，离心力越大，因此这样的社会具有很大的离散性和不确定性。所谓"转型社会"是指从传统社会向现代社会型的社会，中国正处于这样的转型时期，同时也是事故的高发时期和社会矛盾突显时期。而所谓"中等收入陷阱"，是指在制度缺失与发展动力不足的情况下，许多国家人民收入一直在3000美元的中等收入到1万美元以上的高收入之间徘徊，只有少数国家很快就完成了这一阶段的跨越。而中国也正处在这一阶段，要么完成过渡，要么掉入陷阱。三是中国独特的自然地理特征。从西部的青藏高原到东部的海岸线，中国的地势地貌、气候情况极为复杂，因此中国也就成为自然灾害高发的地区。

不可否认，在这样的背景下，中国面临着巨大的现实问题。在经济方面，中国存在着经济发展与环境保护的问题；在社会方面，存在着贫富分化的问题；在制度方面，存在着社会与政治改革滞后、原有社会组织转型的问题；在文化方面，存在着传统文化观念的推陈出新与新道德观念确立等问题。这些问题，造成中国频频出现突发事件。

根据国家应急管理部的统计，中国是世界上自然灾害最严重的国家之一。中国的自然灾害有五个特点：一是灾害种类多，除了现代火山活动外，地球上几乎所有的自然灾害都在我国发生过。二是分布地域广，我国34个省区市均受到不同程度的自然灾害的影响，70%以上的城市、50%以上的人口分布在气象、地震、地质、海洋等灾害的高风险区。三是发生频率高，区域性洪涝、干旱每年都会发生，东南沿海地区平均每年有7次左右的台风登陆。四是灾害损失重，21世纪以来，我国平均每年因自然灾害造成的直接经济损失超过3000亿元。因自然灾害，每年大约有3亿人次受灾。五是灾害风险高，全球气候变暖导致我国极端天气气候事件多发、频发，高温、洪涝、干旱的风险进一步加剧，地质灾害风险也越来越高。① 以2020年为例，我国的自然灾害以洪涝、地质灾害、风雹、台风灾害为主，地震、干旱、低温冷冻、雪灾、森林草原火灾等也有不同程度的发生，全年各种自然灾害共造成1.38亿人次受灾，591人因灾死亡失踪，589.1万人次紧急转移安置，共计10万间房屋倒塌，30.3万间房屋严重损坏，145.7万间房屋一般损坏，农作物受灾面积达到19,957.7千公顷，其中绝收2706.1千公顷，造成直接经济损失3701.5亿元。② 就事故灾害来说，近年来，随着国家应急管理事业的长足发展，事故灾害的危险性已经得到较好的控制，生产安全事故起数和死亡人数逐年持续下降，较大事故、重大事故的数量也实现"双下降"。2020年发生安全生产事故3.42万起，死亡人数

① 应急管理部.我国自然灾害呈现五大特点［EB/OL］.（2020-02-10）［2020-05-30］.http://aj.china.com.cn/html/yjkp/20200210/28.html.
② 应急管理部.应急管理部发布2020年全国自然灾害基本情况［EB/OL］.（2021-01-08）［2021-05-20］.https://www.mem.gov.cn/xw/yjglgzdt/202101/t20210108_376745.shtml.

2.7万人。[①]随着各级政府治理能力的普遍提升，社会安全事件的发生频率有所下降，但是社会矛盾仍然多发，群体性事件也呈现出新的特点和态势。比如境外势力的干预和渗透、谣言从线下向线上转移、情绪化表达，等等。可见，舆论引导的任务依然严峻。正因如此，习近平总书记指出，"我们必须把防风险摆在突出位置，'图之于未萌、虑之于未有'，力争不出现重大风险或在出现重大风险时扛得住、过得去"[②]。同时，习近平总书记要求青年干部提高七种能力，其中第五种就是"应急处突能力"，要增加风险意识，做好随时应对各种风险挑战的准备。

正如吉登斯所言，风险社会的一个重要特征，就是"对风险的认识"本身也成了风险的组成部分，很多风险是"被制造出来的"。我们处在媒体爆炸性增长与传播全球化的时代。媒介形势的变化、全媒体时代的到来，是我们必须注意的另外一个重要问题。

全媒体是在媒介融合的基础上形成的。全媒体的"全"，不仅是指媒介形式的"全"，如广播、电视、电影、图书、自媒体等不同媒介形态的融合，而且指传播方式的"全"，如文字、声音、影像、动画、网页等多种表现手段的融合。不仅是传播内容的"全"，包括人类社会的所有方面，而且指传播覆盖的"全"，即传播无所不在，任何人在任何时间、任何地点、以任何终端都可获得任何想要的信息。

对各国政府而言，不仅要对突发事件进行处置，而且在处置过程中还要加上应对媒体的任务。对于中国来说，更是如此。中国的媒体自改革开放以来获得了高速发展，无论是传统媒体还是新媒体，发展速度在全世界名列前茅。有人认为，就传播能力和传媒基础规模而言，中国在不知不觉中已经成了世界第二传播大国。值得注意的是，中国的传播体制也正从传统的行政化体制向市场化体制过渡，这就为我国的媒体管理，特别是在突发事件中的媒体管理提出了更高的要求。更进一步说，我国已经进入了"全媒体时代"。最近二十年互联网的发展，尤其是最近十年移动互联网的发展，快速推动着我国媒介生态的不断变化。2014年8月18日，随着中央全面深化改革领导小组第四次会议审议通过了《关于推动传统媒体和新兴媒体融合发展的指导意见》，我国开始进入媒介融合的深入发展时期。全媒体时代的特征，正如习近平总书记总结的"四全三无"，随

---

① 数据来源：应急管理部、国家统计局网站。
② 中共中央党史和文献研究院.习近平关于防范风险挑战、应对突发事件论述摘编［M］.北京：中央文献出版社，2020：7.

着全媒体的不断发展，出现了"全程媒体、全息媒体、全员媒体、全效媒体"，信息无处不在、无所不及、无人不用，导致舆论生态、媒体格局、传播方式发生深刻变化，新闻舆论工作面临新的挑战①。

可以说，突发事件处置及舆论引导是对政府的一种现代化要求，也是对政府能力的一种考验和体现。

近年来，我国关于突发事件处置与舆论引导的案例在不断增加，相关的制度体系在持续地建立完善过程中，相关的研究也在不断丰富。这些为本书的写作提供了很好的基础，本书就是基于上述实践和理论所做的进一步研究。本书按理论、制度和实务三篇布局。全书共有八章，其中第一、二、三章为理论部分，研究我国的媒介环境、突发事件的概念及应对机制、舆论的概念及突发事件中舆情的特点；第四、五章为制度建设部分，研究突发事件中舆论引导的制度规定、新闻发布的制度建设，特别是新闻发布制度与突发事件舆论引导的关系；第六、七、八章为实务部分，研究突发事件中舆论引导的原则与方法、突发事件舆论引导的典型案例，以及新闻发言人的公共表达问题。

在本书的写作中，我们主要把握的原则就是基础性和实用性。所谓基础性原则，就是本书尽量厘清基本概念，使用的解释和有代表性的案例；所谓实用性原则，就是本书采用理论联系实际的方式，多用一些案例特别是最新的案例对其展开分析，其中既有成功案例也有失败案例，以期为舆论引导的实践提供宝贵的经验。希望本书能为我国的突发事件处置能力和舆论引导能力的提升添砖加瓦。当然，这些原则和目标能否达到，还需要各位读者的检验。

作者

2024 年 5 月

---

① 习近平.加快推动媒介融合发展，构建全媒体传播格局［J］.求是，2019（09）：4-6.

目　录

第一章　中国的传媒环境与传媒政策

■ **关键问题**

　　1. 中国的媒体发展与舆情特点是什么？

　　2. 中国的传媒政策是什么？

　　3. 中国媒体的社会功能有哪些？

　　4. 政府与媒介关系研究有哪些重点？

　　本章是全书的概述性章节，主要探讨中国的媒体环境和传媒政策、中国媒体的社会功能和政府新闻学的相关研究，这些是突发事件舆论引导的研究背景和基础性研究。

一、当前中国的媒体发展与舆情特点

（一）当前舆情的媒介基础：从不同舆论场到媒介融合

　　新华社原社长南振中在 2003 年提出了"两个舆论场"的概念。他指出，"在现实生活中存在着两个并不完全重叠的'舆论场'：一个是主流媒体着力营造的'媒体舆论场'；一个是人民群众议论纷纷的'口头舆论场'"。人民群众从自身的感受出发，每时每刻都会关注一些共同领域、共同问题，在口口相传之中形成了"口头舆论场"，那些

1

相对集中的社会话题就会成为一段时间内街谈巷议的焦点。[①]他认为"口头舆论场"往往是社会的"风向标",具有重要的参考价值。如今,由于网络的普及,群众的"街谈巷议"进一步汇聚成为网络舆论场。在当代社会背景下,三个舆论场开始融合发展。

改革开放以来,我国的传统媒体获得了前所未有的发展。1978 年,全国只有 186 种报纸,总印数为 127.76 亿份;2010 年,全国出版报纸达到 1939 种,总印数达 452.1 亿份。1978 年,全国只有 930 种期刊,总印数为 7.62 亿册;2010 年,全国期刊总数达到 9884 种,总印数为 32.2 亿册。不仅数量大幅增长,报纸的结构和体制也出现了变化,由单一的党报体系转变为党报(时政类)、都市报、晚报、经济类、生活服务类、体育文化类、行业类和文摘类等门类齐全的综合报刊体系。几乎所有报刊都开始了企业化管理、市场化经营,区别只是各报刊的市场化程度不同而已。非时政类报刊都已基本完成改制转企,时政类报刊的改制也在进行中。中国是世界上拥有电视台和电视频道最多的国家之一。目前,中国有 408 家地级以上广播电视台,此外还有 36 家教育电视台和 2106 家县级广播电视台。[②]随着中国的电视市场进一步开放,中国先后批准了 30 多个境外电视频道在中国有限落地。中国电视现在已经形成中央广播电视总台(51 个频道)、省级卫星电视台(54 个频道)、省级地面台(每省的地面台有 6 到 8 个频道,各省共计 200 多个频道)、都市电视台(300 多个电视台,共计 2000 多个频道)和境外电视台共同组成的电视格局,几乎达到了电视传播的全覆盖。与此同时,交互式网络电视(IPTV)和互联网电视(OTT)用户规模持续扩大,全国 IPTV 用户达 2.74 亿户,OTT 用户达 8.21 亿户。广播由于传播迅速、覆盖面广、不受文化和地域的限制,曾经是中国受众最多的媒体。改革开放之后,中国的广播媒体经历了一个 U 字形的发展。截至 2019 年底,全国广播节目综合人口覆盖率达到99.13%,尤其是在乡村振兴战略实施"广播电视户户通"政策的大力推动之下,农村广播节目综合人口覆盖率达到 98.84%。截至 2019 年底,全国开展广播电视和网络视听业务的机构约 4.7 万家。其中,广播电台、电视台等播出机构 2591 家,从事广播电视节目制作的经营机构约 3.3 万家。[③]

报刊、广播、电视构成了传统传播体系,网络与移动新媒体又构成了新兴传播

[①] 南振中.把密切联系群众作为改进新闻报道的着力点——对"三贴近"本质和核心的思考[J].新闻战线,2003(11):4-9.

[②] 根据国家广播电视局发布的各级广播电视播出机构及频道频率名录,截至 2020 年 10 月。

[③] 数据来源于国家广播电视总局《2019 年全国广播电视行业统计公报》。

体系。

网络媒体是传播全球化时代的重要标志和产物。1998 年，联合国把网络媒体定义为"第四媒体"（前三个是报刊、广播、电视），网络媒体开始高速发展。1995 年，中国有了第一份网络刊物《神州学人》、第一家网络报纸《中国贸易报》；1996 年，《人民日报》《经济日报》《金融时报》等 30 多家媒体推出网络版；1997 年，人民网、新华网、中央电视台网站等传播媒体网站开通，同年出现了商业网站——网易；1998 年，新浪、搜狐等商业网站相继开通；2000 年，千龙、南方、东方等地方媒体联合网站开通，形成了中央、地方和商业网站并存的格局，同年，百度成立，搜索引擎时代开启；2005 年前后，博客的盛行标志着社交化网络时代的开始，包括博客中国、天涯社区、人人网、开心网和 QQ 空间在内的大批社交网络平台诞生；2007 年，政府发布《电子商务发展"十一五"规划》，将电子商务服务业确定为国家重要的新兴产业。趁着这股东风，阿里巴巴和京东等企业迅速崛起；2009 年，"双十一"走上互联网舞台，并逐渐发展成为中国互联网最大规模的商业活动；2010 年又被称为"微博元年"，微博注册用户超过1.2 亿，微博成为影响社会舆论的重要传播平台；2011 年，微信上线，433 天后用户数达到 1 亿，2 年后用户数突破 3 亿，现在月活跃用户数已经超过 12.1 亿；2012 年，手机网民规模达到 4.2 亿，使用手机上网的网民人数首次超过使用电脑上网的网民人数，中国正式进入移动互联网时代，各种移动应用与消息流社交网络迅速崛起，新的商业模式也不断涌现；2015 年，"互联网 +"行动计划开启，互联网渗透到各行各业，自媒体大热，知识付费崛起，共享经济大火，区块链、人工智能、新零售等概念层出不穷；2016 年，网络直播迅速兴起，成为新的内容传播平台和社交媒体平台；2018 年，抖音、快手以超高速度成长为新的流量巨兽，短视频崛起为全行业增速最快的板块，一年之后，短视频用户规模已经超过 6 亿，网民使用率达到 75.8%；2019 年，中国正式开启 5G 商用，互联网传播进入新纪元。

数据显示，截止到 2022 年 12 月，中国网民数量已经达到了 10.67 亿，相当于全球网民的五分之一，互联网普及率达到 75.6%，高于全球平均水平，近十亿网民构成了全球最大的数字社会。[①] 值得注意的是，在数字化与网络化基础上，基于数字传播的各种

---

① 中国互联网络信息中心.第 51 次中国互联网络发展状况统计报告［EB/OL］.（2023-03-02）［2023-06-08］. http://www.sohu.com/a/658769255-115318.

新媒体的发展，特别是移动多媒体的发展，带来了新的媒介现象。手机在中国的快速发展在世界范围内都是一个突出的现象，这也许与中国是一个人际关系社会的传统有关。截至 2022 年底，中国已经成为全球最大的智能手机市场和最活跃的移动网络市场，我国手机网民规模达到 10.65 亿，网民使用手机上网的比例达到 99.8%。除了手机之外，台式电脑（上网比例 34.2%）、笔记本电脑（上网比例 32.8%）、智能电视（上网比例 25.9%）和平板电脑（上网比例 28.5%）都是中国网民常用的上网终端。① "人人都有麦克风""人人都是通讯社"的时代到来了。

如果说传统话语体系是建立在专业化基础上的一对多、传播中心化的体系，那么网络媒体及"下一代"媒体的主要特征就是"多对多""去中心化"的体系，其建立在"草根""非专业"的基础上，"分享"与"体验"成了传播的新特点，适应的是新的离散型的社会体系。

"场"的概念来自物理学，指特定物质相互作用的空间，这个空间本身具有能量、动量和质量。这个概念被引入社会科学后获得了广泛应用，如"舆论场"的概念就为人们所熟知。学者刘建明认为，"舆论场"的形成需要三个要素：人们在同一空间的相邻密度和交往频率较高、空间开放度大、空间感染力和诱惑力较强。一个空间具备这三个要素就有可能形成"舆论场"，而且一旦形成就有可能加速蔓延。② 喻国明也提出，"舆论场"就是"包括若干相互刺激因素，从而能使许多人形成共同意见的时空环境"③。从宏观角度讲，当代中国本身就是一个充满刺激和变数的时空环境，就是一个巨大的"舆论场"。不过，在这个大"场"之下，我们还可以分出许多不同层次和类型的小"场"，而且这些"场"随时都在流动，在发生着变化。

2014 年，中国传媒产业总值达 11,361.8 亿元，首次超过万亿元大关，互联网与移动增值市场的份额超过传统媒体市场份额总和，网络广告收入也首次超过电视广告④。2015 年，媒体行业进入"平台重塑，个人崛起"的自媒体时代。腾讯公司年报显示，微信的月活跃用户数达到 6.97 亿，"两微一端"的新媒体传播平台开始成为新闻资讯传播

① 中国互联网络信息中心.第 51 次中国互联网络发展状况统计报告［EB/OL］.（2023-03-02）［2023-06-08］.http://www.sohu.com/a/658769255-115318.
② 刘建明.当代舆论学［M］.西安：陕西人民教育出版社，1990：107.
③ 喻国明，刘夏阳.中国民意研究［M］.北京：中国人民大学出版社，1993：283.
④ 崔保国.中国传媒产业发展报告（2015）［M］.北京：社会科学文献出版社，2015：5.

的主平台^①。2016 年，进入 4G 时代后短视频和网络直播发展强劲，逐渐成为新的传播高地，塑造微传播新生态^②。2018 年以后，新闻资讯消费市场进一步移动化。根据企鹅智库 2018 年 6 月发布的数据，中国互联网消费者平均每天用于资讯的消费时间达到 76.8 分钟。移动互联网企业中形成"四超"格局——腾讯、字节跳动、阿里、百度系产品牢牢占据着超过全网 70% 的使用时长。^③2019 年，5G 走商用之路，人工智能也全面进入新媒体实操阶段。截至 2022 年底，中国 5G 用户已达 5.61 亿户。^④ 新媒体成为中国网民获取新闻信息的重要渠道，人们倾向于通过微信、微博、抖音等新媒体渠道获取信息，半数以上的中国手机网民装有新闻客户端，大部分用户关注新闻资讯是否有音频、短视频、直播等直观化的多媒体内容展现形式。

在此过程中，中国的整体媒体格局发生了重大变化，不仅呈现出传统媒体国际化增量发展以及新媒体日新月异的发展局面，同时传统媒体也开启了与新媒体融合发展的进程。2014 年 8 月，中央深化改革领导小组会议审议通过了《关于推动传统媒体和新兴媒体融合发展的指导意见》，将媒体融合提高到国家战略的高度，2014 年因此被认为是中国的"媒体融合元年"。当年，9 家中央媒体的客户端、采编平台、数据中心、播控平台等四大类 15 个重点项目建设起步。^⑤2015 年 3 月，"互联网 +"行动计划实施，对于媒体融合发展带来极大的促进，媒体融合从终端融合、渠道融合跨入业态和商业模式融合阶段。2016 年，腾讯与人民日报社签订《媒体融合发展创新战略合作协议》，通过共同建设中国媒体融合云平台，为全国媒体行业提供云服务体系和媒体融合平台应用工具。同年 2 月，人民日报推出的融媒体产品"总书记的元宵节问候"，全网点击量突破 2.5 亿，7 月推出的单条微博"中国，一点都不能少"针对南海问题发声，传播超 1 亿次。^⑥2017 年 3 月，浙江日报报业集团与阿里巴巴文化娱乐集团优视科技（UC）合作建设"媒体融合服务体系"，在内容创作、数据洞察、平台运营等方面深入合作，开启"内容＋平台＋大数据＋商业化"的融合发展模式。中国传统媒体与社交媒体、互联网

① 唐绪军.中国新媒体发展报告 No.7（2016）[M].北京：社会科学文献出版社，2016：4.
② 唐绪军.中国新媒体发展报告 No.8（2017）[M].北京：社会科学文献出版社，2017：8-10.
③ 曾祥敏.中国新媒体研究报告 2019 [M].北京：人民日报出版社，2019：20.
④ 国家互联网信息办公室.数字中国发展报告（2022 年）[EB/OL].（2023-05-23）[2024-01-12].http://www.gov.cn/govweh/lianbo/bumen/202305/content_6875868.htm.
⑤ 梅宁华，支庭荣.中国媒体融合发展报告（2016）[M].北京：社会科学文献出版社，2017：3.
⑥ 梅宁华，支庭荣.中国媒体融合发展报告（2016）[M].北京：社会科学文献出版社，2017：7，10.

公司、科技公司的联系日益紧密。2018 年以后，媒体融合进入深度发展阶段，从"向网络平移内容同时强化报（台）网互动"的融合 1.0 阶段，进入"移动优先，'一端两微'为建设风口，移动'互联网 +'媒体为外延扩张和内涵增长主线"的融合 2.0 阶段，并且开启了"旗下各产品的生产流程打通，报（台）网端微相融，彼此联动，快、全、深、广覆盖，建立策采编发一体化协调机构"的融合 3.0 阶段（如图 1-1）。[①] 在此过程中，以中央三大台合并组建中央广播电视总台为标志，中国媒体融合"动本体、改存量"，全面进入一体化发展的全媒体时代。

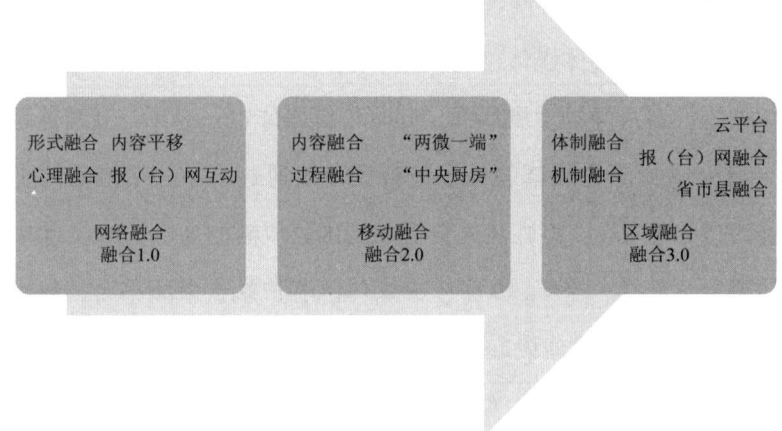

图 1-1　媒体融合的三个阶段

　　总体来说，传统媒体的议程设置能力进一步下降，"两微一端"成为很多中国人了解新闻时事的第一信源。网民结构日益向现实人口结构靠近，不断推动网络话语权趋于均等化。网民群落化、网络舆论分层、传播下沉、传播速度更快、传播范围更广、传播影响力更强、传播环境更复杂、传播方式极端化，这些都是全媒体时代传播的新特点。当下的传播环境对政府的媒体应对能力提出了越来越高的要求。一方面，官方和民间互动和共识度在提升；另一方面，传统热点依然存在、新的热点不断出现。在涉及群众利益的突发事件和热点问题处置上，一些部门的应急管理被动，舆论引导乏力，公信力亟待修复和提振。

---

① 梅宁华，支庭荣 . 中国媒体融合发展报告（2019）［M］. 北京：社会科学文献出版社，2019：10-11.

（二）当下中国舆情的特点

当我们从传播类型的角度出发，大致区分出媒体舆论场、口头舆论场和网络舆论场之后，还需要进一步研究中国当下舆情的特点。概括而言，舆情特点主要表现为以下五个方面。

1. 信息剧增，传播速度加快

在"口头舆论场"依然存在的情况下，媒体舆论场与网络舆论场的信息量大大提高，我国进入了空前的舆情活跃期。首先是媒体的数量大大增加。在过去二十年间，尽管在整体消费市场转型和政策调控存量改革的影响之下，大量传统报刊退场、部分广电媒体关停并转，但是仍有大批报刊、广播、电视等传统媒体经历了由规模增量到覆盖扩容的转变，尤其是在社会影响力层面，传统媒体仍是当前的舆论主导。与此同时，新媒体的发展使传媒产业的边界得到了极大的扩展。截至 2020 年底，我国的网站数量达到 443 万，网页数量达到 3155 亿个，各种移动互联网应用数量达到 345 万款，全年移动互联网接入流量更是高达 1656 亿 GB。[1]

其次是单个媒体的传播覆盖面大大增加，传播的信息量也随之增加。人民网研究院的调研数据显示，报纸的网站、自建客户端等自有平台覆盖率及在聚合新闻客户端、微信、微博等第三方平台的入驻率都超过 90%。[2]2020 年，报刊、电视、广播等传统媒体的新媒体内容生产、用户增长和传播数据都有较好表现，融合转型、新媒体渠道建设成效得以集中体现。[3]至于新媒体，更是信息的海洋，一个规模网站每天的信息更新在千条以上，这还不算跟帖、资料库的信息。目前，中国网络新闻用户规模达到 7.83 亿，占网民整体的 73.4%[4]。可以说，中国已经迈进了信息社会的门槛。就传播的效率而言，从近代的 MM（每月 Month 的新闻每月报）、WW（每周 Week 的新闻每周报）发展到现代的 TT（每天 Today 的新闻每天报）和当代的 NN（现在 Now 的新闻现在报），传播的

①　中国互联网络信息中心. 第 47 次中国互联网络发展状况统计报告［EB/OL］.（2021-02-03）［2023-04-08］. http://www.cac.gov.cn/2021-02/03/c_16139234230793.htm.

②　崔保国，徐立军，丁迈. 中国传媒产业发展报告（2020）［M］. 北京：社会科学文献出版社，2020：8.

③　崔保国，徐立军，丁迈. 中国传媒产业发展报告（2020）［M］. 北京：社会科学文献出版社，2020：3.

④　中国互联网络信息中心. 第 51 次中国互联网络发展状况统计报告［EB/OL］.（2023-03-02）［2023-06-08］. http://www.sohu.com/a/658769255-115318.

速度在不断提升。

案例回顾 1-1

2011年日本地震引发抢盐风波与2020年中国抢购双黄连事件

2011年3月11日，日本东北部太平洋海域发生9级地震，随即引发最高达4.2米的大海啸。次日，福岛核电站发生爆炸并出现核泄漏，形成自然灾害引发的次生灾害。15日下午起，由于受到"核辐射污染海盐将导致食盐匮乏"以及"吃盐可以防辐射"等谣言的影响，中国东南沿海部分地区出现了抢购食盐的现象。这一谣言似乎在一夜之间传遍全国，第二天，中国大部分地区开始出现了民众抢购食盐的情况，一时间造成各地食盐脱销。中国政府迅速通过媒体回应，为民众解疑释惑，消除谣言带来的影响。17日中午之后，抢盐风波逐渐消退。这一事件说明在现代社会，信息传播之迅速、覆盖面之广，媒体的社会影响之大。无独有偶，2020年新冠肺炎疫情暴发初期，由于有媒体在1月31日晚10点误报"双黄连可以预防新冠肺炎"的消息，全国多地出现了深夜抢购双黄连的事件，给疫情防控工作带来极大的挑战。之后媒体迅速澄清不实消息，才让这次抢购热潮在次日凌晨逐渐消退。2011年，一则谣言从出现到结束用了48小时，而2020年只用了5个小时，相比之下，信息传播的速度提高了近9倍。

由于中国处于转型时期，在信息和传播速度增加的同时，民众的参与意识也在不断增强，社会舆情活跃度仍在不断提高。中国人民大学舆情研究所自2010年开始发布"舆情蓝皮书"——《中国社会舆情年度报告》。2020年发布的报告显示，2009—2019年，中国的舆情事件分布趋势呈倒L形，2009年以后逐步升高，2012年达到峰值，之后逐年下降（如图1-2）。[①] 报告还指出，虽然近年来网络舆情的整体热度持续上升，但是最终成为公共话语聚焦的舆情事件比例在不断下降。也就是说，在整个社会话语场域中，能够吸引民众普遍关注的事件有所减少。但小范围群体内的社群话题事件有所增多，整

---

① 喻国明，李彪. 中国社会舆情年度报告（2020）［M］. 北京：人民日报出版社，2020：36-37.

体上呈现出进一步的社群分裂和阶层分化。在群内同质性强、群际异质性强的特点的影响下，社会对话和舆论沟通的难度进一步提升，舆情的复杂性、舆论引导的重要性被摆在更加突出的位置。

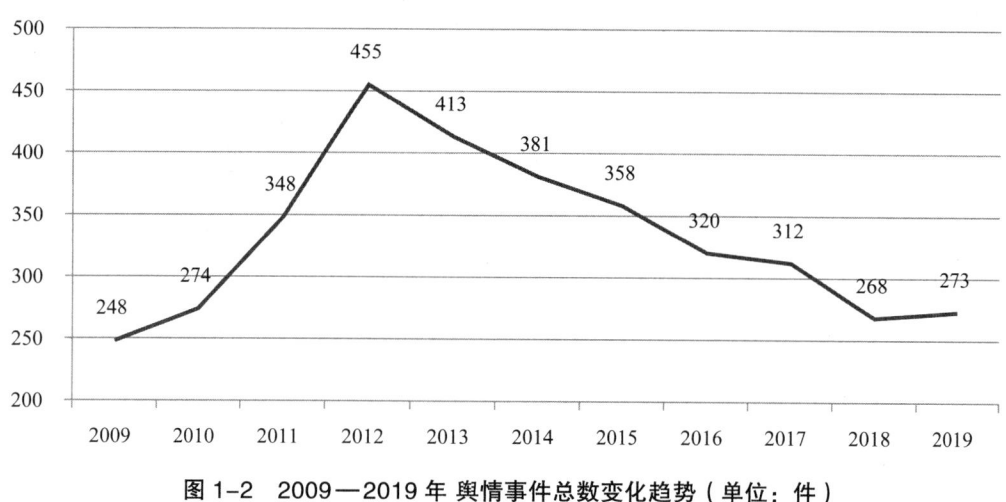

图 1-2　2009—2019 年舆情事件总数变化趋势（单位：件）

2. 舆论相对独立，媒体舆论依然活跃，新媒体的作用日益突出

传统社会中，媒体舆论场占主导地位，民间的口头舆论场相对独立。而在当代，不同舆论场的独立性都在增强。由于网络及移动媒体的发展，口头舆论场的地位有所下降，网络舆论场承担了部分口头舆论场的功能。而传统媒体主导的媒体舆论场由于市场化、产业化的影响和政府管理方式的转变，也开始表现出相对独立的趋势。尽管传统媒体依然是舆论的主要引导者，是舆论的主战场，但也开始受到新媒体越来越大的挑战。

案例回顾 1-2

陕西"周老虎"事件

2007 年 10 月 12 日，陕西省林业厅公布了安康市镇坪县城关镇村民周正龙于 10 月 3 日用胶片和数码相机拍摄的两组清晰的野生华南虎照片，就此宣告失踪了二十多年的野生华南虎被重新发现！但这一发现引起网络上一片质疑，网友从各个角度证明照片为假照，百度上关于此事的网帖超过 500 万个。

2008 年 2 月 4 日，陕西省林业厅发表致歉信。2008 年 6 月 29 日，陕西省政府召开新闻发布会，证实周正龙拍摄的华南虎照片为假，并处理了 13 名官员，周正龙被捕。这一长达四个月的媒体热议事件，是网络舆论介入社会公共事件的一个标志性事件，反映了网络舆论的巨大影响力。

如果说"周老虎"事件是网络舆论介入社会公共事件的标志性事件，那么 2008 年的"3·14"事件和火炬传递事件则是网络舆论介入中外关系的标志性事件。此后，网络媒体开始发挥越来越大的作用。根据人民网舆情研究所统计，2009 年的 77 件重大新闻事件中，有 23 件出自网络，占近 30%。2010 年被称为"微博元年"，这一年，不仅微博用户猛增到 6000 多万，中国传媒大学网络舆情（口碑）研究所的统计也显示，下半年近 30% 的重大舆情事件都源于微博。公众开始有意识地利用新媒体表达意见，新媒体为公民的政治参与提供了更为便捷的渠道，公众参与社会公共事务的广度逐步增加，程度日益深化。由于传播速率快、社会化程度高，微博成为舆情热点的重要表达平台，并在之后超越论坛、博客、新闻跟帖等前一代网络传播平台。2012 年，微博用户达到 3 亿，成为中国一个巨大的公共舆论场。随后，微信和新闻客户端崛起。2015 年，人民网舆情监测室对当年 1 月 1 日至 10 月 31 日 500 件社会热点事件统计分析发现，44.4% 的事件由互联网披露而引发公众关注，其中可以明确源发于"两微一端"的有 64 件，占比为 12.8%。如今，互联网对社会舆论的议程设置影响更甚。2019 年发布的《中国网络社会治理研究报告》称："微信作为当今中国社会网民社交的头号工具，在网络舆论方面发挥着至关重要的作用，约有 33% 的声音从微信平台发出，其中微信公众号文章逐步成为引爆舆论的导火索。"[①]

新媒体在全面进入社会舆论的各个领域，发挥越来越大的作用的同时，三种舆论场开始出现融合的趋势。口头舆论场和媒体舆论场加快了向网络舆论场的渗透和转化。这一方面打破了过去不同媒介之间的界限，形成了你中有我、我中有你、相融共生的大传播格局，另一方面也表明网络媒体地位的不断提升。但在此过程中，传统媒体依然保持着舆论主战场的地位。根据中国传媒大学网络舆情（口碑）研究所的统计，2009 年 1 月到 2010 年 8 月的 245 个网络舆情热点话题中，中央级新闻单位［如人民日报（网）、新

---

① 罗昕，支庭荣.中国网络社会治理研究报告（2019）［M］.北京：社会科学文献出版社，2019：86.

华社（网）、央视（网）等〕占了舆论源头的 46.1%，地方级新闻单位（如《东方早报》《齐鲁晚报》《潇湘晨报》等）占了 30.2%，二者合计占了新闻首发热点话题近八成的数量。①2013 年前后，随着智能手机和无线网络的普及，网络舆情的整体面貌持续变化，社交平台舆情持续升温，既有微博、新闻客户端等新媒体的广泛覆盖和高效传播，又有微信、朋友圈、QQ 群等熟人关系互动，互联网的渗透率和动员性空前强大。2016 年，腾讯发布《微信影响力报告》称："社交网络成为除新闻客户端以外的第二大新闻渠道，渗透率超过电脑和电视的总数。以微信为代表的社交平台成为新媒体传播的核心渠道，新闻广度（新闻客户端）+新闻过滤（微信等社交平台）成为网民获取新闻的左右手。信息传播架构被社交媒体消解和重构。"微博、微信和新闻客户端已经形成"三分天下"的格局，移动互联网逐渐成为社会舆论的主要信息来源。如今，除了微博、微信以外，直播、短视频等也开始成为网络舆论的重要聚合源头。2019 年，由个人发布信息引发的舆情事件已经占网络舆情整体的 26% 以上。②不过在这一趋势中，传统主流媒体依然保持着重要地位。

案例回顾 1-3

黑龙江庆安枪击案

2015 年 5 月 2 日，随着一声枪响，黑龙江绥化庆安火车站枪击事件迅速引起关注，各大媒体纷纷报道，网民持续关注、讨论，由此形成了 12 天的舆论风暴。截访、开枪，一时间舆论汹涌。这期间，当地政府的应急管理处置出现被动应付、口径不一、引导混乱的情况，进而形成了次生舆情和舆论流变，直到 5 月 14 日央视公布视频和调查结论说明事实，进行舆论引导，舆情才逐渐平息。在这一事件中，暴露的首要问题就是当地政府应对突发事件的处置与管理能力不足，同时从侧面体现出新媒体巨大的影响作用。

---

① 中国传媒大学网络舆情研究所.网络舆情及突发公共事件危机管理经典案例［M］.北京：中共中央党校出版社，2010：2.
② 罗昕，支庭荣.中国网络社会治理研究报告（2019）［M］.北京：社会科学文献出版社，2019：88-89.

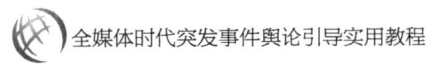

3. 舆论多元，社会监督成为常态

在我国，由于社会发展进入新时期，改革从经济领域走向社会与政治改革的"深水区"，网络社会向原生态社会回归，利益多元、诉求多元，此前很少见到的舆论多元化开始出现。不仅三个舆论场表现出各自的相对独立性，而且传统媒体原本趋于同一的舆论场也开始出现多元化的声音。

案例回顾 1-4

有毒食品报道与"适度腐败论"论争

2012 年 5 月 18 日，《北京日报》发表文章《唱响主旋律是中国媒体的社会责任》，称在一些媒体的炒作下，似乎中国所有的食品都是有"毒"的，所有的工程项目都是"豆腐渣"，所有公职人员都有问题，社会矛盾异常尖锐，发展前景迷茫黯淡。这些现象的出现，有的是受西方所谓"新闻自由"观念所蛊惑，有的则是"利"字当头，抛弃了媒体的职业底线。此文一出，部分观点很快引起争论。《新华每日电讯》刊发评论文章《专业舆论有助于消除"吃的恐慌"》，指出"直面问题才是解决问题的基础，媒体报道食品安全问题，是一种值得鼓励的舆论监督和社会监督"。在人民网"强国论坛"上，有网友支持《北京日报》的文章观点，也有网友支持媒体进行社会监督。不过总的来看，多数舆论还是反对《北京日报》的观点，认为是"鸵鸟钻进了沙堆"。

2012 年 5 月 28 日，《环球时报》发表文章《反腐败是中国社会发展的攻坚战》，提出腐败难以根除，关键要控制到民众允许的程度。民众要理解中国无法在现阶段彻底压制腐败的现实性和客观性，不要举国一起坠入痛苦的迷茫。这一论点，随即被一些媒体概括为"适度腐败论"，引发了舆论的不满。《监察日报》《中国青年报》等都发表文章批评，提出对腐败的"零容忍"，称该论点"误党误国"。

上述论争都表明，中国已经出现了舆论多元化的局面。更重要的是，在这一过程中，媒体在反思自己的社会作用，是"揭露社会"还是"赞美社会"，如何把握两者之间"度"的问题。

当前的中国社会，媒体的社会监督已经成为常态，传统媒体与新媒体都对舆论监督投入了极大的力量。在所有的新闻报道中，舆论监督的比重在不断上升。根据中国传媒大学网络舆情（口碑）研究所统计，在 2009 年 1 月—2010 年 8 月的 245 个网络舆情热点话题中，民生诉求、涉法涉警、贪污渎职三大领域占总数的 51.4%，企业财经、灾害事故、公共安全尽管热点不多，但是热度依然较高，关注度集中。在 245 个热点话题中，涉及各级政府部门的高达六成。中国人民大学舆情研究所的《中国社会舆情年度报告》（2020）显示，2017—2019 年，社会民生、法治、公共安全等成为整个社会关注的核心领域和心理痛点，这些议题也一直是民众关注度较高的舆情热点。尤其是社会民生领域的议题，如房价、医疗、保险等。作为民众关注的焦点，民生话题舆情呈现"多点串爆"趋势，从而构成社会合意空间和公共话题的主体。[①]"不同地区、不同阶层发展不平衡的问题会被聚焦，舆论场的包容度或降低，在某些议题上的撕裂可能加剧。"

在舆论多元和舆论监督方面，新媒体由于天然的特性获得了更大的施展空间。有人总结了网络媒体的五个特点：一是自由性，互联网是完全开放的，给了所有人发表意见和选择信息的自由。由于匿名，多数网民会表达自己的真实观点和情绪。因此，网络舆情比较客观地反映了现实社会的矛盾，比较真实地体现了不同群体的价值观。二是交互性，互联网是交互性媒体，微博更是一个巨大的社交平台，在这样的条件下，网民普遍表现出强烈的参与意识。在对某一问题或事件发表意见的过程中，网民之间经常形成互动场面，相互争论，甚至出现意见的碰撞。三是多元性，网络舆情的主题极为宽泛，话题的确定往往是自发、随意的。发布主体分布于社会的各阶层和各个领域，话题涉及政治、经济、文化、军事、外交以及社会生活的各个方面。四是偏差性，由于受到各种主客观因素的影响，一些网络言论缺乏理性，比较情绪化，甚至有些人把互联网当作发泄情绪的场所。通过情绪的相互感染，这些情绪化言论很可能发展成负面的舆论，造成不好的社会影响。五是突发性，网络舆论的形成往往非常迅速，一个热点事件加一种情绪

---

① 喻国明，李彪. 中国社会舆情年度报告（2020）［M］. 北京：人民日报出版社，2020：44.

化的意见，就可以成为点燃舆论的导火索。从个体意见到圈子意见再到公共意见，意见形成的速度极快。近年来，随着移动互联网和社交媒体的进一步发展，网络舆论又出现了一些新的特点。比如移动端的广泛使用、受众话语权的提升以及表达的门槛进一步降低，加速推动网络话语权趋于均等化。除此以外，网络舆论主体的多元化加之传播平台的多样化，进一步凸显网络舆论交锋复杂化的特点。

当代媒体在传递信息、传承文化、提供娱乐等方面的作用越来越大，其社会功能得到了充分发挥。由于中国的社会、政治体系仍在不断建设和完善当中，特别是社会沟通机制、利益表达和协商机制、仲裁与调节机制尚不完善，因此，舆论被赋予了更多的社会功能，在推动收入分配改革、社会保障体系建设、法治建设、决策科学化和政治民主化的过程中发挥着重要作用。从 2007 年的"华南虎"事件到 2008 年的瓮安事件，从 2011 年的"郭美美"事件到"7·23"动车事件，从 2008 年的"毒奶粉"事件到 2012 年的"工业明胶"事件，从 2016 年的"天津港爆炸"事件到"东方之星"沉船事件，从 2018 年的长春长生疫苗事件到 2019 年的无锡高架桥侧翻事故，从 2020 年的西昌森林大火到 2021 年的"7·20"郑州特大暴雨，舆论的力量无处不在。

从政府管理的角度出发，我们首先可以看到，高涨的舆情推动公共决策协商模式的改变。在传统的政府管理中，公共决策往往是通过相关职能部门自上而下地宣布，但现在，网络成了公民表达民意的重要渠道，也成为政府了解社情民意的重要窗口。政府决策逐渐从绝对主导的模式，转变为政府主导—民众参与的协商决策模式。其次，网络舆情影响公共管理的政策议程，促进政策法律法规的进一步完善。网络表达的聚焦和升温，引发政府等公共管理主体的重点关注，形成社会话题的"公共议程"，并可能上升为政策议程。

案例回顾 1-5

广州番禺区建立垃圾焚烧厂

有媒体报道称，广州番禺三年内将面临"垃圾围城"的困境。广州番禺区政府在 2006 年就规划建设垃圾焚烧发电厂，但到 2009 年 9 月才公布选址，结果遭到周围居民的强烈反对，引发了一场舆论风波。在上访、游行等传统抗议方式收效不大时，一部分居民甚至发起对政府官员的人肉搜索，开设网络论坛，表达他们对垃圾处理的意见，迫使政府不得不重视民意，改变决策。政府在12月暂停相关项目。2010年1月，政府又开展了"广州垃圾处理，政府问计于民"的网络问计活动，争取得到民众的理解和支持，促进了事件的最终解决。

案例回顾 1-6

四川什邡钼铜项目事件

2012年6月29日，四川什邡钼铜项目举行开工典礼，当地居民随即通过百度贴吧、QQ群等网络渠道对项目可能造成的环境污染展开讨论，不久后掀起舆论高潮，但是这一情况并未引起当地政府的重视。7月2日至3日，大量市民聚集在市委、市政府门口，反对钼铜项目的建设。7月3日下午，什邡市主要领导接受人民网记者采访时表示，由于前期宣传工作不到位，造成部分群众对该项目不了解、不理解、不支持。正是由于政府信息发布不够及时主动、公开全面，与民众之间的沟通不够通畅、有效，才使网络舆情上升为群体性事件。之后几天，什邡市人民政府新闻办公室通过官方微博"什邡发布V"连续发布多则《什邡市政府新闻办通告》，对事件的后续处理、人员情况、项目情况做了详尽的说明，网络舆论随即平息。

有媒体总结经验称，在上马类似高污染项目时，政府应该本着公开透明的原则，充分尊重公众的知情权、参与权、表达权、监督权。引发这些群体性事件很重要的一个原因就是政府忽视了网络上的民意诉求和流言传播的舆论引导。四川什邡钼铜项目事件已成为民间舆论倒推促使政府信息公开的重要案例。

4. 舆论成为影响社会发展的重要因素，舆论引导的任务加重

当代，舆论的作用得到了强化。但是由于制度和道德建设的不完善，舆论引导仍存在着不少问题。我们在总结西方"窃听门"事件时，对国内媒体存在的问题也进行了一些探讨，如假新闻、媒体偏见、有偿新闻、"隐性"采访、媒介审判、过度娱乐化等。

在网络社交媒体方面，虚假新闻、"晒"文化、吸引眼球的非理性表达、网络水军、"伪民意"等问题可能更严重。尽管"舆情不是敌情"，但我们还是要看到非理性现象背后的问题：一是某些地方政府缺乏舆情处置能力，从而导致信用透支、事件处置不当；二是当下社会人心浮躁，短期行为和功利主义盛行；三是社会的非理性认知习惯。喻国明指出："我们过去认为老百姓的社会判断、社会认知是通过理性判断来实现的，其实有大量的传播学研究证明，当下民众对90%，甚至95%的事件是通过情感的判断来加以认知的。情感判断本身是一种关系判断，也就是说任何人对你作出评价，凭借的不是事实、论据，不是逻辑本身，而是你和我的关系是怎样的。如果你和他的关系处在一种可质疑的状态，无论你把道理说得多通、把逻辑编织得多么严整，他也会给你贴上一个标签，你是'忽悠人'，你所有的道理、逻辑都化为乌有。"[1]

案例回顾 1-7

天津蓟县大火

2012年6月30日下午，天津蓟县莱德商厦突然起火，官方当天初步确认有10人死亡、16人轻伤。然而，一场由网络发起的"死亡人数统计"也随即展开。在多个所谓的"死亡数字"版本中，"378人死亡"这个惊人的统计结果吸引着公众的眼球。随后，一份"百人名单"的出现引发了更多的传言，使得真相愈加扑朔迷离。7月8日，政府公布了死亡名单。7月13日，《北京青年报》发表调查文章，就网传百人名单逐一核实。调查发现，政府公布的遇难者姓名全部在"百人名单"中，但有11人次属于重复计算。另外还有17条线索，涉及人数超过80人，均被采访到的村民和有关人士否认。政府工作人员称："我们从火灾发生当天就开始公布人员伤亡数字，可是老百姓就是不信，非得信传言""我们也不明白为什么会有那么多传言"。其实，有数字无细节、信息简单、不透明与信息滞后，是谣言出现并迅速传播的主要原因。

---

① 蓝狮子.X光下看腾讯［M］.北京：中信出版社，2011：13.

案例回顾 1-8

罗某某事件

2020年8月，一名梁姓女子公布了自己的一段不堪经历。在长达数千字的控诉中，她表示自己在2019年6月初遭到名叫罗某某的男子的强奸，然而对方却"给强暴披上了一层爱情的虚假外衣"，此后在所谓的"恋爱关系"中又有多次施暴行为。文章发出之后网络上一片沸腾，无数网友以女生是弱者为由加入了声讨"渣男"的行列。这篇博文立即得到数十万次的转发，很快登上微博热搜，其他媒体也火速跟进。之后一段时间内，罗某某被千夫所指，身份信息被泄露，不仅电话被"打爆"，甚至连家人也遭到骚扰威胁，还有人找出男方照片并冠上"强奸犯"之类的字眼在网上大肆散布。女方在整个过程中并未拿出任何证据，仅凭一个典型的"强奸犯"欺凌清纯女大学生的故事就引发了无数网友的同情和支持，经由网络这个放大器得到炸裂式的传播效果，相关话题的阅读数以亿计。在这个量级的关注度下，罗某某毫无还手之力，在半年时间里历经数次搬家、换工作，绝望地声称"遭受了巨大的身心伤害，现在完全'社会性死亡'，声誉尽毁"。

不久，舆论开始出现反转。从一开始支持女方的"一边倒"，逐渐出现了部分网友质疑女方只有一面之词、始终拿不出证据的声音。之后更有人声称，女方通过微博打赏获得几百万收入，还在粉丝群里爆料私信里收到的女性的悲惨经历。在司法介入之后，公安机关宣布"强奸案"不予立案，当事双方相继发布声明，澄清爆料所述并非事实，并称已经达成和解。与这一结果的轻描淡写相比，整个事件的发展演变以及由此而来的舆论冲击力，并没有因为双方的和解而散去。除了当事双方，对这场闹剧推波助澜甚至引发网络暴力的网友，同样扮演了十分重要的角色。正因为如此，这一事件也超越了普通的情感纠纷，成为网络时代一起值得被剖析的公共舆论事件。

在当代社会，一方面是媒体的功能日益凸显，对社会的作用越来越大；另一方面是媒体经常出现"失位"和"越位"问题。所谓"失位"，是指没有准确、客观、公正地报道新闻，反映社会的真实状况，承担媒体应该承担的责任；所谓"越位"，是指媒体过多地对事件进行了不当的干预。在突发事件中，由于信息量暴增，事件的发展具有高度的不确定性，很有可能出现"由点带面""牵一发而动全身"的连锁危机效应，所以在这样的媒介环境下，舆论引导的重要性和必要性更加突出。

5. 中国被世界聚焦，国内舆情与国际舆情结合，形成舆情共振

随着中国加入 WTO 并取得 2008 北京奥运会的举办权，中国融入世界的进程加快。2005 年，财富论坛在北京召开，引发西方媒体大规模报道中国的热情。2008 年，中国大事频发，国际媒体对中国的报道成为常态。在这一过程中，境外媒体对报道中国出现了"从轻视、俯视到重视、平视的模式转变"[①]。2009 年，默多克在新华社组织的世界媒体峰会上，甚至说"报纸要想畅销，就要把中国放在头版"这样的"语录"。2010 年，中国的 GDP 超过日本，成为世界第二大经济体，同时也是世界经济增长的第一大贡献国。聚焦中国，已经成为全球媒体的重要议题。

与此同时，中国也进一步打开国门，不仅对各国媒体来华开展新闻报道活动逐步放开限制，并且建立起相应的机制方便外国记者在华进行采访报道。2006 年 11 月 31 日，国务院公布《北京奥运会及其筹备期间外国记者在华采访规定》，2008 年 10 月 17 日公布《中华人民共和国外国常驻新闻机构和外国记者采访条例》，标志着中国政府以积极开放的姿态面对国际媒体。

近年来，国内舆情与国外舆情之间的互动越来越多，国内的突发事件、重大事件，也成为国外媒体争相报道的话题。例如，2011 年 10 月 13 日发生的"小悦悦"事件，引起了国际媒体的高度关注。英国广播公司（BBC）从 10 月 17 日到 21 日报道了 5 次，美国有线电视新闻网（CNN）从 10 月 18 日到 22 日连续报道了 4 次，日本的《朝日新闻》也在 19 和 21 日做了两次专题报道。在此事件中，中国的司法体系、社会文化风气，甚至城市化与"陌生人社会"的转型，都成了媒体探讨的主题。在信息传播进一步全球化、社交化、情感化的背景下，舆论传播更加凸显为基于互联网的国内外之间、传统媒体与社交媒体之间的共振。例如，2018 年的中美贸易摩擦、孟晚舟事件，2019 年的莫

---

① 刘笑盈，贺文发. 俯视到平视：外国媒体上的中国镜像［M］. 北京：中国传媒大学出版社，2009：1.

雷事件、英国死亡货车事件，2021年的"新疆棉"事件、特斯拉女车主维权，等等，都引起了国内外媒体的广泛关注。

案例回顾 1-9

莫雷事件

2019年10月5日，NBA球队休斯敦火箭队总经理莫雷在推特上发布了一张图片，内容是"为自由而战，和香港在一起"，旋即遭到中国球迷炮轰。10月7日，NBA总裁肖华回应此事称，NBA支持文化多样性和言论自由。这一言论再度引爆舆论。围绕这一事件引发的国际舆论涉及政治、经济、文化等多个领域，尤其在当时中美两国关系紧张的背景之下，引发中国各界对NBA的抵制。而在文化领域，人们围绕"言论自由"与"国家主权"等议题展开了激烈讨论。在此过程中，以推特为主要平台的国外舆论和以微博为主要平台的国内舆论，构成了跨越媒介平台和国家文化的联动，二者共同推动了整个事件的发展。

案例回顾 1-10

英国死亡货车事件

2019年10月23日，英国警方在埃塞克斯郡一工业园区内的一辆冷藏货车内发现39具尸体。在警方声明"尚无法确认身份"的情况下，英国独立电视台（ITV）、英国广播公司（BBC）、《镜报》和《卫报》等英国媒体报道称死者为"中国公民"，美国有线电视新闻网（CNN）、美联社（AP）等国际媒体也相继报道。这样一则发生在欧洲国家的新闻事件，很快成为中国舆情的风暴眼。

国内部分媒体在未对新闻事实进行核实的前提下，直接援引这些西方媒体的报道，以《英国警方：集装箱藏尸案39具遗体均为中国公民》《亡命"集装箱"：39名中国人到底经历过什么？》《39名中国人魂断英伦，英国"死亡卡车"诸多疑团仍待解》等标题发布报道。在微博等社交媒体平台上，也有众多网友基于"中国人""偷渡者"的推断开始发布议论，热烈讨论"亡命集装箱与中国偷渡往事"。直到 2019 年 11 月 1 日，英国警方正式发布调查结果，39 名遇难者均为越南籍。一众国际媒体遭遇"打脸"，国内舆论也随即反转，开始聚焦西方媒体的双标和所谓"客观报道"的虚伪性。在这一事件中，我们可以看到，涉及中国的国际事件引发的相关舆情不仅在国际舆论场有巨大影响，同时也会对国内舆论场产生巨大影响。

图 1-3　国内媒体在未经核实的情况下所做报道

当前，我国的媒体发展进入了一个新的阶段。在媒介传播呈现出全球化、社交化、情感化的大趋势之下，我国媒体格局和舆情的主要特点可以概括为：舆情泛化、传播下沉、舆论多元、载体变化快和热点转移快。舆情泛化是指舆情不再集中于少数的社会重大事件，任何微小的社会事件也可能在媒体渲染和社会情绪的共振下成为社会焦点事件；传播下沉是指参与传播的社会阶层越来越多，舆情呈现正在向中国社会的现实结构还原；舆论多元是指由于利益、观点的多元，无论什么样的舆情焦点，都有多元化的舆论意见；载体变化快是指新媒体平台不断出现，它们成为新的舆论观点以及舆论事件的发布平台；

热点转移快是指舆情的生命周期在缩短，瞬间聚集的舆情能量在增加，舆情处置的时间也在大大缩短。

（三）5G 时代舆情应对与舆论引导的新挑战

有句话说，"4G 改变生活，5G 改变社会"。4G 的很多应用不仅体现在传播领域，还体现在生活的方方面面。5G 则是在 4G 基础上的进一步延伸和扩展。5G 时代，传播层面的变化预计有以下几个方面：

一是传播速度更快，传播领域更宽。5G 技术作为传播的基础，其数据传输速率是 4G 的 10 倍以上，理论数值可以达到 100 倍，这使得信息高速公路的等级显著提高，传播的速率将大大加快。

二是传播形态更加多样，传播目标更加清晰。从 1G 到 4G，从短信、QQ、博客到微博、微信、短视频，从文字、声音到图片、视频的信息综合与浓缩，传播技术变化带来传播形态的变化。5G 时代，信息公路上的内容会更多，传播会更快，传播形态也将更加多样。

三是传播主体更加多元，场景化传播更加突出。从 1G 到 4G，分发平台和传播主体不断增加，5G 则是传播领域更宽、传播速度更快、分布更为密集的信息高速公路。"人人、处处、事事、时时"的传播，以及直播式、参与式的传播将成为更普遍的现象。

四是传播与社会的关系更加密切，传播的影响力更大。由于泛在网和万物相连的特点，5G 将形成一张社会各种关系联系更紧密的大网，传播将成为生产力，成为人类社会的信息神经系统。5G 时代，人与物、人与人、团体与团体、国家与国家，甚至全球都将更加紧密地联系在一起。当然，这种联系也可能由于信息茧房效应而产生更深的隔绝。

5G 时代的到来，必定会对新闻发布与舆论引导带来更大的挑战。

首先是信息形态的变化带来的挑战。5G 是开放的高速公路、没有围墙的花园，信息形态更加多元、注意力资源更加分散、竞争更加激烈。这就要求新闻发布与舆论引导更加主动，更加专业，更能被人所注意并接受。

其次是信息传播内容要素的变化带来的挑战。在传统的传播中，内容通过渠道到达受众，就完成了传播环节的闭合。但在高维智能媒体时代，体量巨大、瞬息万变和要素

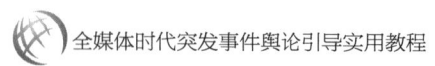

增加的"新传播"出现了。在传统的内容、渠道、受众三要素之外，又加上了场景、情感、关系三个新的要素，形成了"新传播六要素"。而且这六要素已经打通，在不断变化和互动中形成了复合性传播效果。只有把握好新传播六要素的汇聚和平衡互动，才能获得好的传播效果。

再次是信息传播方式的变化带来的挑战。5G 是更宽、更快，分布更为密集立体，更为开放的信息高速公路，信息的运载工具也更加多样。可以断定，仅依靠传统的传播媒体肯定达不到预期的传播效果。新闻发布的工具与传播形态必须与时俱进、不断创新。

最后是信息发布功能的变化带来的挑战。从媒介生态学的角度看，在 5G 时代，媒体生态与社会其他生态系统互为依存的程度将大大提高。也就是说，作为川流不息的信息流和社会的神经系统，传播的功能和作用将进一步提升。从微观角度讲，在自我赋权不断增加的时代，传播会影响人与人的联系；从宏观角度讲，传播会影响各国、各民族之间的联系。如何保证自我赋权而不至于权力异化，如何在全球传播中避免信息混乱和"巴尔干化"，对我国的新闻发布和舆论引导提出了新的挑战。

二、中国传媒政策的发展变化

由于传媒业具有很强的意识形态属性，政策在传媒业的发展中具有重要的作用。随着中国改革的不断深入，工业化、城市化、信息化的不断推进，中国的传媒政策顺应时代发展的潮流和中国传媒产业发展的新趋势，进入了快速调整的时期。

（一）政府的媒体管理特点

改革开放以来，特别是 21 世纪以来，政府的媒体管理方式发生了很大变化，这也是媒体的社会作用得以强化的重要原因。概括而言，政府的媒体管理特点主要表现在以下四个方面。

1. 开放性与民主化

鼓励舆论监督、保证四项基本权利，利用媒体推进政治民主化和社会体制改革。一直以来，中国政府都对媒体监督采取支持鼓励的态度。1987年召开的党的十三大就提出了"舆论监督"的概念，"提高领导机关的开放程度，重大情况让人民知道，重大问题经人民讨论"。1997年召开的十五大提出了完善民主监督机制的四条途径：党内监督、法律监督、群众监督和舆论监督。2007年召开的十七大进一步提出了保障人民群众的四项基本权利：知情权、参与权、表达权、监督权。在中国，媒体的监督体现在各个方面，包括政治监督、经济监督、社会与文化监督、社会风尚和道德监督等。政府对媒体的认识，逐步从"喉舌论"转变为"导向论"，再转变为"能力论"——引导舆论的能力的转变，要求"善待、善用、善管"媒体，这使得媒体作为社会感应器的作用逐步显现。

2. 产业化与市场化

鼓励传媒机制变革，推动传媒的市场化发展，使之成为国民经济发展的重要支柱。20世纪90年代，我国的传媒就开始了市场化的历程。21世纪以来，文化体制改革的速度不断加快。2000年，中共中央十五届五中全会首次提出了"推动文化产业发展"的建议；2002年，党的十六大提出了"积极发展文化事业和文化产业"的两业并举战略；2003年，文化体制改革试点开始启动；2006年，《国家"十一五"时期文化发展规划纲要》颁布；2007年，十七大报告提出了"文化大繁荣大发展"的命题；2009年，由国务院审议通过的《文化产业振兴规划》，标志着文化产业上升为国家的战略性产业；2011年10月召开的十七届六中全会，首次正式指出"文化是社会经济的主要支撑"。2012年4月，人民网股份有限公司IPO通过中国证监会的审核后，在上海证券交易所挂牌上市。作为国家重点新闻网站，人民网的上市实现了将编辑业务纳入上市公司整体业务的新突破。舆论认为，人民网上市是我国文化体制改革深化的一个标志性举措。"十三五"规划纲要明确指出，要建设现代传播体系，提高舆论引导水平，切实提高新闻舆论传播力、引导力、公信力、影响力。"十四五"规划纲要明确指出，必须把文化建设放在全局工作的突出位置，更加自觉地用文化引领风尚、教育人民、服务社会、推动发展。在此期间，我国传媒政策始终围绕着优化结构与规范秩序两大目标进行，具体表现在媒体融合发展、媒介技术运用以及网络空间治理三个方面。

在这些政策下，传媒的市场化程度越来越高，形成了一批文化传媒类上市公司领

头，大量新媒体公司紧随其后，所有媒体都在不同程度参与市场竞争的态势。在此过程中，传媒产业获得了高速发展。2022 年，中国传媒产业总产值达 29,082.5 亿元。

3. 现代化与多样化

推动包括新闻发布制度在内的多种管理模式的发展，探索媒介管理的新形式。中国传统的媒体管理方式主要是行政管理，媒体逐渐市场化之后，政府的媒体管理方式开始从原来的行政管理逐渐发展为社会化管理方式，建立起包括行政、法律、经济和公共关系等多种手段并存的管理体系。随着媒体的市场化程度不断提高，行政管理的范围在缩小，程度也在降低。除行政管理之外，通过法律手段管理也是中国媒体管理的特色之一。因为中国目前尚没有专门的《新闻法》，所以很多人认为中国没有媒体法制，这实际上是一种误解。改革开放以来，中国建立了庞大的法律体系，与媒体有关的就有《政府信息公开条例》《保密法》《国家安全法》《突发事件应对法》和规范市场行为的《合同法》《反不正当竞争法》《著作权法》《商标法》，以及《民法》中保护民众名誉权、隐私权等的相关条款。对于新兴的网络媒体，最近几年也纳入了法制化管理的轨道，不断出台各种管理规范。

此外，政府也开始用产业政策指导媒体。我国的传媒政策始终围绕着优化结构与规范秩序两大目标推进。"十三五"期间，政府媒体管理的一个重要变化，就是新闻发布制度的建立。这是媒体管理从行政管理到公共关系管理的一种拓展，也是现代政府管理范式的一种转变。1983 年 2 月，中央要求外交部和国务院各部门建立新闻发布制度，定期或不定期发布新闻信息。2003 年，"非典"疫情后，我国逐步建立健全各部门各级别的新闻发言人制度。经历了 1983 年之后的初创期、1993 年之后的曲折发展期，在 2003 年之后，我国进入了新闻发布制度的快速发展和制度建立期。尤其是 2007 年《中华人民共和国政府信息公开条例》的颁布，使中国的新闻发布进入了规范化的新时期。2013 年以后，我国的新闻发言人制度又进入了深化建设时期。2020 年 10 月 30 日，中央宣传部副部长、国务院新闻办公室主任徐麟在中共中央新闻发布会上提出，要适应形势发展和时代要求，建立中共中央新闻发布制度。这是全媒体时代党中央牢牢把握舆论主动权，密切与人民群众联系所采取的必要举措，也意味着未来的党务信息将会进一步规范、公开和透明。[①]

4. 渐进性与探索性

发展至今，中国的媒体管理制度还有待进一步完善。与改革进程一致，中国的媒体管理也具有渐进性和探索性的特点。目前，我国媒体管理存在的主要问题有：一是"政出多门"，管理体系中存在条块分割、多头管理的问题。二是媒体管理中的法制建设问题。尽管目前已经有一些相关的法律，但是中国的媒体法制依然在逐步健全的过程中。三是媒体从业人员的队伍建设和道德建设问题。尽管媒体领域开展了"三贴近""走转改"活动，但是面对日益浮躁的媒介传播环境，制度建设和对媒体从业人员的媒介道德规范的培养还需要加强。四是管理制度创新和完善问题。例如，新闻发布制度的完善、舆情监控机制的完善、舆论引导机制的完善等。五是各级领导对媒体的认识问题。尽管我们完成了从"喉舌论"到"导向论"再到"能力论"的转变，但是一些干部的思想还没有真正转变过来，仍需要不断提升自身的媒介素养和舆论引导能力。

进入全媒体时代以来，我国的传媒政策与媒体管理体现出一些新的变化与发展特征。这些变化首先体现在习近平同志关于新闻舆论工作的重要论述中。党的十八大以来，以习近平同志为核心的党中央把宣传思想工作摆在全局工作的重要位置，习近平总书记围绕党的宣传思想工作发表了一系列重要论述，提出了一系列新思想、新观点、新论断，为做好新时代党的宣传思想工作提供了根本指导。2020 年 11 月，中央文献出版社推出了《论党的宣传思想工作》一书，收录习近平总书记论述党的宣传思想工作的重要文稿 52 篇，强调了宣传和舆论引导工作要"守土有责""守土尽责"，要有阵地意识、责任意识、主动意识，要推动媒体融合，将互联网这个最大的变量变成事业发展的最大增量，要坚持党对新闻舆论工作的领导，尊重新闻传播规律，推动宣传工作不断"强起来"。2020 年 8 月，中央文献出版社出版了《习近平关于防范风险挑战、应对突发事件论述摘编》一书。

就实际工作而言，政府的媒体管理可以概括为两手抓、两手都要硬，即一手抓网络治理，打造清朗舆论生态；一手抓政府发声，回应社会与媒体关切。

[①]　中共中央就党的十九届五中全会精神举行新闻发布会［EB/OL］.（2020-10-30）［2021-06-30］. https//:www.gov.cn/xinwen/2020-10/30/content_5556105.htm.

在网络治理方面，中国政府从 2013 年 8 月开始打击网络谣言，最高人民法院和最高人民检察院出台了关于网络谣言的司法解释；2014 年 8 月，国家网信办发布了《即时通信工具公众信息服务发展管理暂行规定》，对微信等即时通信工具服务的提供者、使用者的行为及信息活动给出明确规范，简称"微信十条"；2015 年开始，国家网信办全面推进网络真实身份信息管理，对包括微博、贴吧、网站等互联网信息传播平台均实行实名制；2015 年 11 月 1 日，刑法修正案（九）正式施行，规定编造、传播虚假信息等网络犯罪行为入刑；2016 年 7 月，国家新闻出版广电总局出台《关于进一步加快广播电视媒体与新兴媒体融合发展的意见》，为广电媒体深化融合发展提出了明确方向和措施保障；2017 年 5 月，国家网信办发布了《互联网新闻信息服务管理规定》，进一步加强网络空间法治建设，促进互联网新闻信息服务健康有序发展，之后又陆续发布了《互联网论坛社区服务管理规定》《互联网跟帖服务管理规定》《互联网群组信息服务管理规定》和《互联网用户公众账号信息服务管理规定》，进一步规范各种互联网信息服务行为。

在加强网络规范管理的同时，国务院又通过了关于政府信息公开和新闻发布的一系列文件，包括《关于进一步加强政府信息公开回应社会关切提升政府公信力的意见》《关于全面推进政务公开工作的意见》《关于在政务公开工作中进一步做好政务舆情回应的通知》《关于全面推进政务公开工作的意见》《开展基层政务公开标准化规范化试点工作方案》《关于全面推进基层政务公开标准化规范化工作的指导意见》等。由此可见，政府在信息公开的责任主体、回应内容、回应实效和制度保障等方面，作出很多具体的规定，目的是打造阳光政府、透明政府、效率政府。2019 年 5 月 15 日，修订后的《中华人民共和国政府信息公开条例》正式施行，进一步扩大了政府信息主动公开的范围和深度，明确了政府信息公开的界限，完善了申请信息公开的程序规定以及监督与保障的规定。

（二）突发事件中的媒体报道

突发事件中的媒体报道，是检验和考察政府传媒管理方式变化的重要指标。我们可以把媒体在突发事件领域的报道情况分为三个大的发展阶段。

第一阶段是中华人民共和国建立初期。1950 年 4 月 2 日中央人民政府新闻总署给各地新闻机构发出一条《关于生产救灾报道的指示》，其中讲道："各地对救灾工作的报道现应即转入救灾成绩与经验方面，一般不要再着重报道灾情。过去的灾情报道一般是有益的，但亦发生了偏向……这种报道，把个别的特殊的例子夸大为一般的现象，片面孤立地宣传灾情的严重性，而没有和实际救灾工作相结合，这是客观主义倾向的表现。这种报道可能会造成悲观失望情绪；同时给予帝国主义反动派夸大我国灾情，进行挑拨造谣的借口。"[①] 这种充满意识形态化的报道策略在那个时代背景下有其特殊需要。1976年7月29日，唐山大地震发生后的第二天，《人民日报》采用新华社通稿发了两篇报道，分别为《河北省唐山、丰南一带发生强烈地震后 伟大领袖毛主席、党中央极为关怀中共中央向灾区人民发出慰问电》和《河北省唐山、丰南一带发生强烈地震 灾区人民在毛主席革命路线指引下发扬"人定胜天"的革命精神抗震救灾》，通篇都是救灾工作的正面报道，对灾情的描述仅以"震中地区遭到不同程度的损失"一语带过，对人们关心的受灾情况，如房屋倒塌多少间、死伤多少人等灾情信息介绍极少。

从改革开放到2003年，中国媒体的突发事件报道经历了一个从封闭到开放的过程，其中有三次转变。第一次转变是关于1979年11月的渤海二号沉船事故。媒体把事故原因归结为"突遇不可抗拒的特大风浪"，以《渤海忠魂》为标题刊发通讯，号召大家向牺牲者学习，发扬"不怕吃苦，不怕牺牲"的精神。尽管有关部门将此事件认定为责任事故，但未向社会公布。在时任国务院副总理薄一波、万里等领导的敦促和支持下，媒体才展开深入的采访调查。距事故发生8个月后，1980年7月22日，《人民日报》头版发表《石油部海洋石油勘探局忽视安全工作，违章指挥蛮干造成渤海二号钻井船翻沉重大事故》，《工人日报》头版头条刊出消息《渤海二号钻井船在拖船中翻沉》，同时配发长篇文章《渤海二号钻井船翻沉事故说明了什么》，披露真实情况，有力推动了事故处理和舆论平息。第二次转变是关于1994年3月的千岛湖事件。在此事件中，搭乘24名台湾旅客、6名船员、2名导游的游船在千岛湖遭遇歹徒登船抢劫，32人全部遇害。由于当时中国媒体奉行刑事案件"不破不报"的传统模式，将事件定性为"意外事故"。然而国际媒体抓住新闻，进行了大肆报道，使中国媒体不仅丧失了新闻的"时效性"和"真实性"，更是造成了舆论被动、广受国际社会舆论攻击的局面。到20世纪末与21世纪初的交汇时期，我国的突发事件报道开始有所改进。对1998年河北张北地震和长江

---

① 新华社新闻研究部 . 新华社文件资料选编 第2辑 1949—1953［M］，出版地、出版年不详：44.

抗洪、1999 年烟台"大舜号"海难、2001 年天安门法轮功自焚等一系列突发事件，媒体都做了相对及时准确的报道。2003 年是我国突发事件报道的第三次转变，面对"非典"这场全球瞩目的公共卫生事件，从初期的信息控制和媒体的集体失语，到后来信息逐渐公开和媒体报道陆续铺开，这一转变历程可以被认为是这一时期突发事件报道演进的一个缩影。

2003 年之后，一方面是政府突发事件报道的制度化体系建设加快，另一方面是媒体自身发展以及对突发事件的报道热情空前提升。我国突发事件中的政府舆论管理能力和媒体的报道能力都进入了一个新的阶段。从 2008 年拉萨 3·14 事件、5·12 汶川地震到 2011 年 7·23 甬温动车事故，从 2015 年东方之星沉船事件、8·12 天津港爆炸事故到 2016 年"毒疫苗"事件，从 2019 年成都七中食品安全、山东大学"学伴"事件到 2021 年的郑州水灾，突发事件依然是新闻发布历程中的标志性事件，舆论管理和媒体报道的能力和水平的提升也更加明显。

案例回顾 1-11

2005 年哈尔滨水污染和 2007 年太湖蓝藻事件

2005 年 11 月 13 日，吉林石化厂区爆炸导致化工原料泄露，松花江水源受到污染，哈尔滨居民的生活用水受到影响。11 月 20 日，居民开始囤积饮用水和粮食，同时网络谣言开始纷纷出现。11 月 21 日，市政府宣布全市停水 4 天，原因是"检修管网"，公告一出，引发市民进一步抢购和舆论危机。11 月 22 日，市政府公布了第二份公告，向群众说明停水的事实真相和政府采取的措施。

2007 年 5 月，由于无锡降水偏少、水位较低和气温偏高等原因，太湖蓝藻大面积生长，部分水源地水质迅速恶化。从 5 月 29 日开始，无锡市城区大批市民家中的自来水水质发生变化，水质混浊并带有难闻气味，无法正常饮用，对生产生活造成了较大影响。事件发生后，无锡市委市政府第一时间发布信息，邀请媒体列席市委市政府关于事件问题处理的会议。在政府提出解决方案的同时，有力地引导了舆论导向，在很短的时间内就平息了舆论危机，成为一次成功的突发事件舆情处置案例。

案例回顾 1-12

2018 年泉州碳九泄露事件

2018 年 11 月 4 日凌晨 1 时 13 分,福建省泉州市泉港区东港石油化工实业有限公司进行油品装卸作业时,69.1 吨工业用裂解碳九化学品不慎泄漏,引起各方高度关注。11 月 4 日、5 日、8 日,泉港区环保局先后三次发文通报环境质量和应急处置情况——《关于泉港城区区域空气弥漫异味的情况通报》《关于东港石化碳九泄漏事件处置情况通报》《东港石化碳九泄漏事件环境空气质量通报》。但是通报内容大多避重就轻、形式僵化单一,比如仅凭上西村点位的空气监测数据就试图传递"大气指标已恢复正常,并持续改善向好"的信息,也没有基于化学品对身体的影响给予市民明确的科普和警示,没有及时回应公众的核心关切。直到 11 月 8 日,福建省生态环境厅与泉州市政府才正式介入回应。11 月 10 日,福建省生态环境厅发布《关于福建东港石油化工实业有限公司码头化学品泄漏专家会商及相关情况的通报》,并邀请环境专家就公众关心的工业用裂解碳九对人体健康和环境的影响、环境监测数据的真实性等核心议题给出专业解答。至此,事件的舆论热度逐渐回落。

这起事件暴露出个别部门在面对突发事件时,只重视事件的应急处理而轻视事件的舆论引导。一是"只做不说",业务部门与宣传部门思路不统一。事故发生后,业务部门将其定性为一般事件,缺乏舆情风险意识,并且未就是否开展舆情回应、如何回应与宣传部门达成共识。二是"先做后说",业务部门与宣传部门步调不一致。事故发生初期,舆情响应与应急响应没有同步开展,现场工作人员以业务人员为主,负责新闻舆论工作的人员介入较晚,造成信息发布脱节,未能及时进行舆情风险的研判和信息发布。

案例回顾 1-13

2019 年盐城市响水县爆炸事故

2019 年 3 月 21 日 14 时,江苏省盐城市响水县天嘉宜化工有限公司发生爆炸事故。针对当时环境污染领域的热点、敏感问题，江苏省生态环境厅通过官方微博及时回应公众关切。一是在回应时效方面，首发信息迅速，后续信息跟进及时。江苏省生态环境厅在事故发生 3 小时后就发出了第一篇"速报"说明基本事实，事件发生 24 小时内通过官方微博发布了 6 份通报，持续释放权威信息，挤压谣言传播空间。二是在回应主体方面，业务部门与宣传部门"齐步走"，高层回应、权威发布。江苏省生态环境厅首篇"速报"说明了省市县三级环境部门联动协调的情况，并在后续通报中持续更新盐城环境监测中心的监测数据。在回应主体的层级上，江苏省生态环境厅率先介入，由省厅充分协调、调动市县两级的力量，资源利用最大化，后由生态环境部"顶格"回应，信息的权威性和说服力得到极大增强。三是在回应内容方面，实事求是、高效务实。江苏省生态环境厅在事故发生当晚连续发布两篇通报，公布了从 16 时到 21 时每一小时的空气质量监测情况，包含苯、甲苯、二甲苯、氯苯、苯乙烯、二氧化硫和氮氧化物等多种化学物质的存在情况，水质监测的结果也于第二天公布，并明确表示"事故点下游无饮用水源地，群众饮水安全不受影响"，采取了"防止园区内河受污染水体进入灌河"等措施，有效缓解了公众的恐慌情绪。四是在回应渠道方面，江苏省生态环境厅充分利用政务微博这一平台，及时、主动占领舆论主阵地，传播渠道与信源充分对接，并且开放评论区并及时回复，积极互动，体现出对公民知情权和监督权的充分尊重。

回顾响水县爆炸事故，江苏省生态环境厅在此次突发事件舆情回应中的做法可圈可点，可以作为政府面对突发公共事件的一次成功处置案例。

当前，突发事件报道已经成为新闻报道的重要组成部分，具有反响大、参与度高、观点与消息来源多样、传播速度快等特点。尽管媒体报道进步很大，但在实践中也出现了新的问题。比如"速度第一"，忽略新闻的事实核查，导致信息鱼龙混杂；"就事论事"，缺乏新闻事件的深度调查，说其然不能释其所以然；"细节放大"和"媒介逼视"①，煽动舆论情绪，挑动观点对立；"眼球经济"，追求轰动效应，甚至不惜以"标题党"吸引关注度；"媒体偏见"，放弃人文关怀等，新闻职业道德需要重建。当然，突发事件中夹杂的一些社会不良情绪的传播也需要注意。

当下，政府的媒体管理仍面临着一些新的挑战。如何在信息公开、打造服务型政府的背景下做好突发事件的舆论引导，已经成为检验政府治理体系和执政能力建设的重要指标。

三、中国媒体的社会功能

在文化人类学研究中，"功能学派"作为一个非常有影响的学派，认为任何一种社会现象，都有满足人类实际生活需要的作用和功能。关于新闻传播的功能，西方学者拉斯韦尔提出三功能说：环境监测、社会协调（整合）、文化传承（教育）。在此基础上，西方学者赖特又增加了一个功能：提供娱乐。在中国，政治宣传功能曾经是媒体的主要功能。改革开放之后，媒体的社会功能开始了多样化的转变，当代中国媒体的社会功能可以概括为：提供信息与环境监测、社会动员与社会整合、文化传承与公民教育、提供娱乐与发展传媒经济。

（一）提供信息与环境监测

提供信息是媒体的主要功能。可以说，媒体的所有功能，都是由提供信息这一功能派生出来的。

中国曾经是一个信息来源比较单一的社会，人际传播、街谈巷议和组织传播是信息传播的主要方式。这一切在进入信息时代后发生了改变，媒体成了信息的主要来源。同时，媒体的发展也意味着信息的增加。以中央电视台为例，20 世纪 80 年代每天播出的电视新闻不过三十多条，全年播出的新闻也不过万条。而现在，仅央视新闻频道每天播出的新闻就超过六百条，全年播出超过二十万条。互联网更是时时更新，每天输出海量信息。在传播技术和媒体发展的推动下，人们不仅接触信息的渠道多种多样，接触的信

---

① "媒介逼视"由电视画面语言针对人物的迫近镜头引申而来，通常指新闻媒体对私人领域过度地公开报道，对报道对象施加本不应承受的压力，实则是传媒社会功能的失调、社会角色的错位。

息内容也多种多样。媒体正实实在在地影响着人们的日常生活。

按照西方的媒体理论，媒体存在的主要作用就是监测社会。美国著名记者、新闻舆论学者李普曼认为，新闻记者就像大船上的瞭望哨，时刻观察着大海中的激流和暗礁。中国学者的一个说法是，媒体是社会的"皮肤"，感知社会外界方方面面的变化，来保证社会内部机体的健康。媒体的环境监测与瞭望同样是中国媒体的一个重要功能。

在中国，媒体的舆论监督是逐渐发展起来的。改革开放之初，报纸是舆论监督的主体。20世纪80年代中后期，《中国青年报》《南方周末》《北京青年报》等围绕各种社会问题推出一系列调查性报道，引起了社会的广泛关注。1994年，中央电视台在每晚的黄金时间播出深度新闻调查节目《焦点访谈》，标志着电视监督的兴起和舆论监督的深化。进入21世纪后，网络媒体的监督作用也开始凸显。随着"人人都有麦克风"时代的到来，媒体监督的多元化局面已初步形成，中国基本上构成了一个完整的媒体监督体系。

中国政府对媒体的舆论监督一直秉持支持的态度。早在1987年，党的十三大报告就提出了"舆论监督"的概念，"提高领导机关的开放程度，重大情况让人民知道，重大问题经人民讨论"。1992年，党的十四大报告提出要"重视传播媒介的舆论监督，逐步完善监督机制"。1997年，党的十五大提出了完善民主监督机制的途径，"把党内监督、法律监督、群众监督结合起来，发挥舆论监督的作用"。2002年，党的十六大报告强调"要坚持和完善支持文化公益事业发展的政策措施，扶持国家重要的新闻媒体和社会科学研究机构""加强组织监督和民主监督，发挥舆论监督的作用"。2007年，十七大进一步提出保障人民群众的四项基本权利：知情权、参与权、表达权和监督权，"加强民主监督，发挥好舆论监督作用，增强监督合力和实效"。2012年，党的十八大报告提出新表述，"加强党内监督、民主监督、法律监督、舆论监督，让人民监督权力，让权力在阳光下运行"。2017年，党的十九大报告提出了新闻舆论工作的四力，指出要"把党内监督同国家机关监督、民主监督、司法监督、群众监督、舆论监督贯通起来，增强监督合力""坚持正确舆论导向，高度重视传播手段建设和创新，提高新闻舆论传播力、引导力、影响力、公信力"。

在中国，媒体的监督体现在各个方面，包括政治监督、市场监督、社会与文化监督等。这些年来，媒体作为社会感应器的作用日益凸显。

案例回顾 1-14

《每周质量报告》与"3·15"媒体行动

2001 年 7 月 10 日,《新闻 30 分》节目推出一个新的固定板块, 每期时长 10 分钟左右, 名为"每周质量报告"。从 2003 年 5 月开始,《每周质量报告》作为一档独立节目开始正式播出, 立意于开展舆论监督, 提出"依法监督、科学监督、建设性监督"的宗旨; 通过与国家质检总局、工商行政管理总局、食品药品监督管理总局以及中国消费者协会等单位合作, 推出了一系列打击制假售假、监督产品质量、聚焦食品安全的重磅内容。尤其是一系列以记者调查暗访为主的监督报道内容, 引起社会舆论的极大反响。2012 年,《每周质量报告》播出了"胶囊里的秘密", 摄制组通过 8 个月的暗访和拍摄制作, 辗转十个省市展开深入调查, 揭露曝光了"毒胶囊"。这一报道不仅引发社会舆论的广泛关注, 在公众中树立了节目声誉, 更是引起全国各级监管部门的高度关注, 国务院也派出调查组跟进后续调查。

每年的 3 月 15 日是"国际消费者权益日", 中央电视台从 1991 年开始每年举办的"3·15 晚会", 是中国媒体践行舆论监督的重要平台。有媒体分析机构盘点历年"3·15 晚会"的内容后称:"被曝光的企业都会深陷舆论旋涡, 企业的品牌形象和口碑遭受不同程度的负面影响。"这对中国的商品消费和市场秩序都产生了巨大的影响。除了央视之外, 以打假、维权为核心, 各地各级媒体都积极投入舆论监督的大潮当中。还有不少媒体通过跨业界、多单位联合的方式, 加大对不良商家的曝光力度。如今, 每年的 3 月都成为媒体围绕消费市场展开舆论监督的集中时段, 对市场运行的监督也从"3·15"延伸为长期性、常规性的媒体监督报道活动。

(二)社会动员与社会整合

中国是一个正在快速发展的国家, 发展就需要社会动员。所谓社会动员, 是现代化研究领域的一个概念, 是指在国家快速的发展中, 社会成员在思想观念上冲破传统心理而获得新的社会化模式和行为模式的过程。与此同时，中国现代化的高速运转又产生了强大的离心力，需要通过社会整合来消解和弥合。美国学者拉斯韦尔在1948年发表的《传播在社会中的结构与功能》中，论及媒体的社会协调功能，他指出"社会协调"是媒介"使社会各个不同部分相互关联以适应环境"的意思。在文化意义上，社会协调也可以称为社会整合。社会整合是个体均质化、民众认同感上升和社会共同体形成的过程。"所谓社会整合，就是一个特定社会成员通过某种方式而凝聚在作为社会核心的价值观、信念周围，彼此结成紧密关系并在行为方式上基本保持一致。"[1]

毫无疑问，中国媒体需要在社会动员和社会整合这两方面发挥积极作用，而事实上也的确发挥了相应的作用。在社会动员上，媒体的作用主要体现在解放思想、政策宣传和中国发展道路的探索等方面。改革开放以来，中国共有三次大的思想路线讨论，媒体都在其中发挥了重要作用。第一次是20世纪80年代，媒体配合改革开放政策的出台，宣传"拨乱反正，解放思想"，提出了"实践是检验真理的唯一标准"；第二次是20世纪90年代，媒体积极参与对建立中国特色社会主义市场经济体系的探讨；第三次是进入21世纪之后，媒体的作用表现在中国的可持续发展、深化改革和中国如何融入世界等问题的探讨当中。

社会整合有很多方式，比如政治整合、经济整合、宗教及文化整合等，但是这些方式无一例外都需要通过传播的手段才能达成目的。媒体的主要作用就在于提供统一的认识，保持社会成员之间的协调感与认同感。媒体通过报道，促进个人与个人乃至各个社会阶层之间的相互了解，从而增加社会成员之间的认同感和同一性。就中国的媒体而言，其提供的社会整合包括三个层次——一是通过传播增加不同地域之间的共同文化意识；二是通过传播增加不同地域民众的国家共同体意识；三是通过传播增强人类的共同体意识。

（三）文化传承与公民教育

文化是由价值观、制度和习俗的深层结构与物质生活的外在表现共同构成的多层结构。尽管文化的要素相对稳定，但它也是在不断更新的。就像一个硬币有两面，文化也

---

① 邵志择.新闻学概论［M］.杭州：浙江大学出版社，2006：43.

有两面性，即文化的内核与文化的传播。文化的传承和创新都需要以传播为载体，传播可以在一定程度上改变人们的价值观念和思维方式。可以说，媒体在一定程度上既是文化的传承者，也是文化环境的营造者。

2011年10月，中共中央专门就文化问题开了一次全会——十七届六中全会。专门就文化问题召开全会，是前所未有的事。会议公报用四个"越来越"来说明文化的重要性，"当代中国进入了全面建设小康社会的关键时期和深化改革开放、加快转变经济发展方式的攻坚时期，文化越来越成为民族凝聚力和创造力的重要源泉、越来越成为综合国力竞争的重要因素、越来越成为经济社会发展的重要支撑，丰富的精神文化生活越来越成为我国人民的热切愿望"[①]。

当代中国存在着多元文化，包括改革开放文化、红色经典文化、传统文化、民族文化、西方文化等文化类型，主流文化、精英文化、大众文化、民间文化、边缘文化、新媒体文化等文化形态。这些文化的存在必须依靠传播，而传播在很大程度上是由媒体完成的。

所谓公民教育是指媒体承担着公民社会化的任务。社会化是指从自然人演变成社会人的过程。媒体特别是主流媒体，是社会道德和社会主流意识的维护者。主流媒体，就是"引领和维护社会主流价值体系并拥有强大影响力的媒体"[②]。中国社会正处于转型的阵痛期，面临着社会价值观念的与时俱进，媒体在捍卫社会道德和维护社会主流意识方面具有不可替代的作用。

（四）提供娱乐与发展传媒经济

媒体的另一个重要功能就是提供娱乐。传播学者赖特在《大众传播：功能的探讨》中，在环境监测、社会协调和文化传承的媒体三功能说的基础上，增加了"提供娱乐"这一功能。

从西方国家的媒体发展来看，媒体的娱乐功能在19世纪晚期即大众报刊的兴起时期就开始凸显出来，在20世纪晚期媒体商业化的时代发展到一个高峰。反观中国，媒

---

① 中央关于深化文化体制改革若干重大问题的决定［EB/OL］.（2011-10-25）［2021-06-25］.https://www.gov.cn/jrzg/2011-10/25/content_1978202.htm.
② 刘建明，解读主流媒体［J］.新闻与写作，2004（04）：3-5.

体的娱乐功能在那时并不突出，但是随着媒体市场化程度的不断提高、社会变化的节奏加快，媒体的娱乐功能开始变得越来越明显和重要。

媒体的娱乐功能首先来自受众的需求，受众希望在获得信息的同时，还可以放松身心；其次，媒体的娱乐功能来自逐利的需求，为了最大限度地吸引受众，媒体尝试提供多种多样轻松刺激的信息产品。但是，媒体提供娱乐和媒体的娱乐化是有严格区别的。媒体过分的娱乐化可能使媒体丧失提供信息和环境监测的功能，从而降低受众的思考能力。我们可以娱乐，但是不能像美国学者波兹曼批评美国媒体的那样——"娱乐至死"[①]。

媒体在中国经济的快速发展中发挥了重要作用。媒体广告事业从无到有，有力助推了中国的经济发展。与此同时，在技术赋能的背景下，广告的精准投放将更依赖于大数据和智能算法。拥有大量用户和超强使用黏性的社交媒体和视频媒体投放渠道，相比传统广告的投放渠道有更为强劲的增长潜力。"28分钟销售破亿""5分钟卖出15,000只口红"之类的超强营销场景，在短视频、KOL（关键意见领袖）、KOC（关键意见消费者）等个性化、个体化的广告载体上频频出现，广告流量也能够更加快速地变现。

媒体广告是传媒经济的一部分。随着媒体市场化程度的提高，传媒业成了近年来中国产业增长率较高的行业之一，增长率一直高于国内生产总值的增长速度。传媒业同时也是文化产业的一部分，或者说是文化产业的核心部分。根据国家统计局的统计数据，2019年全国文化及相关产业增加值为44,363亿元，比2018年增长7.8%，占国内生产总值的比重为4.5%[②]。从对经济增长的贡献看，2004—2012年，文化产业对国内生产总值增量的年平均贡献率为3.9%，2013—2018年进一步提高到5.5%。文化及传媒产业的发展反映了中国政府调整产业结构、推动可持续发展的政策导向，也反映了中国社会存在的急需释放的强烈的文化消费需求。不过，与发达国家相比，中国的传媒经济依然处于发展阶段。

---

① "娱乐至死"是美国学者尼尔·波兹曼所写的一本书的书名。书中批评美国媒体的过度娱乐化，担心美国的文化成为赫胥黎所预言的，"充满感官刺激、欲望和无规则游戏的庸俗文化"。
② 国家统计局.2019年全国文化及相关产业增加值占GDP比重为4.5%［EB/OL］.（2021-01-05）［2021-06-25］.https://www.gov.cn/xinwen/2021-01/05/content_5577115.htm.

四、对媒体的新认识：政府与媒体的关系

在媒体发展的同时，学术界也在探讨政府与媒体的关系。

从 20 世纪 90 年代开始，中国就有学者注意到西方选举政治与媒体之间的关系，通过案例、译介等方式，向国内引入了政府与媒体关系的相关研究。在这一阶段，学界对政府与媒体关系的论述，更多是从政府的媒体管理、媒介规制等角度切入。比如，介绍他国新闻规制的《瑞典对新闻媒体的调控与监督》①、译自英国期刊《国际关系》的《媒体对外交政策的影响》②、时任中国驻美大使邵文光撰写的《美国政府与新闻媒体的关系》③ 等。其间，有学者提出了"政府形象传播"的命题，并指出应该"将大众传播作为树立政府组织良好形象的最佳手段""通过媒体关系协调，传递社会事实……保持政府与公众间的和谐关系，较快地实现形象传播的目标"④。

进入 21 世纪后，公共关系的相关理论和应用从经济领域延伸到政治领域。2003 年的"非典"疫情，一方面客观推动了我国政府新闻发布制度的发展，另一方面也将政府与媒体的关系这一问题带入大众的视野。不少学者提出，应将媒体关系纳入现代治理的范畴，政府应该重视媒体关系，加强媒体协作。比如《论现代政府与媒体的关系——以行政职能转变和媒体企业假设为前提》⑤，将突发事件、危机处置与政府的信息发布、媒体的新闻传播结合起来，探讨政府如何通过调整媒体关系实现有效的公共信息传播和突发事件处置。类似文章还有《政府公关与媒体新闻的有效互动——有关新加坡控制"非典"疫情的启示》⑥、《政府、公众、媒体关系与新时期政府危机管理——由非典型性肺炎事件引发的思考》⑦、《新闻信息传播与政府危机管理的互动关系》⑧、《论公共危机中的政府

① 刘江.瑞典对新闻媒体的调控与监督［J］.中国记者，1996（04）：53-54.
② 辛德尔.媒体对外交政策的影响［J］.潘忠歧、鹰子，译.现代外国哲学社会科学文摘，1997（09）：12-13.
③ 邵文光.美国政府与新闻媒体的关系［J］.国际新闻界，1998（Z1）：28-33，45.
④ 徐家良.政府形象传播：内容与方式［J］.行政人事管理，1997（07）：4-5.
⑤ 高慧军.论现代政府与媒体的关系——以行政职能转变和媒体企业假设为前提［J］.南京社会科学，2003（07）：64-67.
⑥ 林建绰.政府公关与媒体新闻的有效互动——有关新加坡控制"非典"疫情的启示［J］.公关世界，2003（08）：7.
⑦ 林龙.政府、公众、媒体关系与新时期政府危机管理——由非典型性肺炎事件引发的思考［J］.政治学研究，2003（03）：107-112.
⑧ 袁勇.新闻信息传播与政府危机管理的互动关系［J］.新闻爱好者，2003（10）：14-15.

公共关系》①，等等。

2004—2005 年，有学者提出应该从传播学视角探讨政府的信息传播活动，进而提出了"政府传播"的概念，以阐释"政府基于自身的使命和价值理念，通过公共信息的有效供给来履行政府职能的活动与过程"②。还有学者提出，政府传播是政府利用大众传播媒介面向大众进行的信息传播，既是一种政府行为，也是一种传播行为，"重在考察政府如何通过其占有权威信息源的优势使媒体被动传播以形成信息控制的行为"③。显然，政府传播的概念强调政府作为传播主体在传播过程中的主导地位，但是在受众的主动性大大增强的网络时代，这一信息控制行为未必能够达到预想的效果。因此，有学者开始从政府执政能力建设的角度探讨政府与媒体的关系，并且从国外引进介绍了"新闻执政"（governing with the news）的理念。"新闻执政"的说法源于美国白宫新闻发言人、政治传播学者蒂莫西·库克，其在《新闻执政：新闻媒体作为一个政治机构》中进行了系统论述，指政府运用新闻传播来提升形象和公信力。中国学者提出，21 世纪，政府执政面临新的新闻环境，政治变成了媒介化的政治，因此应采取一种新型的媒体战略，即变新闻宣传为新闻服务和新闻营销的新闻执政。④ 此后还有不少学者以"政府的新闻执政能力""媒体执政"等相关论述作为延伸。例如，2010 年出版的《新闻的力量》⑤一书，系统论证了新闻执政的思想源流、理念内核以及新闻执政能力的模型构建和实现途径。2011 年出版的《媒体执政：媒体多样化背景下政府对新闻舆论的引导》⑥，则从理论层面论述了媒体执政的意义、原则、途径以及相应的法规和伦理。

2006 年左右，有学者提出了"政府新闻学"这一学科。鉴于媒体传播给各级政府带来越来越大的挑战，"媒体对于舆论的影响力从没有像今天这样强大"，因此有必要建立这样一门基于"新视角、新思维，掌握直面媒体、沟通协调的新方法，含有政府工作与时俱进新内涵"的全新的政府新闻学 ⑦。对政府新闻学的探讨，不仅在 2007 年进入了国家社会科学基金项目，并且从 2007—2014 年举办的七届政府新闻学研讨会，围绕政府

---

① 王晓成.论公共危机中的政府公共关系［J］.上海师范大学学报（哲学社会科学版），2003（06）：23-27.
② 田军.政府传播概念探析［J］.学习与探索，2004（02）：35-36.
③ 程曼丽.政府传播机理初探［J］.北京大学学报（哲学社会科学版），2004（02）：133-139.
④ 李希光.新闻执政：现代政府的媒体战略［J］.上海师范大学学报（哲学社会科学版），2006（01）：71-77.
⑤ 马新明.新闻的力量［M］.北京：中国人民大学出版社，2010.
⑥ 陈兵.媒体执政：媒体多样化背景下政府对新闻舆论的引导［M］.北京：中国广播电视出版社，2011.
⑦ 叶皓.应对媒体——政府、媒体、舆论的新视角［J］.南京社会科学，2006（06）：1-13.

新闻学的学理基础和实践原则，政府新闻学与新闻发布、舆论引导、国家与城市形象的关系，以及政府新闻学与媒介融合、国际传播的背景趋势，等等，展开了深入的探讨。在此基础上，《政府新闻学——政府应对媒体的新学问》[①]、《政府新闻学案例——政府应对媒体的新方法》[②]、《政府新闻学评论》[③]、《突发事件的舆论引导》[④]、《政府新闻发布》[⑤]、《正确应对网络事件：政府新闻学网络案例》[⑥]、《政府网络传播》[⑦]、《执政党与大众传媒》[⑧]、《政府网络发言》[⑨] 等政府新闻学研究著作先后出版，形成了一个较为完善的学术体系，为政府新闻学的发展奠定了坚实的基础。

所谓"政府新闻学"，是"从政府和媒体在现代社会公共管理的角色与功能出发，研究政府与媒体关系的变化，以及政府如何与媒体进行互动、开展公共管理的应用型社会科学"[⑩]，旨在以超越传统学科的视野去研究政治生活领域迫切需要解决的问题。由于媒体在政府和公众之间担任了重要的中介角色，政府管理社会事务的首要任务就成了应对媒体。随着媒体的发展变化——媒体发展打破了传统的属地管理格局，市场化改革下媒体管理的难度进一步提升，网络传播也给传统媒体管理带来极大的挑战。同时，更为积极的舆论监督以及境外媒体采访的开放都使政府与媒体的关系发生了实质性的转变。各级政府应该高度重视媒体、善于借助媒体、积极引导媒体。在政府新闻学的视野中，突发事件中的舆论引导是研究的重点，网络媒体的应用和应对是深化研究的主要方向。

此后几年，围绕"政府新闻学"的学科属性和研究范畴，很多学者提出了不同的意见。2012 年，中国传媒大学专注于政治传播研究的荆学民教授撰文指出，"从理论形态上理解，所谓政府新闻学应该是相对于民间或社会新闻传播而言的。从这个意义上说，政府新闻学属于政治传播范畴"。在此基础上，他又进一步明确指出，"政府新闻学"聚焦于"媒体应对"实属研究问题的错置，因为"政治传播中，政治是基础，传播是着力

① 叶皓.政府新闻学——政府应对媒体的新学问［M］.南京：江苏人民出版社，2006.
② 叶皓.政府新闻学案例——政府应对媒体的新方法［M］.南京：江苏人民出版社，2007.
③ 南京大学政府新闻学研究所.政府新闻学评论［M］.南京：江苏人民出版社，2007.
④ 叶皓.突发事件的舆论引导［M］.南京：江苏人民出版社，2009.
⑤ 曹劲松.政府新闻发布［M］.南京：江苏人民出版社，2009.
⑥ 叶皓.正确应对网络事件：政府新闻学网络案例［M］.南京：江苏人民出版社，2009.
⑦ 曹劲松.政府网络传播［M］.南京：江苏人民出版社，2010.
⑧ 丁柏铨.执政党与大众传媒［M］.南京：江苏人民出版社，2010.
⑨ 曹劲松.政府网络发言［M］.南京：江苏人民出版社，2012.
⑩ 叶皓.政府新闻学的逻辑梳理——写在政府新闻学提出三周年之际［J］.南京社会科学，2009（08）：1-9.

点。政府新闻学既然属于政治传播，首先需要对'基础'，即政治的研究下足功夫，应从'着力点'的传播反推到基础的政治本身，对什么样的'政治'需要更为广泛的、真实的、有力的传播，以及什么样的'政治'更能广泛地、真实地、有力地传播""就目前国内的情况而言，强化政府新闻传播的特有主体政治意识，比所谓改进发布方法、更新发布理念、关注发布对象等显得更为重要"。①2013年，重庆大学新闻学院董天策教授指出，政府新闻学的提出具有强烈的学科意识，但是缺少明晰的研究范式，具体表现在价值预设和学科秩序的混乱上。② 尽管在学术研究范畴中，"政府新闻学"这一概念并不足够严谨确切，但是这一套系统话语的提出，在很大程度上体现出政府在对待媒体的问题上保持着积极主动、持续创新的态度。

随着网络技术的持续发展、传播平台的不断衍进，新媒体日益成为新闻传播、舆论汇集的主要渠道，政府也越来越重视新媒体传播。在学术研究领域，从进入21世纪以来就有学者注意到新媒体的发展变化和政府媒体规范管理的问题。初期研究主要将新媒体视为技术或传播环境的重要变量因素，围绕政府信息公开、政府公共关系、舆论引导和舆论监督，以及新媒体传播与国家形象的生成机制、新媒体在公共外交中的作用等展开讨论，涌现了《形态　状态　业态——新媒体变局与政府管理》③、《新媒体对政府传播的挑战》④、《新媒体时代的政府信息管理》⑤、《新媒体：挑战现有宣传管理模式》⑥、《新媒体时代地方政府的舆论引导策略》⑦ 等文章。在此基础上，不少学者出版专著，围绕政府与新媒体的关系展开系统论述，如《政府新媒体传播》⑧、《新媒体时代的政府公共传播》⑨、《新媒体与政府舆论传播》⑩ 等。2014年，中央全面深化改革领导小组第四次会议审议通过了《关于推动传统媒体和新兴媒体融合发展的指导意见》，确立了媒体融合发展战略的顶层设计。学界也掀起了媒体融合研究的热潮，通过加强新媒体渠道建设和媒体融合

---

① 荆学民.政治传播与政府新闻学［J］.现代传播，2012（01）：60-61.
② 董天策.政府新闻学研究缺少明晰的研究范式［EB/OL］.（2013-10-31）［2021-06-28］.http://media.people.com.cn/n/2013/1031/c120837-23383975.html.
③ 郭炜华.形态 状态 业态——新媒体变局与政府管理［J］.视听界（广播电视技术），2004（05）：54-61.
④ 程曼丽.新媒体对政府传播的挑战［J］.对外大传播，2007（12）：38-41.
⑤ 彭移风，宋学锋.新媒体时代的政府信息管理［J］.中国出版，2008（01）：52-53.
⑥ 刘家林，赖胜兰.新媒体：挑战现有宣传管理模式［J］.新闻爱好者，2009（10）：21-22.
⑦ 王玉珠.新媒体时代地方政府的舆论引导策略［J］.新闻爱好者，2010（16）：13-14.
⑧ 黄河.政府新媒体传播［M］.北京：光明日报出版社，2012.
⑨ 朱春阳.新媒体时代的政府公共传播［M］.上海：复旦大学出版社，2014.
⑩ 李伟权，刘新业.新媒体与政府舆论传播［M］.北京：清华大学出版社，2015.

建设推动政务传播，成为这一阶段的重要研究主题。尤其是在 2018 年国务院发布《关于推进政务新媒体健康有序发展的意见》之后，政务新媒体的工作实践和理论研究都进入了快速发展阶段。围绕媒体融合背景下的政务传播，政务新媒体传播的特点、规律和效果等的研究成果众多，如《政务新媒体与政府形象——政务新媒体话语应用与传播研究》①、《政务新媒体的模式创新》②、《政务新媒体语言表达模式建构研究》③，等等。由此可以看出，关于政府与媒体关系的研究将是一个长期的研究热点。

---

① 王建华.政务新媒体与政府形象——政务新媒体话语应用与传播研究［M］.上海：上海交通大学出版社，2017.
② 禹卫华.政务新媒体的模式创新［M］.上海：上海交通大学出版社，2018.
③ 王建华.政务新媒体语言表达模式建构研究［M］.杭州：浙江大学出版社，2020.

第二章 突发事件的类型、特点及舆情发展

■ 关键问题

1. 突发事件的定义是什么？

2. 突发事件有哪些类型？

3. 突发事件的特点是什么？

4. 突发事件中的舆论发展有何特征？

5. 突发事件处置的一般原则是什么？

当前，突发事件在世界各地呈高发态势。同时，突发事件作为各国媒体报道的高频词，一直是媒体关注的热点。针对突发事件的不可预知性，各国都建立了相应的应急机制，力求把突发事件的危害降到最低。2007年11月1日《中华人民共和国突发事件应对法》生效，标志着我国突发事件应对机制的建立。

一、突发事件的概念

突发事件，可以简单理解为突然发生的事件。尽管从字面意思上就可以理解，但是要有效应对突发事件，就必须对其进行深入分析和系统梳理。

国内有学者认为，"突发事件，是人们对出乎意料事件的总称"[①]。还有学者认为，突发事件是从公共行政管理角度研究危机的专用术语，"主要是指突然发生，造成或者可能造成重大伤亡、重大财产损失和重大社会影响，对公共安全、社会稳定、国家政权有较大影响的事件或状态"[②]。《中华人民共和国突发事件应对法》对"突发事件"这一概念作出了明确的界定："突发事件是指突然发生、造成或可能造成严重社会危害，需要采取应急处置措施予以应对的自然灾害、事故灾害、公共卫生事件和社会安全事件。"[③]

国内采用的"突发事件"一词，与国外的"Public Emergency"（公共紧急状态）相对应。英国议会于 2004 年通过《英国突发事件法》，将"突发事件"定义为严重威胁到英国或英国内某一地方的人民福利、环境或安全的危险事件或状况。[④] 在美国，"突发事件"是指"危机事件"，即"经过总统认定，在美国范围内发生的，需要联邦救助来补充州和地方的努力及实际能力，以挽救生命、保护财产及公共健康安全，减轻或避免更大灾难威胁的事件"[⑤]。换句话说，凡是危及国家安全、危害公共安全和社会秩序、威胁国家及公民生命和财产安全，并有可能造成严重后果，需要立即予以处置的事件，均为突发事件。

突发事件一般与危机事件相联系，这两个概念往往被混用。这是因为突发事件打乱了系统的正常运行，可能严重影响或危及组织机构的生存和发展，所以必然引发危机。而危机则是具有高度不确定性的危险状态，需要政府迅速回应和处理。突发事件与危机事件，基本上可以认为是一体两面的概念——突发事件是指事件发生的状态，危机是指事件发生的后果。

突发事件一般与公共领域有关，因为突发事件并非私人事件、个体事件，而是涉及社会群体利益的事件。突发事件涉及的社会层面越广，其影响和危害就越大。

突发事件一般具有高关注度，与媒体联系紧密。这是由于突发事件本身的特点所致，因此其具有很强的传播价值，是社会公众和媒体关注的焦点。

总结来说，突发事件的概念可以进一步明晰为："突然发生的、具有社会性、危害性

① 高世屹 . 政府危机管理的传播学研究［M］. 济南：山东人民出版社，2005：205.
② 郭兴旺 . 突发公共事件：绕不开的话题［J］. 中国发展观察，2005（05）：4-8.
③ 中华人民共和国突发事件应对法［EB/OL］.（2007-08-30）［2021-06-30］.https://www.gov.cn/flfg/2007-08/30/content_732593.htm.
④ 万鹏飞 . 美国、加拿大和英国突发事件应急管理法选编［M］. 北京：北京大学出版社，2006：193.
⑤ 万鹏飞 . 美国、加拿大和英国突发事件应急管理法选编［M］. 北京：北京大学出版社，2006：2.

和高关注度，可能威胁到社会系统的正常运行，需要政府或相关机构迅速回应和快速处理的各类事件。"

二、突发事件的类型、分期和特点

在对突发事件作出明确界定之后，我们还要从类型、分期和特点等方面说明其具体内涵。

（一）突发事件的类型

根据分类的标准不同，突发事件可以分为以下类型：

从突发事件的诱因来讲，突发事件可以分为自然因素诱因（Nature-Caused）和人为因素诱因（Human-Caused）。前者如地震、洪水、台风、泥石流、公共卫生事件等，后者如核泄漏、火灾、安全生产事故、群体性事件、恐怖袭击等。

从公共管理的角度出发，突发事件可以分为政治性突发事件、经济性突发事件、社会性突发事件、生产性突发事件、自然性突发事件等。[1]

从严重程度和危害性来看，突发事件可以分为特别重大（I 级）、重大（II 级）、较大（III 级）和一般（IV）四级，依次用红色、橙色、黄色和蓝色进行预警和分级管理。

从不可预见和可控程度上看，突发事件可以分为两类：第一类事件的发生基本上是"一次性"的，即使有再次发生的可能性，但基本上是可预见或可控制的，如特大安全生产事故中的爆炸、塌方、化学品泄漏等；第二类事件则可能持续较长时间，事件的发展具有很大的不确定性，比较难以预见或控制，如群体性事件中的集会、游行、骚乱，影响国家安全的军事冲突、恐怖事件，气候因素造成的自然灾害等。[2]

2006 年，国务院颁布了《国家突发公共事件总体应急预案》。作为全国应急预案体系的总纲，该预案明确了突发公共事件的分级分类和事件发生的预案框架体系，规定了国务院应对特别重大突发公共事件的组织体系、工作机制等内容，是指导预防和处置各类突发公共事件的规范性文件。这个文件根据事件的发生过程、性质和处置，将突发公

---

① 贺文发 . 突发事件与对外报道［M］. 北京：中国传媒大学出版社，2008：8.

② 叶皓 . 突发事件的舆论引导［M］. 南京：江苏人民出版社，2009：61.

共事件分为以下四类：

1. 自然灾害

自然灾害主要包括水旱灾害、气象灾害、地震灾害、地质灾害、海洋灾害、生物灾害和森林草原火灾等。这类突发公共事件，主要是由自然因素造成的，但其中也有人为的原因。很多自然灾害，归根结底是由于人类的长期活动对自然环境造成无法修复的破坏，自然又以其特有的自我保护方式"警告"人类。我国由于特殊的地理位置和相对复杂的自然条件，是世界上自然灾害的高发地区。

2. 事故灾难

事故灾难主要包括工、矿、商、贸等企业的各类安全生产事故、交通运输事故、公共设施和设备事故、环境污染和生态破坏事件等。2006 年，国务院发布了九件事故灾难类突发公共事件专项应急预案①，涵盖九类我国经常发生或需要特别重视的事故灾难类突发公共事件，包括安全生产事故、铁路行车事故、民用航空器飞行事故、海上事故、城市地铁事故、电网大面积停电事故等。

3. 公共卫生事件

公共卫生事件主要包括传染病疫情、群体性不明原因疾病、食品安全和职业危害、动物疫情以及其他严重影响公众健康和生命安全的事件。随着苏丹红事件、"非典"、禽流感、疯牛病、鼠疫、新冠肺炎等公共卫生事件的出现，人们对此类事件的相关信息越来越关注。特别是"非典"之后，国家开始高度重视公共卫生事件，并着手制定各种应急预案。

4. 社会安全事件

社会安全事件主要包括军事冲突、恐怖袭击、各类群体性事件、经济安全事件和涉

---

① 　注：九件事故灾难类突发公共事件专项应急预案包括：《国家安全生产事故灾难应急预案》《国家处置铁路行车事故应急预案》《国家处置民用航空器飞行事故应急预案》《国家海上搜救应急预案》《国家处置城市地铁事故灾难应急预案》《国家处置电网大面积停电事件应急预案》《国家核应急预案》《国家突发环境事件应急预案》《国家通信保障应急预案》。见中国政府网．国务院发布事故灾难类突发公共事件专项应急预案［EB/OL］．（2006-01-23）［2021-06-30］.https://www.gov.cn/yjgl/2006-01/23/content_21262.htm.

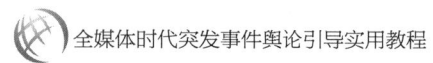

外突发事件等。其中,恐怖袭击是世界各国关注的焦点,如2001年的美国"9·11"事件,2005年的伦敦地铁爆炸案等。而在我国,也出现了一些与恐怖活动有关的突发事件,例如2008年3月14日西藏拉萨打砸抢烧事件、2014年3月1日云南昆明火车站严重暴力恐怖案、2014年新疆莎车"7·28"严重暴力恐怖袭击事件等。这些事件严重危害了我国的社会稳定和各族人民群众的生命财产安全。

在社会安全事件中,各类群体性事件也是政府关注的重点。"群体性事件是指某些利益要求相同或相近的群众或团体、组织,在利益受损、不能满足其需求,或在某一事件的刺激下,最终采取集会、游行、集体上访、罢课、罢市、罢工、集体围攻冲击党政机关、重点建设工程和其他政府要害部门,采取非法阻断交通,集体械斗甚至采取集体打、砸、抢、烧、杀等方式,以求满足其诉求,并造成甚至引发某种治安后果的非法集体活动"。这类事件具有涉及部门行业多、表现方式激烈、处置难度大等特点,是影响构建和谐社会的突出问题。尽管近年来群体性事件发生频率有所降低,但是由于网络传播、自媒体的影响,舆论引导难度大大增加。

案例回顾 2-1

新疆莎车"7·28"严重暴力恐怖袭击事件

在此次事件中,新闻报道的多维度、事实细节的高清度、采访对象的多样化,为受众的情感调动和理性引导提供了良好的基础。

2014年7月28日凌晨,新疆莎车县发生一起严重的暴力恐怖事件。次日,新华社、人民日报、中央电视台等中央媒体及时发出报道。通过实时报道,对事件概况、伤亡情况和处置进展进行了较为及时、详细的说明。8月1日,新华社发布《新疆和田三万余群众自发围捕暴徒》的新闻,详细介绍了70余名群众提供线索,和田区公安机关与三万余群众合力围捕暴恐团伙的警民团结抓捕暴徒的情况。8月7日,中央电视台首次曝光了暴恐案现场画面。此外,新华社、中央电视台、中国新闻社发布的《突入莎车》《村民河边智擒暴徒》等大量消息、通讯、视频报道,详尽还原事件原貌,反映"全民反恐"的民意。新疆本地门户网站天山网也先后发布《莎车诺其库木村群众面对暴徒选择战斗》《莎车：三岁女孩重回亲人怀抱》《莎车县城乡见闻：社会秩序井然有序，群众感到很安全》《莎车警官"女汉子"对练三人不示弱》《南疆专稿——莎车：我的思考》等富于人情味、接地气的综合新闻和评论，用真实、具体的故事和案例引起民众的共鸣，营造出同仇敌忾、民族团结的舆论氛围。对事件当事人和当地居民的大量采访成为新闻评论的重要素材，同样也构成了舆论引导的确凿证据。人民群众痛恨暴力犯罪，期盼生活安定、经济发展的心声得到了广泛的传播和深化。新闻报道的明确导向和多元议程奠定了坚实的舆论基调。报道事实、提供信息的"弱舆论引导"和表达谴责、哀悼的"强舆论引导"紧密结合，形成新闻叙事中事实和观点结合的完整逻辑链条。

除了上述四类事件外，我们在研究中还发现了另一类突发事件，可以统称为"媒介事件"。例如，"郭美美"事件、海南"宰客门"事件、烟台"药袋苹果"事件、"青岛大虾"事件、哈尔滨"万元鱼"事件、丽江游客被打事件、黑龙江雪乡宰客事件以及每年3·15晚会曝光不合格产品引发的后续事件等。这些事件的共同特点是，由媒介事件引发，进而形成强大的公共舆论。尽管其目的是揭露真相，监督政府和企业的不当行为，但是其中也会出现非理性情绪、不当言论和错误信息，需要政府或企业迅速回应、及时处置，否则会对政府和企业的形象产生负面影响。个体事件经由媒介推动，形成汇聚社会情绪、聚焦社会问题的媒介事件，成为突发事件中一个特殊的现象。尤其需要注意的是，近年来由于网络的发展，网民已经汇集成为一股"自媒体"的监督力量，并且逐步渗透到社会监督的各个领域。舆论由网络而起，经过大众媒体推动，进而引起更广泛的公共舆论，甚至最终影响政府的决策与行为。媒介事件的形成一方面表明了社会的进步，反映了我国建立高效、公正、透明政府所做的努力，另一方面也对政府的媒体应对和舆论引导提出了更高的要求。

案例回顾 2-2

"郭美美"事件

2011年6月21日凌晨，微博账号"郭美美Baby"发布了一条博文，自称是"住大别墅，开玛莎拉蒂"的20岁女孩，认证身份居然是"中国红十字会商业总经理",于是很快吸引了网民的关注,迅速形成了围观、议论和一场"人肉搜索"。"郭美美"事件将中国红十字会推上舆论的风口浪尖,随后在全国范围内形成了一场严重的慈善组织信任危机,而红十字会仅仅以简单否认作为回应。由于处置不当,这一舆论风暴持续了一个多月。根据民政部的统计数据,2011 年 7 月全国社会捐款比 6 月减少 5.2 亿元,降幅接近 51%。后经调查,郭美美和中国红十字会并无关系,其头衔也是杜撰的。但这一源生自网络的媒介事件,严重影响了公益事业和慈善组织的公共声誉。

案例回顾 2-3

雪乡宰客事件

2017 年 12 月 29 日,一篇名为《雪乡的雪再白也掩盖不掉纯黑的人心!别再去雪乡了》的文章在网络上发酵,揭露了雪乡酒店暴利宰客的情况。此文一出,迅速引发各大媒体和网民的广泛关注。此后一个多月的时间里,"雪乡"以高频词语迅速登上网络热搜,并被网民陆续曝出旅游大巴强售套票、游客因未参加付费项目遭导游殴打等消息。在此过程中,雪乡管理部门不仅第一时间与发文人联系跟进调查,而且对涉事商家采取了相应的处罚。尤其在第一篇网文发出的一周内,当地官方通过接受采访、主动发布调查处理结果等方式作出回应,对网文中反映的问题有针对性地一一给出核查处理措施,并称"誓还游客'纯白雪乡'"。但是这样的"高调表白",没能切中问题的根本,尤其是边处理边辩解的方式,舆论并不买账。"九个月磨刀,三个月宰羊"火速蹿上热搜头条;打人导游被警方抓获,本可以成为"对宰客现象绝不姑息"的正面例证,然而旅行社一句"客人把导游激怒了",又进一步点燃网友的怒火。一时之间,"雪乡宰客"把诸多在舆论场上聚焦经济发展、东北振兴等话题的严肃讨论,统统聚拢到市井表达的社会新闻层面,从而演化为人们对东北营商环境的质疑。《光明日报》的评论直指要害,"雪乡的问题早已不是舆情层面的问题了""机制性问题早已形塑了行为模式、内化成思维习惯""雪乡不只是遭遇了舆论雪崩,它本身就引发了一场雪崩"。

案例回顾 2-4

胖东来短视频事件

2023 年 6 月 19 日，许昌市时代广场胖东来超市有顾客与工作人员发生争执，旁观者录下一段不到一分钟的短视频，以"头一次见，吵胖东来的人"为题发布在抖音平台。从视频中我们可以看到，一名顾客在称重台对超市员工指指点点，言辞激烈。次日早上，该事件上升为热搜话题，胖东来随即表示将就此事开展调查。胖东来素有优质服务的好口碑，虽没有太多负面舆论，但也引发一定讨论。很快，事件就迎来了"反转"。6 月 30 日，胖东来主动发布了一份整整 8 页的调查报告，事件热度达到顶峰，#胖东来#冲上微博热搜第二，相关话题#胖东来 8 页报告调查顾客与员工争执#也登上今日头条等平台热搜榜，潇湘晨报、上游新闻等媒体跟进报道，网友讨论从抖音扩散到微博、知乎等社交媒体平台。热度很高，而且基本都是正面评价。

再来看这份报告。这份报告详细将事件起因、两次调查的过程和发现、处理方式和结果等全部公开出来。首先，胖东来尊重顾客，服务问题导致顾客不满，因此对顾客予以道歉和赔偿；其次，胖东来重视员工的权益和尊严，此事中出现"伤害人格和尊严的行为"，故而对员工予以精神补偿；最后，对事件进行分析复盘和经验总结，之所以会出现此类问题，是因为管理层在制度设计上有不明确的地方，除了对管理层做相应处理外，还会对加强制度设计的合理性。网友评价胖东来，不推诿也不护短，一举一动都有理有度，奖罚分明，最大限度地还原了真相，最大程度地保护了人心。

回顾此次事件，胖东来做对了三点：第一，不回避问题，主动认错担责，切实解决问题。没有"大事化小，小事化了"的企业常见病，认真对待问题。第二，调查落在实处，全程公开透明，有说明、有交代。报告对什么时间、什么地点、怎么调查、得到什么结果，都有详细说明，尽最大可能还原过程、说明缘由，取得了广大网友的信任。第三，言行一致，充满人文关怀、社会关照。胖东来一向以"有温度、有情怀"的企业文化闻名，在面临问题时也能言行一致，对待顾客、员工平等公正，"有人情味"。正是做到了上述这些，胖东来在面对一个负面舆情事件时，及时介入、准确定位、态度积极，实现了负面事件中的正向传播，得到了舆论的积极反馈。

在突发事件的分类中，还有一种分类方法，就是按照责任的不同将事件分成受害型、事故型和错误型。不同类型的突发事件，处置方案和舆论引导的策略也不同，见表2-1。

表2-1　突发事件责任类型划分

类型名称	具体解释
受害型	几乎无责任，被冤枉、误解或谣言攻击
事故型	有部分的责任，不过事出有因
错误型	完全的责任

受害型事件是指舆论处置主体被误解、被冤枉、被污蔑的事件。在受害型事件中，舆论引导的原则是第一时间公布真相，并且真相公布得越及时全面越好。如果是受到有目的的攻击，还需要找出事件推手或者造谣者。例如，2016年6月8日凌晨，南京市江宁区警方发出了一条堪称"史上最长微博"，起因是6月7日晚江宁区万达广场有两个出租车司机打架，形成了群众围观。这一事件在网上被传为出租车司机和滴滴快车司机群殴，不仅有人员伤亡，甚至传言警察出动并开枪警告，大量不明情况网民指责江宁警方在事件中不作为。江宁警方的处理是，连夜调集周边摄像头，几个小时后发布了这条超长的微博，按照时间顺序详细披露了事情的完整经过，图文并茂还原事情真相，最后提出要追查造谣者的责任，舆论快速得以平息。

事故型事件是指舆论处置主体负有部分责任的事件，即事出有因。在事故型事件中，舆论引导要遵循分别处置的原则，一方面说明事实，另一方面处理责任人，向受害者道歉。例如，2016年5月7日北京发生的雷洋案就是典型的事故型事件。尽管事出有因，但其中也有警察执法不当的问题。昌平警方一直采用辩护式解读，给出的信息不仅少，而且没有回应受众的关切，始终没有说清事实，没有向受害者家属道歉，最终舆情发酵，造成了重大舆情事件。

错误型事件就是指舆论处置主体负有完全责任的事件。在错误型事件中，事件处置与舆论引导的策略是高调处理责任人，郑重向受害者道歉，郑重宣布整改措施。例如，2016 年发生的"5·16"兰州民警殴打大学生事件。因大学生用手机拍摄警察执法中存在的不当行为，警方将大学生带到派出所，让学生交出照片，学生拒绝后被打。事件一经曝光，立刻引起大量关注。警方认识到错误，当天下午到学校找学生当面道歉，当天晚上发布微博，涉事民警被停职调查，派出所所长、教导员、县公安局副政委被停职，由于处置及时，舆论迅速平息。

（二）突发事件的分期

在管理学研究中，许多学者提出了危机的不同阶段分析模式。例如，诺曼·奥古斯丁提出了危机六阶段理论，分别是危机的避免、危机管理的准备、危机的确认、危机的控制、危机的解决和从危机中获益。[①] 再如，斯蒂文·芬克提出了危机的四段论模式，一是危机潜在期，通过危机意识和一定的预防措施来管理危机；二是危机突发期，危机事件急速发展，各方利益急剧变化，在这个阶段，如果管理不到位就会产生更大的危机；三是危机蔓延期，主要是管理者通过采取适当措施，降低危机造成的损害，抑制危机的发展和蔓延；四是危机解决期，危机影响逐渐被平复，社会恢复到常态。

结合突发事件的发展规律与本国国情，我们将突发事件的舆情处置划分为以下四个时期，见表 2-2。

第一，预警期：主要任务是防范事件的发生，或者将突发事件控制在一定的范围内。对于突发事件来说，这一时期是危机的潜伏阶段；对于突发事件舆论来说，则是孕育阶段。这一阶段是遏制危机、降低甚至阻止事件发生的最佳时机，同时是开展突发事件舆情预警的重要时期，也是舆情处置成本最低的时期。

第二，爆发期：主要任务是及时控制突发事件舆论，防止其过度蔓延。关键就在于快速应急反应机制的建立和政府把控事件能力的建设。其中，政府信息的公开透明成为影响突发事件舆论走向的关键。爆发期是突发事件演化四个阶段中影响力最大的阶段，持续时间长短随突发事件的性质和特点而定。在这一阶段，舆情呈现集中爆发的态势。舆论在不断形成和高涨的过程中，向极端化方向发展，极易陷入失控的局面。

---

① 林爽. 我国政府危机管理存在的问题及其对策［J］. 哈尔滨学院学报，2007（08）：27-30.

第三，缓解期：主要任务是降低舆情应急处置措施的强度，尽快恢复社会的正常秩序。其中，舆论引导的核心是说明政府的措施和舒缓民众的紧张情绪。缓解期是舆情爆发到舆情彻底平息之前的阶段。在此过程中，有的舆情自行消退，有的则受多种因素影响，会再出现新的高峰。这一时期，如果处置不当，可能会产生次生舆情和衍生舆情，因此要特别重视。

第四，善后期：主要任务是对整个突发事件中各个部门的工作进行收尾，及时对处理过程进行评估和总结，通过备案以改进工作。随着事件的解决，处于善后期的舆论将慢慢走向衰退。不过一次突发事件的结束不代表危机的终结，政府和相关机构在进行舆情处置和舆论引导的同时，还要警惕舆论衰退后留下的潜在问题，防微杜渐。

表 2-2　突发事件分期管理的阶段、要求与任务

分期	发生阶段	能力要求	主要任务
预警期	事前	预警预备	防范事件的发生，尽可能控制事件的发展，同时监控舆情，及时消除隐患。
爆发期	事中	快速反应	及时控制突发事件的舆论并防止蔓延，这是舆论引导的关键期。
缓解期	事中	恢复重建	降低舆情应急处置措施的强度并尽快恢复社会的正常秩序，同时注重次生和衍生舆情。
善后期	事后	评估总结	对事件处理过程进行调查评估和总结，同时警惕舆论遗留问题，防微杜渐。

从理论上说，突发事件的生命周期不是一成不变的。

首先，随着社会发展节奏的加快、突发事件发生频率的上升、媒介传播能力的增强，突发事件的生命周期总体上在缩短。过去动辄持续数周或数月的事件，现在有可能只持续几天甚至几个小时。

其次，突发事件本身的类型和程度会影响其生命周期的长短。一般而言，严重或特别严重的突发事件延续时间较长，较重或一般的突发事件延续时间相对较短；复杂事件或敏感事件延续时间较长，而单一事件或非敏感事件延续时间相对较短。

最后，涉事主体的反应速度和舆论处置能力也会影响突发事件生命周期的长短。中国传媒大学网络舆情研究所在 2010 年发布的一份报告显示："每个网络舆情热点的平均存活时间为 16.8 天，大多数集中在两周以内。75% 的重大新闻事件在报道后的 2 至 4

天内网络关注度最高。如果一个网络热点议题不节外生枝，大多数的存活时间集中在 1 至 15 天内，中间也很有可能由于当事人或单位回应不当引发一波数折的舆情关注，从而持续 3 周左右。"① 如今，随着传播速度的加快，网络热点事件的持续时间进一步缩短，当天发生当日结束的网络事件成为常见现象。热度持续超过三天的事件就可以称为重大事件，超过一个星期可以说是特大事件，而超过两个星期就是极为罕见的超特大事件了。

（三）突发事件的特点

虽然突发事件的种类不同，但概而言之，突发事件也有许多共同特征，主要体现在以下五个方面。

1. 事发突然性

突发事件最根本的特点是出乎人们意料，人们对突发事件发生的时间、地点、范围、危害程度都是无法预料的。从理论上说，突发事件一般都是事物内在矛盾不断积累而由量变到质变的结果，但是在表面上呈现出一种偶然性。没有预兆，诱发原因带有强烈的随机性，而且事态蔓延相当迅速。或者可以说，突发事件的突发性更多表现为不确定性，难以被预测和把握。

2. 后果严重性

随着现代社会改造自然能力的提升，与传统社会相比，当代突发事件在种类和危害程度方面都有很大的不同。不仅种类增加了，而且其破坏程度也在增强。如 2004 年印度洋海啸造成损失 40 亿美元；2005 年美国新奥尔良飓风造成损失 1500 亿美元；2011 年日本海啸造成损失 3000 亿美元。再如，俄罗斯切尔诺贝利核泄漏事故发生后的前三个月内，其有 31 人死亡，之后十五年内又有 6 到 8 万人死亡，另有 13.4 万人遭受不同程度的辐射，方圆三十公里内的 11.5 万多民众被迫疏散，经济损失无法估量。灾难的可怕之处不仅在于对实体经济造成的破坏，更重要的是它在人们内心留下了挥之不去的阴

---

① 中国传媒大学网络舆情研究所.网络舆情及突发公共事件危机管理经典案例［M］.北京：中共中央党校出版社，2010：5.

影，甚至会对社会和国家的稳定造成破坏。

3.舆论聚集性

在网络时代，信息量的激增是突发事件的又一重要特征。就事件本身而言，突发事件具有很强的社会性，事关各方的利益，其过程本身又往往一波三折，具有很强的戏剧性，事件的解决往往也是各方利益博弈和平衡的结果，所以各方都需要发出声音。对于事件当事人而言，在突发事件中发出声音、提出诉求，有利于事件朝着对自己有利的方向发展；对媒体而言，突发事件带有很强的冲突性，具有很高的新闻报道价值，报道突发事件不仅可以获得更高的收视率、收听率、点击率，而且有利于提升媒体的公信力和社会影响力。对于"舆论领袖"和自媒体而言，突发事件的公共性和高关注度也是其展示自身舆论引导能力的好机会。与此同时，公共事件本身就与"公众"相关，是受众实现知情权、参与权、表达权、监督权的重要舞台。所以，突发事件成为舆论焦点在所难免。甚至可以说，成为舆论焦点就是突发事件本身的内在属性。

4.危害持续性

突发事件不是一次性事件，而是一个过程，是多种矛盾在刺激因素下激化的结果。事件一旦发生，发展演变就非常迅速。如果在突发事件刚发生时，政府或相关组织不能及时迅速反应、采取有效措施，就很有可能激化矛盾，导致事态扩大，造成更大的危害和损失，甚至引发持续性危机。在实践中我们可以看到，一个突发事件经常会导致另一个突发事件甚至一连串突发事件的发生，单一危机很容易演变为复合型危机，产生连带效应，加剧突发事件的危害持续性。如2008年美国"次贷危机"，美国在危机处理上表现无力，无法有效控制事态发展，使一国之内的危机事件演变成国际危机。再如，2012年三亚"宰客门"事件本来是一则针对当地海鲜市场价格虚高的旅游投诉，最终演变成了对海南建立国际旅游岛的反思和质疑。再如，2015年的青岛大虾事件，"好客山东"被网友调侃成了"宰客山东"，直接影响了山东省的形象。

5.应对高效性

突发事件的发生贯穿现代社会的发展，对政府的应急管理提出了更高要求。突发事件应急管理是一个复杂的系统工程，如何及时有效地应对突发事件、怎样建立高效的应对机制，是各国政府急需解决的问题。政府是突发事件应急管理的主体，作为公共管理者以及公共服务的提供者，在突发事件发生之后，必须在短时间内启动应急预案，集中调动资源，根据事件发生的规律，尽快拿出最佳解决方案。突发事件是一种非常态化事件，在管理与处置的方法上与普通事件千差万别，目前各国政府都在积极研究突发事件的解决方案，建立突发事件应急管理机制，提高突发事件的应对能力。其实，人类正是在突发事件的处置中认识到自身的弱点和局限，通过不断积累经验，促进社会进步的。

（四）突发事件的分级

根据危害程度、发展情况、紧迫性以及政府控制能力的不同，突发事件可以分为特别重大（Ⅰ级）、重大（Ⅱ级）、较大（Ⅲ级）和一般（Ⅳ级）四个层级，管理部门依次用红色、橙色、黄色和蓝色进行预警和分级管理，见表2-3。

表2-3 突发事件分级

预警级别	启动时机	判断表征
红色 （Ⅰ级）	预计将要发生特别重大（Ⅰ级）及以上突发事件	事件随时可能发生，事态正在不断蔓延。
橙色 （Ⅱ级）	预计将要发生重大（Ⅱ级）及以上突发事件	事件即将发生，事态正在逐步扩大。
黄色 （Ⅲ级）	预计将要发生较大（Ⅲ级）及以上突发事件	事件已经临近，事态有扩大的趋势。
蓝色 （Ⅳ级）	预计将要发生一般（Ⅳ级）及以上突发事件	事件即将临近，事态可能会扩大。

此外，如果结合舆情的情况综合考虑，我们可以参考下面的公式，量化突发事件的烈度：

突发事件的烈度＝时间长度＋涉及人数＋涉及地域＋人员财产损失＋社会动员程度＋媒体报道量＋舆情热点数量及汇聚度

上述公式中列举的因素都是可测量、可计算的。

三、突发事件中的舆情发展

突发事件处置中的一个重要环节，就是对舆情的有效把控和积极引导。只有找出舆情发展变化的特点和规律，我们才能系统地认识舆情，进而开展有效的实施和引导。

（一）当代舆情发展的四个阶段

有学者提出，当代网络舆情发展分为"散播—集聚—热议—流行"四个阶段。[①] 由于当代社会已经深度网络化，舆情的生成和发展高度依附于网络，上述针对网络舆情的论断也适用于突发事件的舆情发展。

散播：即原发信息在没有策划和组织的情况下，零散地存在于网络空间，尚没有形成广泛的舆论。准确地讲，在散播阶段，信息仅仅零散地存在于网络空间中，还不能被称为舆论，只是舆情的萌芽状态。相关的信息传播具有分散的特点，具体表现为舆论起点的分散、信源的分散和传播主体的分散。可以说，信息散播是一种常态。绝大多数信息不会引发公共舆论，只有少量信息能够引起人们的普遍关注，进而形成关注集聚和意见集聚。

集聚：原本处于散播状态的原发信息，在某些传播因子的作用下，突然被大量网民关注，内容被多个网站或账号转载，相关页面的访问量和点击量呈爆炸式增长，形成集聚的情况。集聚阶段的网情传播主要有三个特点：一是网民的参与度与关注量集聚快；二是网站的议题设置集聚快，网站将相关舆情信息摆在显要位置呈现，以此集纳各方信息，从而形成多维信息链；三是网民的意见集聚快，网民通过社交媒体等网络公共平台发表个人意见，最终形成意见集聚。应当说，网络舆情的集聚同时也是舆论的形成阶段。

热议：即信息成为大众关注的焦点。在传统媒体的大量参与下，网络媒体与传统媒体之间形成有效互动，并相互促进。由于媒体议程设置的作用，网民的参与度进一步提高，舆论的压力进一步增大。"热议"的主题和相关责任主体可以用"四个点"来概括，即媒体报道热点、社会舆论焦点、学者研究热点、政府处理难点。在强大的公共舆论压

---

① 曹劲松.政府网络传播［M］.南京：江苏人民出版社，2010：177-180.

力下，无论是事件责任主体，还是相关管理部门，处理舆情涉及的问题的难度都成倍增加。同时，这一时期也是舆论引导的关键时期。

流行：经过热议阶段后，一些从舆情传播中总结或引申出来的词语成为网络乃至社会公共传播中的流行语，比如，"周老虎""俯卧撑""打酱油""躲猫猫"等。网民通过将舆情中的主要人物或情节细节加以符号化，使网络舆情的传播效果和认知结果得以长期延续，最终影响人们的社会心理和价值判断。但并不是每一个经过热议的舆情都会形成所谓的流行语，只有一些具有代表性，特别是因处置不当引起公众不满的负面舆情才会如此。流行语一旦形成，便会长期存在下去，对舆情涉及的当事人、相关机构和地区形象产生长期的负面影响。

（二）突发事件中舆情传播的三个阶段

不是所有舆情都会上升为舆论，只有符合特定条件的舆情，或是处理不当的舆情，才会加剧突发事件的处理难度。上面谈到舆情发展的四个阶段，那么什么样的舆情可以从散播发展到集聚，又从热议延伸为流行呢？通过认真考察突发事件中的舆情传播，我们将其划分为以下三个阶段。

1. 舆论聚集阶段

热点新闻或谣言从散播到集聚，关键在于"导火索"的出现。有人认为，"一个热点事件的存在加上一种情绪化的意见，就可以成为点燃一片舆论的导火索"[①]。实际上，这其中还有一些问题：第一，新闻是真是假，是确有其事还是谣言？第二，新闻或谣言看上去是否合理，是否符合接收者的信息期待？第三，新闻或谣言是否被权威部门及时有力地予以回应？只有上述三个问题的答案都为肯定的，舆论聚集才可能完成。

案例回顾 2-5

山西谣传"地震门"

2010 年春节期间，山西的太原、吕梁、长治、晋城、阳泉等地传出即将地

---

① 胡钰. 新闻与舆论［M］. 北京：中国广播电视出版社，2001：191.

震的谣言，引起当地群众的强烈恐慌。2月20日晚至21日凌晨，许多居民离家外出躲避所谓的"地震"，甚至开车逃往外地。对于这场闹剧一样的谣言，网络上骂声不绝。事发后，人们在寻找"震源"时才发现，谣言从前一段时间就开始出现了，并在传播过程中不断经历着内容及形态的变化。各种各样经过添油加醋的"地震"预测信息都在不断传播着。而在此过程中，政府没有及时发声辟谣，使得这一虚假信息的传播速度越来越快，很快形成集聚效应，导致出现这一荒唐的结果。

案例回顾 2-6

粮食紧缺谣言

如果说2010年的地震谣言是无中生有，那么2020年粮食紧缺的谣言就是由官方信息经网络流传曲解变形而来的。

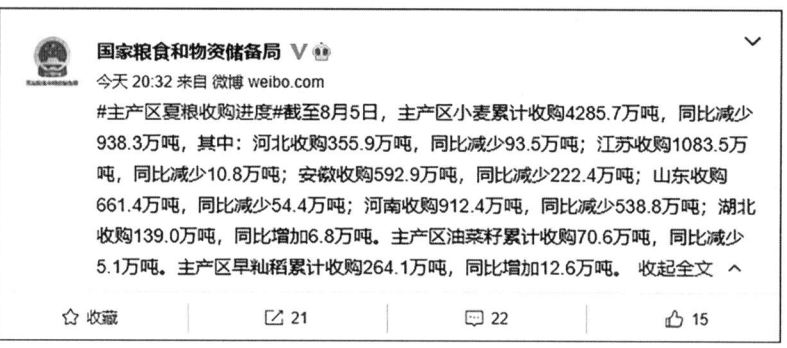

图 2-1　国家粮食和物资储备局官微内容原文

2020年8月12日，国家粮食和物资储备局通过官方微博公布主产区夏粮收购进度，"截至8月5日，主产区小麦累计收购4285.7万吨，同比减少938.3万吨"。"减少"这一词语，引起了众人关注。加之半年前，一些国家确实开始限制或禁止粮食出口，使得国际粮价有所上涨。于是，原本正常的经济数据却很快引起部分人的恶意揣测，开始有谣言称："受疫情影响，国内粮食短缺，要赶紧囤米抢油。"还有不少网络自媒体以"粮食短缺""粮食危机"等字眼博取眼球，引用国外一些地区的数据，添油加醋、危言耸听，使得国内部分民众信以为真，奔赴市场抢购粮油。所幸，有关部门很快出来辟谣解惑，并且以充足的市场供应稳定了民众不安的心。

舆论聚集期的谣言传播特别值得我们注意。法国学者卡普费雷认为，"我们称之为谣言的，是在社会中出现并流传的未经官方公开证实或者已经被官方所辟谣的信息"[①]。中国学者胡钰认为，"谣言是一种对公众感兴趣的事物、事件或问题的未经证实的阐述或诠释的流传"[②]。简单来说，谣言就是未经证实的传言。我们可以通过公式解释谣言传播的规律：谣言＝重大性 × 模糊性。事情越重大，细节越模糊，谣言就越多，传播也越快。在传播的过程中，谣言还往往表现出恐慌传播、情绪化传播、非理性传播等特征。谣言的危害性极大，并且在当前复杂社会背景中有着很大的生存空间，需要我们特别注意。

面对谣言的超强传播力、巨大影响力，我们又该如何应对呢？对此，两位美国学者奥尔伯特和波斯特曼根据长年研究，将谣言的传播归纳为一个基本公式：

$$R = I \times a/c$$

在这个公式中，R 指谣言（Rumor）的泛滥程度，I 指传闻对传谣者的重要程度（Importance），a 指传闻的模棱度（ambiguity），c 指公众对传闻的批判能力（critical ability）。可以看到，控制谣言泛滥的关键就在于 c，公众的批判能力越强，谣言的传播程度越弱。[③]

2. 舆论爆发阶段

从舆论集聚、热议到爆发的关键是形成公众间的共振或共鸣。如果说集聚和热议还处于舆论参与者单兵作战、个体意见平行发展状态的话，那么共振和共鸣就形成了所谓的"群体效应"。处在集合发展阶段，群体效应产生的能量会更大。共振是物理学名词，指的是物理系统在特定频率下，比其他频率以更大的振幅振动的情形。回归现实，我们可以发现，舆论的发展可能出现几种不同的情况：一是问题初步得到解决，舆论开始消

① 卡普费雷.谣言：世界最古老的传媒［M］.郑若麟，译.上海：上海人民出版社，2008：15.
② 胡钰.新闻与舆论［M］.北京：中国广播电视出版社，2001：129.
③ 陈力丹.舆论学——舆论导向研究［M］.北京：中国广播电视出版社，1999：108.

散；二是出现新的热点，公众兴趣转移；三是媒体疯狂追逐，导致舆论升级。[①] 同样，舆论的升级和爆发也需要一定的条件：一是现实与预期形成强烈反差，不断带来新闻效应；二是舆论领袖与传统媒介加入，使舆论的传播速度加快，形成同步和共鸣；三是政府或权威部门应对失误，引发公众和媒体的质疑。

案例回顾 2-7

六安教师讨薪被抓事件

2018 年 5 月 27 日上午 9 时许，安徽省六安市金安、裕安两区及其所辖乡镇的部分教师来到市政府主张维权，事后相关内容出现在社交媒体上，舆论持续发酵，其中教师与民警发生冲突的视频被广泛传播。随后，诸如"教师讨薪反被抓""警察暴力驱散"等标签性话题如雪球般在网络上越滚越大。当晚，六安市公安局官方微博发布《关于六安教师维权处警情况的通报》，将这些教师称为"违法人员"，系因"拒不听从劝导，严重扰乱公共秩序"被依法带离。通告发出后，官微还通过关闭评论区来控制言论，这彻底引燃了网民的愤怒之火。5 月 28 日，《光明日报》发表评论："在扶贫都已进入入户到人的精准阶段之时，薪资有国家财政保障的教师，竟然为拖欠工薪而发出公开吁求，这无论如何都是一件令人羞耻的事情。"这篇文章成为此次事件的转折点，在《光明日报》的影响下，央视网、《新京报》等媒体纷纷刊发评论，引发社会广泛关注。事发两天后，5 月 29 日下午 2 点 24 分，六安市人民政府通过官网发布回应，称没有拖欠教师工资，少数民警执法简单粗暴，对此事诚恳道歉。"六安市教育局发布""六安市人民政府发布""六安发布"等官方账号，先后刊发了《六安市人民政府关于金安区、裕安区部分学校教师集访有关情况的通报》，与六安市人民政府官方网站保持一致。

回顾整个事件过程，当地政府在没有搞清问题实质的情况下匆忙回应，造成了不好的舆情后果。教师薪资被拖欠首先是教育部门需要解决的行政问题，而不是公安部门出警处置的合法性问题。然而，当地政府却以公安部门作为回

---

① 高红玲.网络舆情与社会稳定［M］.北京：新华出版社，2011：9.

应主体，并且以简单粗暴的话语和不予沟通的强硬态度作为回应方式，使得矛盾进一步激化。本应对此事承担主体责任的当地政府迟迟没有出面发声，任由网络舆论和媒体舆论叠加互动，导致问题不断升级，成为一场现实与网络彼此呼应的公共事件。

上述案例的发酵过程就是典型的舆论升级过程。首先，该事件符合新闻价值和群体情绪的升级条件。民众对欠薪、维权、滥用执法、暴力伤害无辜等现实问题普遍持有的消极看法以及对公权力的不信任，是事件升级的必要条件。其次，政府回应不及时、不主动，以及对问题避重就轻，回应方式简单粗暴，进一步为舆论质疑提供了"佐证"。在权威媒体的加持之下，舆论迅速升级，加重了民众对事件的消极情绪。尽管当地政府后来采取了谨慎开放的态度进行回应，但是其在前期处理中的表现，导致了该事件的复杂化。

该案例告诉我们，突发事件中的群体认同心理需要引起人们的重视。认同是心理学中的一个重要理论，是个体实现社会化的前提。人们为了满足自尊的需求，往往会努力寻求社会认同。在现实生活中，由于自我认知和守护自尊的愿望不能达成，人们可能更倾向于转向网络这种匿名的、相对公平的虚拟世界，寻求与自己的价值观和生活态度相近的新群体。在上述这样背后暗含社会矛盾的突发事件中，一些平时很难发泄的情绪，会由于危机的出现而集中爆发。当人们加入特定的网络群体之后，由于群体的压力以及"抱团"的急迫心理，为了迎合他人而避免遭受孤立，他们的言论和感情就会趋向一致，形成一种极端化的现象。特别是当信息披露不完整、事件信息模糊时，人们的这种群体认同心理就更为突出了。法国社会学家勒庞在《乌合之众》中描述了人们需要群体认同心理的原因："形成群体的个人会感觉到一种势不可挡的力量，这使他敢于发泄出自本能的欲望；而在独自一人时，他必须对这些欲望加以限制。他很难约束自己不产生这样的念头：群体是个无名氏，因此也不必承担责任。"[①]

3. 舆论极化阶段

协同效应与群体行为的互动使得舆论危机爆发，这也是突发事件爆发后的特点，是

---

① 勒庞．乌合之众［M］．冯克利，译．北京：中央编译出版社，2000：20．

事件达到顶点的标志。所谓协同效应是指不同的个体利用同一资源，协同产生一加一大于二的效果，如在剧场中人们鼓掌，形成共振后就会产生掌声一致的协同效应。"群体极化"则来源于社会心理学，指的是群体的讨论往往会强化成员的初始意见，使得某种观点或态度在群体中逐渐趋于极端化。在此过程中，不仅各种不同的"杂音"会减少甚至消失，而且经过群体讨论之后形成的集体意见要比原来的个人意见更加极端。有学者研究突发事件中谣言传播的群体极化现象认为，群体极化就是意见的极端化，"群体意见逐渐向某一端倾斜，并最终呈现出'排山倒海'般的极端化现象，有的甚至演化为极端的群体性事件，给国家和社会带来严重的危害"[①]。群体极化的特点就是反应的迅速性、过程的激烈性和方向的不确定性，其行为特征是"特定群体"的"群集效应"。从突发事件舆情来看，舆情事件从共振、共鸣到危机爆发，关键因素是事件中出现的协同效应和舆论极化，以及在此基础上形成的舆论与现实行为的互动。同样，舆论极化与群体行为的产生也需要条件：一是协同效应的产生，即不同的行为个体利用同一资源而产生整体效应；二是群体极化（意见的极端化）和极化群体（特定的群集）的出现；三是在危机的徘徊期、爆发期缺乏正确的舆论引导。以上条件同时出现，就容易引发群体性事件。

有学者认为，群体传播过程中的群集本能是谣言极化的驱动力量。在群体凝聚力的作用下，出于群集本能，个体意见会高度向群体意见靠拢。而群体责任的共同承担为谣言极化提供了安全保障，当谣言在群体中传播时，个人的责任转化为群体的共同责任。[②]这样个体就成了群体，个体行为最终成了群体行为，这样的群体就是"极化群体"。

"群体极化"这一概念是美国哲学家、芝加哥大学法学院教授桑斯坦在《网络共和国——网络社会中的民主问题》一书中提出的。"极化群体"也就是勒庞所说"乌合之众"在网络时代的表现。在网络催化的"集体无意识"中，所有的个性和理性被扼杀，群体的意见呈现出非理性化、情绪化、低智化的倾向。

---

① 钟厉.突发事件中谣言传播的群体极化现象［J］.新闻爱好者，2012（06）：63-64.
② 钟厉.突发事件中谣言传播的群体极化现象［J］.新闻爱好者，2012（06）：63-64.

案例回顾 2-8

成都七中实验学校食品安全事件

2019 年全国校园食品安全问题频频曝光，屡次登上新闻热搜榜，也让校园食品安全成为舆论关注焦点。2019 年 3 月份曝出的成都七中实验学校食品安全事件是当年首例校园食品安全事件，也正是这一事件引发全民对相关事件的持续关注。

3 月 8 日，成都七中实验学校多名学生陆续出现呕吐、腹痛等症状，引起了家长的注意，随后家长在校园微信群中得知，这一情况并非偶发个例。3 月 10 日，几名家长向学校反映学生前两日肠胃不适的情况，要求前往学校食堂查看，之后将拍摄照片传至网上。然而当时，此事并未引起学校的重视，也没有积极开展调查回应家长的质疑。两天后，网传成都七中实验学校食堂给学生吃发霉变质的食物，所附照片令人感到不适。事关校园食品安全，一经传出立刻引爆网络舆论。当天中午，大批家长赶到学校，要求校方回应此事。当晚，市场监管局、教育局、区委政府相关负责人陆续赶到现场，向家长承诺将会对此事进行调查处理。在此期间，部分家长进入学校食堂，发布大量照片，导致舆论进一步升级。

次日上午，部分家长在学校附近主干道拦停车辆，与当地警察发生冲突，多名家长被强制带离现场，造成群体性事件。在持续两天多的时间里，成都七中实验学校食品安全问题的相关舆情一再升级，成为全国普遍关注的焦点事件。在此过程中，相关部门未能及时开展调查取证，没有第一时间发布检验结果、回应舆论关切、说明处置措施，导致大量虚假图片流传到网络，持续搅动舆论场，最终促使矛盾爆发。

直到 3 月 13 日（事发第 6 天），四川省教育厅才发布一条不足二百字的情况通报，表态要进行核查，这样的做法贻误了控制事态、疏导舆论的时机，造成本该可以避免的重大信誉损失。

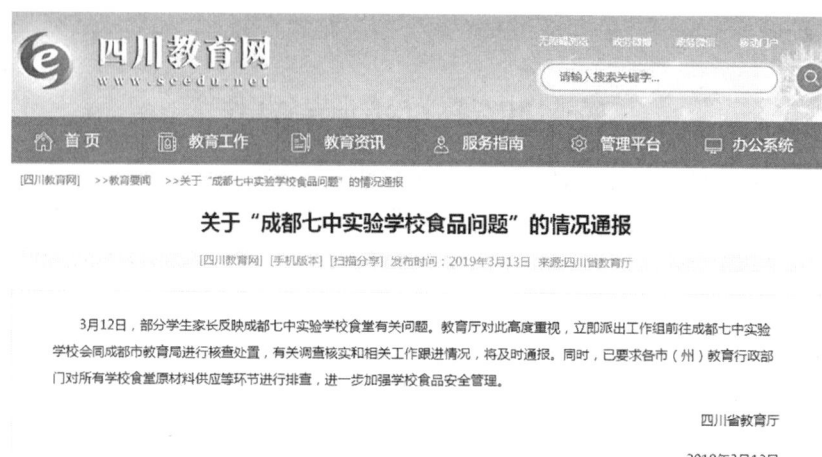

图 2-2 四川省教育厅 3 月 13 日才发出一则简短的情况通报

（三）突发事件舆情的分析与研判

我们分析了舆情发展的四个阶段、突发事件舆情传播的三个阶段之后，还需要对突发事件中的舆情本身进行分析和研判。

一般来说，对于舆情的研判主要有定量和定性两种方式。

就技术定量而言，舆情监测的对象主要是媒体，包括微博、微信、新闻客户端、网站、论坛、博客、报刊等，根据媒体的报道量、转载量、点击量、回复率等指标，舆情可以分为燃点、热点、焦点、爆点四个等级。前文谈到，在大数据条件下，我们可以根据要点作出各种定量的新闻信息分析图表，甚至可以作出实时的舆情走势图，对舆情的发展态势进行动态评估，并根据舆情走势，采取相应回应措施，如社交媒体回应、发布新闻稿、接受采访、开新闻发布会等。

不过，在舆情的分析和研判中，仅仅有定量分析是不够的，还需要有定性的分析，并将定量与定性结合起来。定性分析的要素有如下几项：

（1）单一或复杂事件：一般来说，单一事件的舆情比较好控制，复杂事件的舆情不好控制。如 2014 年上海外滩踩踏事件就是单一事件，舆情可以被主动控制。而 2015 年天津港爆炸事件则是复杂事件，不仅是简单的事故灾害，而且是公共安全事件。

（2）开放或封闭话题：一般来说，开放话题容易炒作，封闭话题不易炒作。任何人都可以对开放话题从不同角度进行讨论，而封闭话题多为专业性较强的话题，能参与讨论的人不多。

（3）原因和责任方：一般来说，事件的原因和责任方越复杂，越容易被炒作，舆情越不好控制。正因如此，通常自然灾害和公共卫生事件中的舆论引导较为简单，事故灾害和社会安全事件中的舆论引导难度较大。事件原因和性质确定得越早，舆论引导的主动性就越强，效果也往往越好。

（4）涉及利益相关方：一般来说，事件涉及的利益相关方越多、越复杂，舆论引导的难度就越大。这也是为什么一旦涉及教育、医疗、房地产、金融等领域时舆情较多的原因，因为其中涉及的人数众多、传播能力强。具体到每个事件，要分析事件背后的利益相关者和情绪相关者，有针对性地展开引导。

（5）爆料人是否为当事人：一般来说，如果爆料人不是当事人，舆情就比较好控制，如果爆料人是当事人就不好控制，因为当事人可以连续爆料。有时甚至要看爆料人是不是文字工作者，因为文字工作者更知道如何爆料进而吸引大众目光。2016年北京中关村二小的校园霸凌事件和2019年的"国航监督员"事件，爆料人恰好都是编剧，因此爆料内容充满故事性和情感性，引发了舆情声浪。

（6）报道的新闻性与首发媒体：报道的新闻性决定舆情走向。例如山东于欢案，《南方周末》最初报道时采用的题目是《刺死辱母者》，网易以《女子借高利贷遭控制和侮辱，儿子目睹后刺死对方获无期》为题发文，网易新闻客户端同步转载此稿，标题又变成了《母亲欠债遭11人凌辱，儿子目睹后刺死1人被判无期》，通过将新闻要点上升为标题，将事件具体化，引发了人们的广泛关注。除此之外，报道首发媒体的选择也同样重要。例如2015年"青岛大虾"事件，爆料人开始选择的是传统媒体平台，并没有引起社会关注。次日，相关信息的传播平台转到了今日头条，意见领袖和网络大V开始跟进推送，最终形成了舆情事件。

（7）演变空间与社会热点：舆情的演变空间是指新闻传播的大环境，适逢新闻淡季，相关话题就容易被关注、被炒作，如果是新闻旺季则不会。因为人们的注意力资源是有限的。同期有没有同类新闻事件发生，是影响舆情演变的微观传播环境。例如2021年5月，袁隆平院士去世和大连闹市开车撞人事件、甘肃白银越野跑车死亡事件在同一时期发生，尽管后两者在处置过程中存在一些问题，但是两者影响力相互抵消，舆论关注分散，同时又因袁隆平院士去世引起全国哀悼，社会关注度都集中在此，所以这两个事件新闻演变的空间小，没有形成更大的舆论风暴。所谓社会热点是舆论形成的基础，如果新闻涉及贫富分化、性别歧视、民族情绪等热点，舆情就容易爆发。例如2019年的山东大学"学伴"事件，就是那段时间网络集聚的"外国人超国民待遇"不满情绪的集中爆发。

四、突发事件处置的原则与措施

尽管突发事件是一种非常态化的事件，管理与处置方式千差万别，但还是有一些共同的原则和方法，找到并确定这些原则与方法，有利于我们迅速作出反应，也有利于突发事件问题的解决。

（一）突发事件处置的原则

2006年1月，国务院颁布了《国家突发公共事件总体应急预案》，明确提出了应对各类突发公共事件的六条原则：以人为本，减少危害；居安思危，预防为主；统一领导，分级负责；依法规范，加强管理；快速反应，协同应对；依靠科技，提高素质。2007年8月通过的《突发事件应对法》也提出了统一领导、综合协调、分类管理、分级负责、属地管理为主的应急管理体制，并指出突发事件应对工作实行预防为主、预防与应急相结合的原则。

关于突发事件的处置原则，很多学者从不同角度提出了自己的看法。其中，公共关系学中经典的危机管理6F原则和5S原则有一定的代表性。

危机管理6F原则：事先预测原则（Forecast）、迅速反应原则（Fast）、尊重事实原则（Fact）、承担责任原则（Face）、坦诚沟通原则（Frank）、灵活变通原则（Flexible）。（1）事先预测原则：对可能发生危机的各个领域和环节作出预测和分析，建立预警机制，制订全面、可行的危机预案和计划，在事件发展前期把握危机的态势。（2）迅速反应原则：对危机事件必须保持高度警觉，早发现、早通报，便于管理者尽快掌握和了解真相、作出决策。对外及早发布信息，表明对危机事件的快速反应姿态，争取良好的外部舆论环境。（3）尊重事实原则：坚持实事求是、不回避问题，坦诚沟通，获得公众的理解、信任和支持。（4）承担责任原则：勇于面对问题，主动承担责任。（5）坦诚沟通原则：坦率真诚，保障公众的知情权，体现社会的责任感，为危机应对创造良好的外部环境，维护和树立良好的形象。（6）灵活变通原则：抓住合适时机，通过第三方传递出信息，往往会起到降低公众警戒心理，重获信任的效果。[①]

危机管理 5S 原则：承担责任原则（Shouldering the matter）、真诚沟通原则（Sincerity）、快速应急原则（Speed）、系统操作原则（System）、权威证实原则（Standard）。（1）承担责任原则：无论谁是谁非，都不要企图推卸责任；（2）真诚沟通原则：把自己所做的、所想的，积极坦诚地与公众沟通；（3）快速应急原则：危机发生后，能否首先控制住事态，使其不扩大、不升级、不蔓延，是处理危机的关键；（4）系统操作原则：在解决一种危机时，不要忽视另一种危机，在进行危机管理时，必须系统运行，不可顾此失彼；（5）权威证实原则：应尽力争取主管部门、专家、专业机构、权威媒体以及公众的支持，而不是自己徒劳的解释。[②]

我们认为，从更为综合、宏观、现实的角度考虑，处置突发事件应该遵循以下五条基本原则：

1. 危机意识原则

如前所述，突发事件的发展有一个过程，有预警期、爆发期、缓解期和善后期几个阶段，整个过程是一个连环，预警可能随时出现。相关工作人员要牢固树立危机意识，在事故发生前，如果能及时发现危机信号，采取得力措施，就能够将突发事件可能带来的损失降至最低，甚至减少突发事件的发生。政府要有危机意识，要建立突发事件的应急管理系统、专门的危机处理机构、对外联系渠道、新闻发布制度，做好危机处理预案，只有这样在突发事件发生时才能有效应对，减少事件带来的损失。国外有学者认为，突发事件的典型特征就是"恐慌"和"失去控制"，只有保持危机意识并健全相应的机制，才能最大限度消除危机。某地方疾控中心主任曾经总结了一段话，归纳疾控工作的舆情处理办法："没事多想事，事来不怕事，大事化小事，小事变没事……"这段话正好凸显了危机意识和提前准备的重要性。

① 张乃英．公共关系学［M］.2 版．上海：同济大学出版社，2007：382-384.
② 游昌乔．危机公关：中国危机公关典型案例回放及点评［M］．北京：北京大学出版社，2006：1-12.

2. 定性优先原则

突发事件是分类型、分级别的。在突发事件发生后，要尽可能快速查明事件真相及原因和背景，迅速科学地对事件进行分类和定性，这是处理突发事件的关键，如人为的或非人为的、内部的或外部的、高烈度或低烈度的，等等。例如，2008 年拉萨的"3·14"事件发生后，政府果断采取措施，及时准确地将该事件定性为"破坏国家统一"的行为。这一定性为政府传播定下基调，有效回应了国际社会的不当言论。又如，2008 年的贵州瓮安群体性事件，政府通过了解事件背景，将之定性为群众性聚集事件，属于人民内部矛盾，有效防止了事件进一步升级。同年，山东"4·28"胶济铁路火车撞车事故，政府在事发当天就将其定性为人为责任事故，防止别有用心者将此事与恐怖袭击联系起来，这在北京奥运会即将召开的特别时期非常有必要。

定性优先的"定性"，包括事件性质是什么类型、事件的责任是什么类型、事件的程度如何、事件的后果是什么类型等。定性也是政府在确定口径和核心信息时的重要前提。只有快速准确地对事件进行定性，才能有正确的事件处置方案和舆论引导的方向。

3. 公开透明原则

突发事件是规模信息量突增的事件，也是能够获得社会高关注度的事件。由于事态演变迅速、不确定性强、有效信息不足，因此突发事件发展期容易造成社会信息恐慌。这一时期，如果政府和主流媒体信息缺位，那么信息传播就会演变为谣言传播，进而引起更大范围的恐慌，导致危机升级。因此，面对突发事件，政府应当通过媒体、新闻发言人、各级应急管理系统，及时向媒体和公众发布相关信息，以澄清真相、化解谣言、维护政府信用、消除公众的不安与恐惧心理。美国危机事务专家劳伦斯·巴顿说过，公众在每一次危机中都要问三个问题——发生了什么？事情是怎么发生的？为了避免事件的再次发生，采取了什么措施？——只要解决了这三个问题，就可以有效化解危机。政府要及时向社会公布事件的原因、已经采取的措施以及最新的事态进展。真相是阻挡谣言的盾牌，政府信息越公开，公开得越及时，就越有利于社会的配合，也越有利于事件的处置。

4. 积极主动原则

有人认为，突发事件的一个重要特征就是"对政府和政府的形象具有杀伤力"，这是因为一方面，突发事件本身就有可能是工作失误所引发的，另一方面则体现在事发后处置不力。[1] 如果消极被动地处理，就会对政府形象造成极大伤害。不过，如果政府在处置突发事件的每一个阶段都保持主动，第一时间查明真相，迅速调动一切必要的社会资源，包括人力、财力和物力等，控制危机的发生和蔓延，同时积极与媒体和社会沟通，第一时间发布权威信息，占领舆论高地，挤压谣言滋生的空间，不仅不会影响政府形象，反而会提升政府的公信力。英国著名的危机管理专家里杰斯特（Michael M. Regester）提出了著名的3T原则：以我为主提供情况（Tell your own tale），尽快提供情况（Tell it fast）和提供全部情况（Tell it all），这其实也体现了政府面对突发事件的积极主动原则。

5. 勇于担责原则

尽管突发事件的程度各异，但是都具有裂变性和危害性的特点，这就要求事件当事方或相关政府部门有全局观念和勇于承担责任的意识，把事件的影响控制在应该承担责任的范围内，做到"守土有责"。"甩锅""推责"都是舆论引导的大忌。如果这时出现相互推诿和前后矛盾的情况，就很有可能导致事态恶化。注意，承担的责任要和职权对等，并非不分轻重地一概揽在自己身上，甚至越级处理。勇于担责原则应当以一定的制度设计作为保障。

以上五个原则是突发事件舆情处理的重要原则。在处理过程中，还要注意三个意识，即时间意识、主动意识和化"危"为"机"的意识。在2007年的太湖蓝藻事件、2008年的汶川地震、2015年的"东方之星"沉船事件、2018年的长春长生疫苗事件、2019年的响水爆炸等一系列事件中，政府就第一时间抓住了事件发生的黄金时期，及时开展科学的政府危机公关，采取措施得当，不仅迅速平息了事件，而且提高了政府的应急能力和公信力。但是，在2006年的哈尔滨水污染事件、2008年的三鹿奶粉事件、

---

[1]　贺文发，李烨辉.突发事件与信息公开——危机传播中的政府、媒体与公众［M］.北京：中国传媒大学出版社，2010：10.

2015 年的天津港爆炸、2016 年的"毒疫苗"事件、2018 年的"雪乡宰客"等一系列事件中，由于政府没有意识到突发事件的危害性及扩散的迅速性，处理的主动性不足，导致事件进一步升级。

（二）突发事件处置的措施

根据突发事件处置原则，事件发生后，政府应尽快启动应急管理机制，采取有效措施。详细来说，具体的措施有以下八项：

第一，尽快成立应急处置领导小组。不论事件发生的原因是什么、影响力如何，都要在短时间内迅速启动应急管理机制，成立由事件相关部门组成的处置领导小组，建立科学的管理体系，负责事件全面的协调处理，领导小组的级别要根据事件的性质及其影响范围来确定。

第二，迅速查明事件的原因和背景。应急处置领导小组成立后的首要任务，就是迅速调动应急信息的监控系统，确认突发事件的基本情况、发生原因、背景等，对事件性质、影响范围以及可能造成的危害作出准确判断，以便制订具体的应对预案和处置策略。同时，根据事件的严重程度启动响应级别。

第三，制订周密的处置工作预案。预案要将可能造成的重大危害列举出来，分析变化趋势和各种后果，根据不同情况设置相应的应急管理措施，特别要明确各部门在应急处置中的岗位和职责。

第四，调动资源开展危机处置。明确处置工作预案后，各部门应该尽快行动，各司其职，组织调动各种社会资源，共同参与危机处置，包括设立现场处置、人员抢救、事故调查、危险排查、善后赔偿、新闻发布等工作小组，实现政府、社会、企业、个人之间的有效协调，努力控制事件的影响范围和危害程度，防止次生灾害的发生。

第五，及时发布真实准确的信息。尽快确定专门的新闻发言人，通过召开新闻发布会、传发新闻通稿、接受采访、新媒体发布等途径，将真实的信息传达给公众。信息发布要真实准确，不要隐瞒危机和真相，因为这时的信息是重要的资源，也是突发事件处置的一部分。信息发布要统一口径，避免因多种说法自相矛盾而引发更大恐慌。

第六，尽快恢复社会正常秩序。公众的心理情况对处置事件有非常大的影响。因此，虽然事件尚在解决阶段，政府也必须采取措施，保持稳定的社会秩序，保证正常的公共生活，强化公众对事态良性发展的信心。

第七，查出并控制相关事故责任人。对于在突发事件中负有责任的单位和个人，政府要尽快查出并向社会通报处理情况，以对因突发事件遭受损失的群体、个人以及社会公众负责，平息公众因突发事件而产生的波动情绪。

第八，总结经验教训，提出改进措施。突发事件结束后，社会秩序基本恢复正常，而政府的工作并未结束，还必须组织专家学者、危机处置的当事人分析危机管理的得失，梳理危机处置中存在的主要问题，为下一次应急处置积累经验。

第三章　突发事件舆论引导的发展历程

■ **关键问题**

　　1. 舆论的定义和特征是什么？

　　2. 舆论引导的概念是什么？

　　3. 突发事件中的舆论引导历经了怎样的发展历程？

　　4. 当前突发事件中的舆论引导面临哪些新的挑战？

　　在突发事件中，舆论是一个重要的概念。规模信息量的突增是突发事件的重要特征，或者说突发事件的特点之一就是舆论的聚集性。舆论本身，是突发事件的重要组成部分。因此，舆论引导也是处置突发事件中的重要组成部分。可以说，在突发事件中正确地引导舆论，与其他突发事件处置措施同样重要，而且随着媒介环境的变化和混合型突发事件的增多，其重要性还在上升。

一、舆论的概念和特征

（一）舆论的概念

　　舆论（Public opinion）这个概念出现在近代法国的思想启蒙时期，卢梭将拉丁文中的"公众"和"意见"两个词语联系在一起，提出了舆论的概念。他认为，舆论"既不是铭刻在大理石上，也不是铭刻在铜表上，而是铭刻在公民的内心里。它形成了国家的真正宪法，它每天都在获得新的力量……"①

卢梭首次提出了舆论的重要性，尽管他在这一过程中夸大了舆论的力量。19 世纪末 20 世纪初，随着大众报刊的发展，舆论开始受到重视。1922 年，美国著名政论家李普曼出版了《舆论》一书，提出舆论是"民族的意志""集团的意见""社会的意图"等观点，舆论学研究正式出现。从二战结束到冷战时期，西方的舆论研究开始与国际政治、选举政治、公共关系等密切结合，取得了许多成果。这一时期的一些著作，如德国学者伊丽莎白·诺尔－诺依曼的《舆论与社会控制》《沉默的螺旋：社会舆论》，至今仍受到人们的高度重视。长期以来，我国对于舆论非常重视，但是我国更侧重于凝聚民心和政策宣传，所以整体的舆论研究并没有开展起来。20 世纪 80 年代以后，我国的舆论研究才开始受到重视，目前是新闻与传播学科中的一个重要分支。

同"新闻"的概念一样，人们对于"舆论"的定义也各不相同，一直未能有一个学界公认的定义。简单来说，各界对舆论概念的界定可以分为以下两大类：

第一类，舆论是一种意见（评价、看法、态度），包括群体（Crowd）意见、集体（Group）态度、公众（Public）意见等。相关论述诸如："舆论是显示社会整体知觉和集合意识、具有权威性的多数人的共同意见。"（刘建明《基础舆论学》）"舆论是在特定的时间和空间里，公众对于特定的社会公共事务公开表达的基本一致的意见或态度。"（李良荣《新闻学概论》）"舆论是社会或社会群体中对近期发生的、为人们普遍关心的某一争议的社会问题的共同意见。"（喻国明《中国民意研究》）"舆论是公众关于现实社会以及社会中的各种现象、问题所表达的信念、态度、意见和情绪表现的综合，具有相对的一致性、强烈程度和持续性，对社会发展及有关事态的进程产生影响。"（陈力丹《舆论学——舆论导向研究》），等等。

第二类，舆论是一种传播，包括新闻媒体传播、新媒体传播和传统人际传播。例如，"舆论是公众对社会事务所持有的相近意见的显性传播。"（邵培仁《新闻传播学》）还有前面所说的三个舆论场，也是舆论在传播意义上的定义。

其实我们可以看到，如同一个硬币的两面一样，上述两个要素不可分割。意见是内

---

① 卢梭.社会契约论［M］.何兆武，译.北京：商务印书馆，1980：73.

容，是硬币的币值；传播是形式，是硬币的流通。没有意见，传播是无源之水；没有传播，意见也无从表达。同时，二者的结合还形成了舆论的第三个要素——舆论的功能。如同硬币的存在是为了交换一样，舆论的存在是为了调整人们的社会关系。由此我们可以得出如下定义：

所谓舆论，是人们为了调整社会关系、反映利益诉求而公开传播的，具有相对一致性和一定影响力的态度、情绪和意见。

（二）舆论的特征

作为一种社会现象，舆论是伴随着人类社会的产生而产生的，随着社会的发展而发展。从最初的街谈巷议到媒体报道，舆论的基本特征没有太大变化。概括而言，舆论主要有以下几方面的特征。

第一，舆论具有公开性。舆论必须经过公开的表达。不经过公开的交流和议论，个人的、私下的言论都不能称为舆论，"潜伏"的舆论也不能称为舆论。舆论的形成和社会功能的发挥，只有依赖于舆论的公开性才能得以实现。

第二，舆论具有公共性。所谓公共性，一方面是指舆论的话题对象具有公共性，主要是一些社会事务，或是代表社会实行管理职能的政府。尽管有一些看起来是私人话题，但这也是在它们有了社会意义之后才会成为谈论的对象。另一方面指舆论的参与方具有公共性，只有从个人、组织内部上升到一定的社会范围，才能形成舆论。

第三，舆论具有可评价性。作为公众意见的表达，舆论不同于对事物的客观陈述，而是在陈述的基础上进行评判，舆论总是对社会现象中一些具有争议的事情表达看法和意见。舆论的评价性也可以说是舆论的方向性或倾向性，无论是正面评价还是负面评价，是赞扬还是批评，都是公开的社会评价、价值评判。

第四，舆论具有扩散传播性。舆论的一个基本要素就是传播，或者说传播是舆论与生俱来的特性。而且传播的速度与事件或话题同社会的结合十分密切。当一个事件和议题产生后，舆论会如同滚雪球般不断衍生、聚合、裂变、扩散，其传播的速度、波及的广度及影响的力度几乎呈几何倍数增长。

第五，舆论具有层次性和可测性。舆论的层次是根据事件的大小和聚集信息量的多寡来区分的。从舆论产生的角度来说，个人意见的表达是舆论形成的起点。一旦某一观点或意见能够流传或者得到多数人的赞同，就会出现社会讨论，逐步形成若干不同的议论圈，即社会舆论的基本形式和最小单位。随着议论圈的不断扩散，这一多数人赞同的个人意见就演变为广泛的社会舆论。在这个过程中，就逐渐形成了舆论的不同层次。舆论的可测性目前还是一个讨论中的问题。有学者认为，"舆论的数量起点，在于一定范围内持某种意见的人数需要达到总体的三分之一"[①]。尽管意见、态度不好测定，但是随着传播测量工具的不断更新，人们也开始通过网络工具来测量舆论的烈度，不仅作出了评价量表，而且可以打出分值。如环球网的舆情调查中心、人民网舆情数据中心、中国传媒大学的网络舆情（口碑）研究所等，都在从事这种测量。因为舆论具有可测性，所以有了"舆情"（舆论的情况）的说法。

第六，舆论具有流动性和影响力。舆论是一种社会流动的意识，同时具有巨大的社会作用。尽管具有非强制性，但政治力量可以利用社会舆论起到事半功倍的效果。舆论甚至可以对政权的更替发挥作用，这在人类历史上有很多例子。其中一个著名的例子就是明朝李自成起义时期，民间流传的"迎闯王、不纳粮"的歌谣，在李自成从商洛山中脱困而后进入饥荒遍地的河南时，产生了巨大的传播效应。饥民揭竿而起、队伍迅速扩大，最终导致明朝的灭亡。在中国新民主主义革命时期，"打土豪分田地"的口号所引发的舆论，也成为社会动员的巨大力量。

还需要进一步说明的是，舆论与舆情的区别、舆论与民心的区别。尽管舆论与舆情是一对相似的概念，但二者既有相同之处也有所区别。相同之处是，二者都是公众参与公共事务产生的意见、情绪、态度；不同之处是，舆论更为抽象，舆情更为具体，舆论更为综合和集中，舆情更为分散和普遍。可以说，舆情是舆论形成的基础和引导的对象，舆论是在舆情基础上占主流的、更为集中的观点、意见。民心指人民的心意，有时候并不是一种显性表达，而是指人民表现出来的，对涉及他们共同利益的、具有社会意义的问题、现象、事实作出的一种评价性判断。"民心向背"决定了政权的命运。在中国，民心具有更深层次的意义，它是决定社会稳定、舆论导向的深层基础。由此可见，舆情、舆论、民心是三个相互联系，但是层次不同的概念，舆情是表层的、易见的，民心是深层的、相对稳定的，而舆论介于二者之间，上通舆情，下连民心，舆论引导就是依靠民心民意，规范舆情。

二、我国舆论引导的发展历程

（一）从"制造舆论"到"舆论引导"

"舆论引导"是社会变革和社会治理的有机组成部分，就其发展历程看，有四个发展阶段：改革开放前的"制造舆论"阶段、20世纪80年代的"舆论宣传"阶段、20世纪90年代的"舆论导向"阶段和21世纪以来的"舆论引导"阶段。尤其是2016年2月19日，习近平在新闻舆论工作座谈会上的讲话，把"舆论引导"提高到一个新的高度，不仅将会议的名称由以往的"新闻宣传工作座谈会"改成"新闻舆论工作座谈会"，而且将舆论引导定位为"治国理政、定国安邦"的大事。

"制造舆论"这一概念出现在马克思、恩格斯、列宁和毛泽东的著作之中。早在任《莱茵报》主编时，马克思就提出，"'自由报刊'是社会舆论的产物，同样，它也制造舆论，唯有它才能使一种特殊利益成为普遍利益"[1]。列宁在批判资产阶级的"出版自由""新闻自由"时，使用了"制造舆论"这一概念。他说，所谓的"出版自由"，只是资本家"买通、收买和炮制'舆论'帮助资产阶级的自由"[2]。毛泽东也使用过"制造舆论"这一概念，他在1962年中共八届十中全会上说，"凡是要推翻一个政权，总是要造舆论，总要先做意识形态方面的工作。革命的阶级是这样，反革命的阶级也是这样"[3]。

"舆论宣传"这一概念是在改革开放初期出现的。1979年，《人民日报》发表的两篇社论促进了上访问题的合理解决，邓小平结合此事谈道："单单是报纸的舆论就可以发生这样大的影响，"并进一步指出，"我们的舆论工作也要跟上。每个地方、每个单位遇到任何问题，都应该主动向群众宣传和解释。"[4]

"舆论导向"是以江泽民同志为核心的第三代中央领导集体提出的。1989年11月25日，李瑞环在新闻工作研讨班上提出，要"正确发挥新闻舆论在当代社会生活中的

① 马克思，恩格斯.马克思恩格斯全集 第1卷［M］.北京：人民出版社，1995：378.
② 列宁.列宁全集 第42卷［M］.北京：人民出版社，1986：85.
③ 中央文献研究室.建国以来毛泽东文稿 第10册［M］.北京：中央文献出版社，1976：194.
④ 邓小平.邓小平文选 第2卷［M］.北京：人民出版社，1994：228-229.

导向作用"①。1989 年 11 月 28 日，江泽民提出"舆论导向"的概念，并强调了舆论导向的重要性。他说，面对考验，"有些新闻单位的考试是不合格的，有些甚至可以说是溃不成军"。之所以出现这样的问题，他认为是"这些新闻单位在舆论导向上发生了严重的错误"②。1994 年 1 月，江泽民在全国宣传思想工作会议上指出，"舆论导向正确，人心凝聚、精神振奋；舆论导向失误，后果严重"③。1996 年 9 月，江泽民在视察人民日报社时进一步强调，"舆论导向正确，是党和人民之福；舆论导向错误，是党和人民之祸"④。

"舆论引导"是以胡锦涛同志为总书记的党中央在"舆论导向"的基础上提出来的。2002 年，胡锦涛在全国宣传部长会议上明确提出"要提高舆论引导的水平和效果"。2003 年 1 月 8 日，李长春在全国宣传部长会议的讲话中谈道："导向的正确，不仅体现在坚持正确的政治方向上，而且体现在宣传效果上。要改进宣传方法，提高引导水平"。2008 年 6 月 20 日，胡锦涛在考察人民日报社时强调了舆论引导的重要性。他说，"舆论引导正确，利党利国利民；舆论引导错误，误党误国误民"⑤。从利国利民的高度来强调"舆论引导"，标志着舆论引导的概念已经确立。2011 年，结合新形势，胡锦涛进一步提出要"健全网上舆论的引导机制"⑥。

（二）习近平的舆论引导思想

党的十八大以来，以习近平同志为核心的党中央将新闻舆论工作提升到新的高度。习近平曾在多个场合就相关话题发表重要讲话，这些重要讲话使舆论引导这一思想逐渐丰富起来。

2013 年 8 月 19 日，在全国宣传思想工作会议上，习近平发表重要讲话，强调宣传工作的重要性，提出宣传工作要做到"守土尽责"，要有阵地意识、责任意识、主动意识，要"讲好中国故事"，要宣传创新。

---

① 中共中央文献研究室. 十三大以来重要文献选编（中）[M]. 北京：人民出版社，1991：739.
② 中共中央文献研究室. 十三大以来重要文献选编（中）[M]. 北京：人民出版社，1991：767-768.
③ 中共中央文献研究室. 十四大以来重要文献选编（上）[M]. 北京：人民出版社，1996：653.
④ 江泽民. 江泽民文选 第 1 卷 [M]. 北京：人民出版社，2006：564.
⑤ 胡锦涛. 在人民日报社考察工作时的讲话 [N]. 人民日报，2008-06-21（1）.
⑥ 胡锦涛. 加强和创新社会管理 健全网上舆论引导机制 [EB/OL].（2011-02-19）[2021-07-05]. https://www.chinanews.com.cn/gn/2011/02-19/285436.shtml.

2014 年 8 月 18 日，在中央全面深化改革领导小组第四次会议上，习近平就传统媒体与新兴媒体融合发展发表重要讲话。这次会议审议通过了《关于推动传统媒体和新兴媒体融合发展的指导意见》，媒体融合成为国家战略，2014 年也因此被称为"媒体融合元年"。

2016 年 2 月 19 日，习近平在新闻舆论工作座谈会上的讲话，更是将舆论引导定位为"治国理政、定国安邦"的大事。这次座谈会的名称从过去的"新闻宣传工作座谈会"改为"新闻舆论工作座谈会"，标志着"舆论引导"思想的真正落地。在这次会议上，习近平指出，"在新的时代条件下，党的新闻舆论工作的职责和使命是：高举旗帜、引领导向，围绕中心、服务大局，团结人民、鼓舞士气，成风化人、凝心聚力，澄清谬误、明辨是非，联接中外、沟通世界"[①]。在"舆论导向"方面，习近平指出，"团结稳定鼓劲、正面宣传为主，是党的新闻舆论工作必须遵循的基本方针"[②]。"新闻舆论工作各个方面、各个环节都要坚持正确的舆论导向"。同时他指出，"舆论监督与正面宣传是统一的"。关于舆论引导的方法，习近平认为，"必须坚持巩固壮大主流思想舆论，弘扬主旋律，传播正能量，激发全社会团结奋进的强大力量。""要提高质量和水平，把握好时、度、效，增强吸引力和感染力，让群众爱听爱看、产生共鸣"[③]。面对新的环境，习近平指出，"随着形势发展，党的新闻舆论工作必须创新理念、内容、体裁、形式、方法、手段、业态、体制、机制，增强针对性和实效性。要适应分众化、差异化传播趋势，加快构建舆论引导新格局"[④]。

2016 年 4 月 19 日，在网络安全和信息化工作座谈会上，习近平指出，要建设网络良好生态，发挥网络引导舆论、反映民意的作用，"让互联网成为了解群众、贴近群众、为群众排忧解难的新途径，成为发扬人民民主、接受人民监督的新渠道"。

2018 年 8 月 21 日，在全国宣传思想工作会议上，习近平提出了完成新形势下宣传思想工作的使命任务，即"举旗帜、聚民心、育新人、兴文化、展形象"。

2019 年 1 月 25 日，在十九届中央政治局第十二次集体学习时，习近平系统提出了"全媒体"的概念，为网络传播时代的新闻舆论工作厘清了新的形势和背景要求。他指

① 坚持正确方向创新方法手段 提高新闻舆论传播力引导力［N］.人民日报，2016-2-20（1）.
② 坚持正确方向创新方法手段 提高新闻舆论传播力引导力［N］.人民日报，2016-2-20（1）.
③ 胸怀大局 把握大势 着眼大事 努力把宣传思想工作做得更好［N］.人民日报，2013-8-21（1）.
④ 坚持正确方向创新方法手段 提高新闻舆论传播力引导力［N］.人民日报，2016-2-20（1）.

出："全媒体不断发展，出现了全程媒体、全息媒体、全员媒体、全效媒体，信息无处不在、无所不及、无人不用，导致舆论生态、媒体格局、传播方式发生深刻变化，新闻舆论工作面临新的挑战。"同时，他也为应对这样的挑战提出了重视网络平台和技术创新的路径要求，强调"要坚持移动优先策略，建设好自己的移动传播平台，管好用好商业化、社会化的互联网平台，让主流媒体借助移动传播，牢牢占据舆论引导、思想引领、文化传承、服务人民的传播制高点。""要增强紧迫感和使命感，推动关键核心技术自主创新不断实践突破，探索将人工智能运用在新闻采集、生产、分发、接受、反馈中，用主流价值导向驾驭'算法'，全面提高舆论引导能力。"

2022 年 10 月 16 日，习近平在中国共产党第二十次全国代表大会上的报告中指出："意识形态工作是为国家立心、为民族立魂的工作。牢牢掌握党对意识形态工作领导权，全面落实意识形态工作责任制，巩固壮大奋进新时代的主流思想舆论。""加强全媒体传播体系建设，塑造主流舆论新格局。健全网络综合治理体系，推动形成良好网络生态。"

2023 年 10 月，全国宣传思想文化工作会议召开，正式提出并系统阐述了习近平文化思想。习近平总书记对宣传思想文化工作作出重要指示，提出了"七个着力"，其中明确要求"着力提升新闻舆论传播力引导力影响力公信力"，强调要尊重新闻舆论传播规律，提升新闻舆论的影响力和公信力，搭建网络互动平台，培养网络传播人才，推进媒体融合，构建全方位、多层次、宽领域的新闻舆论传播格局，实现新闻舆论传播载体多元融合互动。

三、突发事件中舆论引导的实践发展

（一）突发事件中舆论引导的发展

在推进"舆论引导"的实践过程中，突发事件的舆论引导显得尤为重要。与日常事件或有计划的重大事件相比，突发事件的舆论引导难度更大，对于部门和机构的处理能力要求更高。当然，突发事件中舆论引导的效果往往也是最大的。

在突发事件中，新闻发布为主要的舆论引导方式，原因在于突发事件的社会关注度高、媒体反应快、社会参与度高、观点与消息的来源广，因而报道量更大。事实上，突发事件的处置和舆论引导存在着相互促进的双螺旋关系：如果事件处置不好，舆论引导就困难；如果舆论引导得不好，事件处置也会变得更困难。事件处置与舆论引导就是一体两面的关系。在过去的实践中，往往存在重"事"（事件处理）轻"论"（舆论引导）的倾向。而在当今的网络时代，突发事件中信息流的作用越来越大，所以重"事"轻"论"的思想必须改为二者并重，有效的舆论引导有助于防范危机产生连锁反应，而且有助于提高公众的认识水平。可以说，突发事件的新闻发布，本身就是事件处置的一部分。由于突发事件的特殊性，新闻发布需要依靠科学有效的机制与制度，确保更强的主动性、更高明的传播技巧、更先进的媒体管理和服务水平。因此，突发事件的舆论引导是新闻发布制度是否合理高效的试金石。

从我国舆论引导工作的整体发展历程来看，新闻发布制度是伴随着一系列突发事件的发生和解决而发展的。改革开放以来，有三个推动新闻发布制度建立的典型突发事件：1979年11月的渤海二号沉船事故、1994年3月的浙江千岛湖事件和2003年的"非典"疫情。它们也成为我国新闻发布制度建设过程中的里程碑事件。总体来说，我国新闻发布制度的发展历程可以分为三个阶段：20世纪80年代的初步建立期、20世纪90年代之后的曲折发展期、21世纪之后的快速发展期。尤其是2003年"非典"疫情之后，我国的新闻发布制度建设进入大规模推进期。一方面是由于突发事件本身在快速增多，媒体对突发事件的报道热情在提升；另一方面是因为政府应对突发事件的处置能力也在提升，新闻发布的制度化体系建设持续加快。

2013年之后，由于突发事件频发，新闻发布进入制度化的深入发展时期。例如2013年的青岛石化输油管泄露爆炸事件、吉林德惠禽业公司失火案；2015年的庆安枪击事件、"东方之星"沉船事件、天津港爆炸事故、青岛"天价大虾"事件；2016年的哈尔滨"万元天价鱼"事件、山东"毒疫苗"事件、"魏则西"事件；2017年的陕西奥凯电缆事件、山东聊城刺死辱母者案；2018年的雪乡宰客事件、"5·14"川航备降事件、重庆万州公交车坠桥事件；2019年的成都七中实验学校食品安全事件、镇江宝马女维权事件、无锡高架桥坍塌事件；2020年的福建泉州酒店坍塌事件、西昌森林火灾；2021年的十堰集贸市场爆炸、河南商丘武术馆火灾；2022年的东航MU5735航班坠机事故、唐山烧烤店打人事件；2023年的甘肃积石山地震等。从以上事件我们可以看到，新闻发布制度的建立以及舆论引导的重要性。可以说，提升突发事件中的舆论引导能力，是当前提升舆论引导水平的重中之重。

案例回顾 3-1

天津港爆炸事故

天津港爆炸事故发生后，天津市政府连续召开多场新闻发布会。然而，这一事故中的舆情处置和应对却被学界和业界公认为"车祸现场"，成为舆情处置失败的典型案例。

2015 年 8 月 12 日 23 时 30 分左右，天津市滨海新区的瑞海国际物流有限公司的危险品仓库发生火灾并爆炸，迅速引发社会的高度关注。由于国内外主流媒体的报道以及自媒体的转发与评论，舆情随之形成并扩散，其中，舆情主要集中在爆炸原因、人员伤亡状况、灾难救援情况等方面。从 8 月 13 日到 23 日，天津市政府连续召开 14 场新闻发布会，然而由于组织不力、处置不当，多场新闻发布会不仅没能很好地回应社会关切、消除舆论质疑，反而引发了各种"次生舆情"。据学者统计，14 场发布会共衍生出 47 个"次生舆情"。[①]其中，发布会召开不及时、不准时，主管官员迟迟不出现，关键问题始终没有切实回应，出席发布会的官员一问三不知，多场发布会的问答环节被人为中断，发布会现场秩序混乱，发布会流程不规范等，都成为次生舆情的衍生焦点。

总的来看，此次事故中的舆论引导失败原因如下：第一，缺乏有效的"舆情回应"，导致大规模"次生舆情"出现。发布会现场多次出现记者提问结束后，现场官员面面相觑、迟疑犹豫的场景。第二，官员不当言论成为点燃"次生舆情"的导火索。面对记者直接而具体的提问，现场官员"答非所问"，不仅暴露自身缺乏专业性，给出的答案也没有现实针对性。这种"顾左右而言他"的做法更是激发了公众对于官员刻意隐瞒真相的猜测与想象。这次舆情处

置不光凸显了官员缺乏责任感与担当的负面形象，同时暴露了政府部门之间缺乏协调配合、缺乏危机处理的专业性与科学性等问题。正是这些问题导致指向更为集中、负面的"次生舆情"的大规模出现。

案例回顾 3-2

"东方之星"沉船事件

"东方之星"沉船事件是一起突发性的灾难事件，事件发生后衍生的一系列话题——事件起因、天气状况、船长行为、救援方法、老年人低价游等——受到社会的广泛关注。若不能妥善应对，很可能会引发舆情危机。事实上，在这次事件的舆情处理中，媒体的积极报道配合有效的新闻发布工作，形成了良性的传播合力，有效地回应了社会关切，达到了很好的舆论引导效果。

2015年6月1日21时30分左右，隶属于重庆东方轮船公司的"东方之星"客轮在从南京驶往重庆的途中突遇龙卷风翻沉。事故发生后，政府共召开15场新闻发布会，同时各级政务新媒体账号及时发布信息回应民众关切，为突发性灾难事件的新闻发布树立了典范。事故的首场发布会在6月2日17点30分召开，几个小时之后又连夜举行第二场新闻发布会，树立了及时回应、认真负责的政府形象。第一场发布会定名为"救援新闻发布会"，此后的十余场发布会都沿袭这一叫法，使得发布会的主题集中而明确，强调"生命高于一切"的议程，成功把握住了舆论的大方向，将舆论的焦点锁定在救援工作上。在连续十余场发布会中，组织者根据救援工作的进展，每场都安排身份、职务相当的人员出席，还经常邀请一线救援人员参与发布会。在6月5日晚的发布会上，某舟桥团团长由于连续奋战在救援一线过于疲劳，声音嘶哑地向公众介绍了架设浮桥的情况，不仅向公众传递了救援工作的艰辛，同时从侧面反映出救援工作正在奋力推进、分秒必争的事实。15场发布会几乎都能针对公众最关切的问题作出清楚的回应。在持续十天的事故处理中，新闻发布会紧紧围绕救援工作展开，内容多为具体、明确的信息，没有一位发言人使用"不清楚""无可奉告""下去了解"之类的说法。

　　总体来看，此次"东方之星"沉船事件的救援行动整体上受到社会各界的肯定，谣言传闻很少。这次救援行动也得到西方媒体的高度评价，在相关国际报道中很少出现负面新闻。应当说这是一次正面的、成功的舆论引导案例，对此后的类似事故处理有重要的启示。

（二）当前突发事件的新特点

　　随着传播环境的日亦复杂化，当前突发事件出现了一些新特点。

　　首先是安全事故、社会安全类事件在减少，而自然灾害和公共安全类事件有所增加。

　　在安全生产相关制度日益完善、社会安全重视程度不断提高的前提下，我国的安全事故发生数量在不断下降。2002 年，我国安全事故总数达到 107.34 万起，死亡人数为 13.93 万人。2008 年，这两个数字分别下降到 41.37 万起和 9.17 万人。2020 年，我国安全事故总数与死亡人数下降到 3.42 万起、2.7 万人。从分类上看，社会安全类事件包括军事冲突、恐怖袭击、群体性事件、经济安全和涉外突发事件等。就恐怖袭击事件而言，我国自 2008 年西藏"3·14"事件和 2009 年新疆"7·5"事件后，经历了一个类似事件高发期。直到 2015 年后，经过全面系统的社会治理、相关制度的不断完善，此类事件大幅度减少，社会安全度大大提高。所谓"群体性事件"是指由一定的社会矛盾所引发的"有一定人数参加，通过没有法定依据的行为对社会秩序产生一定影响的事件"[①]。群体性事件具有聚集性、违法性和危害性。作为社会转型时期的副产品，20 世纪90 年代以后我国群体性事件的数量一度有所增长。近些年，随着社会治理水平大幅提升，数量持续下降。另外，我国是世界上自然条件最为复杂的国家之一，也是各种自然灾害频发的国家。受极端天气的影响，我国发生的各种自然灾害也出现了新特点。其中最值得注意的是公共卫生事件，"没有全民健康，就没有全民小康"，但是自 2003 年"非典"疫情之后，禽流感、埃博拉、鼠疫和新冠肺炎疫情，都使我们更深刻地认识到公共卫生事件带来的挑战。

　　其次，随着媒体活跃度的提高以及社交媒体的发展，突发事件的影响力也不断

---

① 于建嵘.当前我国群体性事件的主要类型及其基本特征［J］.中国政法大学学报，2009（06）：114-120.

扩大。

在当下的传播环境中，突发事件并不局限于自然灾害、群体性事件、流行性疾病等，媒介事件作为其中一个重要种类也值得我们关注。所谓"媒介事件"，是指"由媒介披露而引发，进而形成强大的公共舆论。尽管目的是揭露真相，监督政府或企业机构的不当行为，但是其中也会有非理性情绪、不当言论和错误信息，需要政府或企业迅速回应并及时处置，否则会对政府和企业的形象造成重大影响"的事件。2007 年的"周老虎"事件，是网络媒体登上中国舆论舞台的标志性媒介事件。在这之后，诸如 2011 年的"郭美美"事件、2015 年的"青岛大虾"事件等，都是典型的媒介事件。近年来，随着移动社交媒体的发展，媒介事件有明显增加的趋势。

媒介传播结合具体个案进而引起巨大社会影响，成了当前媒介事件的常见形式。例如 2019 年的曲玉权案、北京民航总医院医生被害事件，2020 年的江西安乐杀人案、吉林的"平安经"事件，2021 年的成都第四十九中学学生坠楼事件等，都是由具体的个别事件引发的，而产生的舆情影响远远超过事件本身。媒介事件舆情的产生和发酵是当前舆论引导的弱点，值得我们重视和研究。

再次，由混合性复杂事件引起的舆情是当前舆论引导工作的薄弱环节。

在比较天津港爆炸事件和"东方之星"沉船事件的舆论引导效果时，我们看到了巨大的效果差异。究其原因，一个重要因素就是二者的事件性质不同，"东方之星"沉船事件是相对简单的事故性突发事件，而天津港爆炸事件则是背景、原因及过程都较为复杂的混合性事件。根据《中华人民共和国突发事件应对法》，突发事件可以分为自然灾害、事故灾害、公共安全和社会安全四大类。在现实中，凡是涉及人为原因的突发事件，新闻发布和舆论引导就更为困难。尤其是原因、性质复杂的混合性突发事件，其发布就更加困难。天津港爆炸事件作为典型的混合性复杂事件，既是事故灾害又是公共安全事件（有氧化钠泄露）；既是社会安全事件，又涉及管辖权分配、权力腐败问题等，进而对新闻发布的要求就更高。

在近年发生的突发事件中，有不少涉及道德评判标准与价值观冲突，比如"罗一笑"事件以及涉及法理困境的"刺死辱母者"案等。涉及国际关系的事件随着社会的加速发展也有所增多，如何正确引导这类事件是对我们的巨大考验。

最后，随着社交媒体的发展及"传播下沉"的出现，突发事件的传播方式正在发生变化。

当前，报纸、杂志、电视等传统媒体在突发事件中的议程设置能力下降，"两微一端"在当下以移动传播为主的模式中，成为很多人了解新闻的第一信息源，随之而来的是网络媒体的影响力持续上升。而且，随着移动端在国内的普及，网民的结构日益向中国现实人口的结构还原，进而推动网络话语权趋于均等化。与此同时，网民部落化、网络社群的进一步发展，使网络舆论渐趋分层。用尼葛洛庞帝的话说，互联网有可能从"同一个世界，同一个网络"走向四分五裂的巴尔干化。[①] 当然，网络传播参与主体的增加，一方面有利于受众在思想多极化的传播环境中达成理性共识；另一方面，随着后真相时代的到来，传播环境变得更为复杂，传播方式也更加多样，传播管理的难度也在进一步增加（表 3-1）。

表 3-1 信息获取的渠道对比

信息获取渠道		典型代表	特点
传统渠道	传统媒体	报纸、杂志、广播、电视	信息获取在时间和空间上局限性明显，但信息的权威性较高。
互联网渠道	即时通信	微信（公众号、朋友圈、微信群、视频号）、QQ（QQ空间、QQ群、公众号、兴趣部落）、钉钉等	打破传统媒体信息传播的局限性； 信息获取渠道分散，传播主体多元化、分众定制、算法推荐； 信息获取习惯碎片化、快阅读、移动化； 信息内容丰富下沉、强互动、视频化。
	微博	新浪微博、腾讯微博等	
	问答	知乎、悟空问答、百度问答、搜狗问答等	
	社区	豆瓣、百度贴吧等	
	音频	喜马拉雅、懒人听书、蜻蜓 FM 等	
	视频 长视频	哔哩哔哩、腾讯视频、爱奇艺等	
	视频 短视频	抖音、快手、火山小视频、西瓜视频等	
	视频 直播	斗鱼、虎牙、企鹅电竞、映客、花椒等	
	自媒体平台	头条号、一点号、百家号、搜狐号、凤凰号、大鱼号、网易号、企业媒体平台等	

① 胡泳 . 尼葛洛庞帝之叹——打造"互联网公地"的探索 [J] . 新闻记者，2017（01）：56-59.

案例回顾 3-3

"北极鲶鱼"事件

2023 年 3 月，网名为"北极鲶鱼"的网友在社交媒体发布的炫富言论引发网民关注。"北极鲶鱼"不仅发表"家里有 9 位数"、家人"感觉贪了"等言论，还晒出家中长辈与领导合影、公派出国工作照等，引来"炫富""涉嫌贪腐"等质疑。受到质疑后，"北极鲶鱼"又发布大量贬低国人的不当言论，引起网友激愤。3 月 24 日下午，"北极鲶鱼"词条冲上微博热搜，个人行为上升为舆情事件。当天下午，深圳市交通运输局官方微博 @深圳交通发布情况通报：我局已注意到关于网传退休干部家属发布的有关言论。经核查，该言论提及的当事人系我局原货运分局干部钟某某，已于 2007 年 11 月 30 日退休，我局已就相关信息开展核查，将及时通报有关情况。事件暂时得以平息，此后数月间一直有媒体和网友跟进相关进展，向相关单位征询调查结果。

9 月 10 日，人民网深圳抖音账号发布一条消息，有网友晒出一则深圳市交通运输局关于政府信息公开申请的答复函，表示该答复函是针对深圳"前交通局长孙女"炫富事件的答复。答复函中写道："经研究，您申请的公开信息不属于我局在履行行政管理职能过程中制作或者获取的信息，不属于《中华人民共和国政府信息公开条例》第二条所称的政府信息。依照《中华人民共和国政府信息公开条例》第三十六条第三项的规定，我局决定不予公开。""北极鲶鱼"事件重回大众视野，并以前所未有的高关注度引爆舆论。中青在线评论称：一场"炫富"事件引发全国关注，网友想要的只是一个公开、公平、公正的调查结果，而不是毫无下文，强硬回复"不予公开"。红网评论："如果连舆论这般施压都呼唤不出真相，公众很难不产生失望的情绪，甚至是不信任。"在舆论倒逼之下，10 月 10 日，廉洁深圳网对此事进行了通报，给出更多相关细节。

互联网是有记忆的，试图以缓兵之计蒙混过关，等着舆论热度过去被"遗忘"，而不去真正解决问题，不仅无法解舆情之困，反而会因拖延而让舆情进一步扩散，影响的不只是违纪违法的个人，更会损害政府声誉，降低社会对政府的信任。

（三）突发事件舆论引导的问题

随着风险社会的到来，由突发事件引发的舆情危机频现。各级政府、相关部门、社会组织等都逐渐建立起相应的舆论引导工作机制。但由于舆论涉事主体和引导主体对突发事件舆论引导的认识还存在诸多误区，影响了舆论引导效应的有效发挥。当下，突发事件舆论引导中存在的问题，主要有以下几点。

1. 重导向轻传播规律，割裂二者间的关系

长期以来，各级党政机关和传统主流媒体以"弘扬主旋律""坚持正面宣传为主"为舆论引导原则，但是在实践中，有少数部门和媒体存在形式主义和教条主义的理解，片面强调舆论导向，忽视了基本的新闻规律。新闻规律是新闻传播活动诸环节之间的本质联系，是新闻传播主体通过传递新闻，满足受众新闻需求的内在关系与客观法则。[1] 这种内在关系就是存在并作用于新闻传播过程的、不以主体主观意志为转移的客观法则，而这种客观法则就是新闻规律。新闻规律的核心就是用新闻的方式报道信息，尊重受众，用受众愿意接受的方式满足受众的信息需求。遵循新闻规律与坚持舆论导向之间存在相辅相成的关系。部分突发事件中的舆论引导之所以不成功，就是因为没有遵循新闻规律，"只讲自己想讲的，不讲受众想听的"或者"打官腔、摆架子"，出现了不少所谓"高级红，低级黑"的宣传，结果适得其反。

2. 重事件轻舆情，忽略二者间的内在联动

突发事件中的事件处置和舆论引导本就是一体两面，存在着相互促进、相互影响的"双螺旋"关系。有学者认为舆情危机与事件本身存在着原生型和伴生型两种关系。原生型关系，是指由于网络监督揭露了某些现实问题，并通过网络传播使舆论不断发酵，形成了网络舆情危机，最终导致危机从虚拟世界向现实世界扩散。伴生型关系，是指随着社会变革和社会矛盾的累积和激化，突发事件出现且处置不当，引发群情激愤，造成

---

① 童兵，陈绚.新闻传播学大辞典［M］.北京：中国大百科全书出版社，2014：2.

网络舆论的极化和激化，加速网络舆情危机的爆发。[①] 原生型关系其实是单纯的媒介事件，而伴生型关系就是突发事件叠加媒介事件。如果在突发事件的处置过程中造成新的次生危害，更强的舆论压力也会随之而来，甚至引发更大范围的舆情次生灾害。如果涉事主体在事件处理的过程中无视舆情的反作用，任由谣言传播，则会造成现实与网络间的双重危机。舆情危机一旦出现，现实中的危机处置难度将倍增。

3. 重"删堵封"轻"疏导通"，混淆控制舆论和疏通舆论

新的媒介环境造就新的舆论形态，网络舆论与传统媒体舆论有着极大的不同。在传统媒体时代，媒介类型比较单一，管理方式清晰，信息资源相对集中，因而自上而下式的舆论引导就能满足当时的社会治理需求。但是，互联网的普及再造了信息传播的时空格局，传播链条大大缩短，加上人们的媒介诉求也变得多元，使舆论引导出现一些新变化、新要求。而一些地方的政府部门，部分官员的媒体素养不足，对舆论引导的认识和反应不足，加上片面理解"维稳"，对网络舆论采取打压甚至封杀的处理措施，造成舆论冲突升级。因此，对于网络舆论的引导必须摆脱"删堵封"的老旧思维，按照中央关于善听民声的要求，为网民创造积极表达观点的平台和氛围，使网民的意见有合理的宣泄出口，避免冲突升级。事实上，善于听取民情民意，也是政府提升社会治理能力的一部分。

4. 被动回应而非主动出击，难以打破思维定式

在信息高度发达的今天，政府及有关部门在舆论引导的过程中，需要改变以往"等待时机发通告"以及被动解释、辟谣的思维定式。要主动出击，用权威的声音稳定网络的舆论态势，进而引导舆论。主动发声和积极回应舆情，是舆论引导能否成功的关键。所谓"主动发声"，就是主动宣传、主动传播，在形成网络舆情之前就主动设置议程、占领舆论高地，形成传播的主动权；所谓"回应舆情"，是指在形成社会舆论之后及时回应，消除不利影响，赢回传播主动权。在以往的突发事件处置案例中，凡是主动发声、积极回应社会关切的，舆论引导效果都比较好。相反，被动应付、被动辟谣，甚至

---

① 原光，王艺，赵西娟. 原生型与伴生型：网络谣言、网络舆情危机与突发事件的内在联系探析［J］. 湖北科技学院学报，2014（02）：21-22.

沉默失语的舆论引导方式，舆论效果都很差。

5.重"单向传播"轻"多向互动"，违背舆论引导规律

在当下舆论引导的过程中，仍有一些涉事主体和宣传部门沿用过去自上而下的单向传播模式。这种引导模式是与高度集中的特定历史时期相适应的。但随着时代的发展，人们公开表达的意愿普遍增强，意见表达的渠道和传播平台不断增多，单向传播的方式已经过时。网络传播的基本特征就是互动性，舆论引导的基本规律就是在多数意见中寻找共同点，这些都是与单向传播完全不同的。舆论作为公众对特定事态的公开评价，绝不是在单纯的意识和观念的单向传播下生成的，而是在不同意见的相互碰撞、自我修正的过程中得以呈现的。舆论的生成和传播有自身独特的规律——由于表达了舆论主体的共同意志，舆论的生成和传播具有排除一切外在压制、自主发展的特点。因此在突发事件的舆论引导中，尊重舆论生成和传播的客观规律是基本原则之一。

案例回顾 3-4

东方甄选"小作文"风波

2023年底，凭借"高知、斯文、情怀"在带货圈脱颖而出的东方甄选，从一篇"小作文"掀起的风波，引出台前幕后、出走复出各种"内斗"戏码，产生一系列舆论风波。公司几次出面回应，非但没有平息舆论，反而让问题发酵扩大，并波及公司市值，产生了实际的商业损失和难以估量的声誉损失。

12月6日，东方甄选发布了一条文旅产品的宣推文案，优美的文字引起网友关注。有评论问文案出自谁手，小编回复是团队协作并予以置顶。有网友提出，俞敏洪曾在公开场合说过，东方甄选的文案是董宇辉写的。小编又回复称，俞敏洪在外面业务繁忙，不一定知晓业务细节。随后，董宇辉在直播中安抚网友："'自称很了解业务'的小编'胡回复'，让大家心里不舒服了。"没想到小编再次置顶评论称，文案是团队创作的，董宇辉只改了五个词。小编和网友之间几度互呛互怼，进一步引发网络围观。网上开始出现公司"背刺"董宇辉的说法，网友认为公司否认董宇辉作出的贡献。东方甄选此时尚未意识到舆

论的风向，没有及时介入解决问题，而是保持沉默。连续三天，东方甄选的竞争对手直播间内粉丝量快速上涨，东方甄选的股价持续下跌，市值蒸发超过 20 亿元。12 日，东方甄选 CEO 孙东旭不得不出来回应，但正是这场 10 多分钟的回应将整个事件推向失控，成为一场大型舆论"翻车"事件。

从舆论引导的视角来分析，在这 10 多分钟的回应里，东方甄选哪些做法出了问题？第一，没有搞清楚事件属性。作为一次应对危机的传播活动，首先要明确事件性质，制定回应口径、拟定说法。然而，东方甄选明显是仓促上阵，没有了解清楚事件的性质。一上来就用"饭圈文化"界定此次事件，将问题认定为董宇辉少数粉丝对公司的攻击，直接把网友当成对立面。其实平心静气好好研究一下网友的评论就能知道，引发公众不满的是每个人都可以代入董宇辉"打工人"的身份，认为打工人辛苦的付出没有得到足够认可，这种"辛酸、委屈、不平"在"小作文"事件里得到了释放。第二，没有明确传播目的。错误的事件定位导致传播目的不明。面对粉丝流失、股价下跌的情况，公司此时发声的目的应该是澄清问题、稳定舆论、挽回声誉、争取信任。然而，东方甄选却反其道而行，一边批评"饭圈文化"煽风点火，一边指责董宇辉情绪化表现、拒绝直播，让舆论迅速到达爆点。第三，没有搞清楚传播对象。所有的传播都应该以对象为导向，只有清楚自己面对的是谁，才能知道应该说什么、应该怎么说。直播间里的是广大网友，他们都是东方甄选的消费者或潜在消费者，而不是 CEO 的下属。东方甄选传播对象不清，导致传播方式、传播语态错误，"好不容易下班回家，却被东方甄选拎起来开会"。更重要的是，直播营销吃的就是"粉丝红利"，当初东方甄选在众多竞品中脱颖而出，靠的就是"粉丝"，如今却摆出高高在上的姿态，抨击直播间的"粉丝"，将原本的支持者变成对立面。第四，在舆论发酵过程中，没有突出态度、减少信息。此次"小作文"事件是典型的媒介事件，要化解这类舆论风波，首先是态度诚恳，其次才是沟通信息。盲目增加信息只会让事件更加复杂，潜在的舆论爆点更多。在争议当口，CEO 在直播里突然给出董宇辉临时决定不上直播的消息，满含指责的意味，正好契合"排挤""容不下"的网络传言；要说明公司认可董宇辉的贡献可以有很多种说法，偏偏暴露的是董宇辉收入不止千万的额外信息，直接引发了更多的负面舆论。第五，企业传播没有注意内外有别。企业传播是传播学中经典的组织传播类型，必须注意内部传播和外部传播的区分与协同。东方甄选的主要业务是直播营销，可以说是一家以传播为营生的企业，如何管理运行、如何处理同事关系等，都应该是公司内部的事情，不应该把幕后的信息过多带到台前来，混杂在一起，这样不仅影响公司的运营，更损害企业的声誉。

（四）突发事件舆论引导的改进

在全媒体时代，突发事件的舆论引导面临着新的考验。今后的舆论引导应该在政策落实、事件研究、引导原则、具体操作及制度建设等五个层面作出改进。

第一，在政策层面做到推进和落实。近年来，党中央国务院对舆论引导的重视程度非常高，接连出台了多项政策文件。例如，2013 年国务院办公厅发布《关于进一步加强政府信息公开回应社会关切提升政府公信力的意见》，2014 年中共中央办公厅、国务院办公厅发布《关于建立健全信息发布和政策解读机制的意见》，2015 年中宣部、国务院新闻办发布《〈关于建立健全信息发布和政策解读机制的意见〉实施细则》，2016 年更是连续出台了多项相关文件，例如中共中央办公厅、国务院办公厅《关于全面推进政务公开工作的意见》、国务院办公厅《关于在政务公开工作中进一步做好政务舆情回应的通知》《〈关于全面推进政务公开工作的意见〉实施细则》等。发文密集且文件的规定也非常具体。例如，规定了新闻发布的频次及对领导干部的要求，提出了回应的责任主体，特别强调主要负责人就是"第一新闻发言人"，强调了发布实效和约束机制，要求重大突发舆情在 24 小时之内召开新闻发布会，明确了需要重点回应的五类舆情。

第二，加强对媒介事件及混合事件的研究。媒介事件的处置是当前舆论引导过程中的薄弱环节。因为它不光涉及对媒介环境变化的认识，还涉及对媒介管理和传媒政策的认识，更考验新闻发布工作的机制建设和发布效率。如今，媒介事件也越来越多与具体的突发事件相结合，形成混合事件。强调现代社会是"风险社会"的英国学者吉登斯声称，传统的风险主要是来自外部（External risk），但是当代更多的风险来自内部，是被制造出来的风险（Manufactured risk），"所谓被制造出来的风险，是指由我们不断发展的知识对这个世界的影响所产生的风险，是指我们在没多少历史经验的情况下所产生的风险"①。而媒介事件就是这样的风险，所以值得我们的关注和研究。

第三，对舆论引导原则层面的改进和纠偏。例如，在过去的突发事件舆论引导原则中，往往要"快说事实、慎说原因"，理由是原因复杂时不好表态。实际上，这个"慎"只是相对的，还是要坚持"情报与定性优先的原则"。定性可以分为：为事件的分类定性、为事件的程度定性、为事件的责任定性。美国危机管理专家劳伦斯·巴顿称，公众在每次危机中都会问三个问题：发生了什么？事情是怎么发生的？采取了什么措施保证这一事件不再发生？如果没有回答上述三个问题，就无法从根本上解决问题。传播学的原理也告诉我们，只有在第一时间为事件定性，才能更好地制定具有针对性的传播方案。目前，很多失败的危机事件发布会不是由于慎说原因造成的，而是由于本单位、本部门急于将自身与危机做切割、草率脱责，从而给媒体和公众留下不负责任的形象，引发进一步的信任危机。再如，突发事件处置中还有一个原则，就是行政权与发布权的统一。实践表明，在涉及需要承担责任的事件时，发布者最好由上一级部门来发布，这样更容易取得好的传播效果。在2016年的"雷某嫖娼案"中我们可以看到，由于对舆论引导的定性不准，导致相关调查部门把事故当作无过错的新闻发布，另外，发布的层级不够，昌平警方的上级出面太晚，最终酿成了舆情的失控。反观2017的西安地铁三号线伪劣电缆事件和山东聊城"刺死辱母者"案，都是由更高部门迅速出面发布信息，从而很快化解舆情。

第四，对舆论引导操作层面的改进和提升。例如，面对复杂的混合性事件，要避免模糊的回应。在2016年天津港爆炸的前六场新闻发布会中，记者提出的60个问题有一半都没有当场得到回应。同样是在2016年的"民警张际勇失踪案"中，当地政府面对媒体的回应也是含糊其词、躲躲闪闪。这两个事件在后续发展中，都出现了舆情爆炸。再如，面对汹涌高涨的舆情，发布的主体机构要避免打官腔、冷言冷语甚至对抗性的回应。2016年中关村二小对本校发生的校园霸凌事件的回应就属于前者；2017年丽江官微"怒怼"游客留言、山东聊城"刺死辱母者"案中济南公安官微的不当回应，都属于后者。另外，对于原因复杂事件的回应，不要急于切割或是大包大揽，只有拍胸脯而没

---

① 吉登斯.失控的世界［M］.周红云，译.南昌：江西人民出版社，2001：22.

有提供权威数据也会引发公众质疑。"权威信息跟不上，谣言就会满天飞"。基于以上种种类型的舆情事件，我们可以将舆情回应的问题总结为：态度对抗型、问此说彼型、相互矛盾型、含混不清型、生硬切割型等。这些回应都是官方和相关机构在具体操作时需要避免的。

第五，进一步强化舆论引导的思想观念和制度建设。尽管在突发事件中，事件处置与舆论引导居于同等重要的地位。尤其是在当下的新媒体环境，可以说舆论引导处于更加重要的地位。但是由于历史原因，许多领导干部还是存在重视事件处置而轻视舆论引导的思想，常常以处置事件为名不出席新闻发布会，不接受记者采访，认为记者是添乱的，或者在接受采访时口出"惊人之语"而引发新的舆情。在许多单位的突发事件处置预案中，舆论引导的地位并不高，只有笼统的原则和规定。不光如此，舆论引导的制度建设也依然任重而道远。在突发事件的处置中，凡是舆论引导不利的，都与机制建设不完善和领导重视程度不高有关。在 2015 年的"庆安枪击案"中，部分媒体对这一事件话题炒作了十几天，而官方的新闻发布会却迟迟不开。在天津港爆炸中，正是由于信息不清、发布职责不明、回应关切不到位，导致微博平台上的负面舆论高达整体舆情的 70% 以上。[1] 相反，在"东方之星"沉船事件中，由于领导有力、发布机制完整、信息透明有序，使得网络舆论中正面和中性报道占整个相关报道的 66.4%。[2] 2017 年初发生的丽江旅游系列事件，被媒体评论为"塌方式舆情"，原因就是自上而下的媒介素养缺失：上层缺乏领导力，中层缺乏判断力，基层缺乏执行力。当前我国已经进入新闻发布制度建设的深化和改革时期，加强对突发事件的管理制度建设迫在眉睫。例如，在新闻发言人的培训中，增加突发事件舆论引导的考核内容；在新闻发布的评估机制中，增加突发事件处置的评比权重，等等。只有这样，才能更好地应对突发事件的新形势，迎接舆论引导的新挑战。

---

① 柳斌杰. 中国公共关系发展报告（2016）［M］. 北京：社会科学文献出版社，2016：203.
② 柳斌杰. 中国公共关系发展报告（2016）［M］. 北京：社会科学文献出版社，2016：183.

第四章　突发事件舆论引导的制度建设

██ 关键问题

1. 突发事件应对机制的建设中有哪些重要的文件？

2. 突发事件处置的文件规定中关于信息披露的内容有哪些？

3. 近年来关于政务信息披露的关键要点是什么？

4. 建设突发事件舆论引导机制的作用是什么？

5. 突发事件舆论引导机制建设包括哪些内容？

制度是指行为主体在一定价值取向的基础上建立起来的，能够调整活动参与者的相互关系，正式而具有强制性的规范体系；体制是在此基础上建立起来的一定的组织体系，是制度的外在表现；机制则是在一定组织架构中体现出来的相互关系和功能。这三个概念都属于制度范畴，而完善的制度是处置突发事件、进行舆论引导的基础。因为制度本身就包含了可预期的行为信息，可以降低工作成本、规范参与者行为、提高活动效率。

近年来，我国在突发事件处置的制度建设方面做了许多探讨。那么，我国的突发事件处置的相关规定有哪些？在突发事件处置中，关于信息披露和舆论引导的规定有哪些？我们又该如何建立突发事件中的舆论引导机制？

一、突发事件应对机制的建设

我国的突发事件应对机制建设是从 2003 年的"非典"疫情之后开始的，在国务院发布的《突发公共卫生事件应急条例》的总领之下，我国陆续推出一系列与此相关的法律法规，进而形成了一个较为完善的突发事件应对机制。

（一）突发事件应对机制建设的预热期

2003 年暴发的"非典"疫情，是中国走向现代化进程中的重要事件。这一全球性的突发公共卫生事件无论是对我国的信息公开、新闻发布制度的建设、突发事件的报道，还是对突发事件应对机制建设，都起到了重要的作用。

自 2003 年"非典"疫情发生后，我国开始重视突发事件应急管理体系的建设工作。2003 年 5 月 7 日，国务院第七次常务会议审议通过了《突发公共卫生事件应急条例》。2003 年 12 月，国务院办公厅成立应急预案工作小组。2004 年 1 月，国务院各部门、各单位制定和完善突发公共事件应急预案工作会议召开。在进行 2004 年工作部署时，国务院把加快建立健全突发公共事件应急机制，提高政府应对公共危机的能力，作为全面履行政府职能的一项重要任务。

2004 年 9 月，党的十六届四中全会进一步提出：要建立健全社会预警体系，形成统一指挥、功能齐全、反应灵敏、运转高效的应急机制，提高保障公共安全和处置突发事件的能力。随后，各类突发事件应急预案的编制工作开始展开。2005 年 1 月 26 日，《国家突发公共事件总体应急预案》经国务院常务会议讨论后正式通过。2005 年 4 月，国务院作出关于实施《国家突发公共事件总体应急预案》的决定。2005 年 5 月至 6 月，国务院印发四大类 25 件专项应急预案、80 件部门预案和省级总体应急预案。

针对我国突发事件应对机制的建设，各级政府和部门颁布了数量众多、不同类型的相关法规、条例、意见、办法、通知等。其中，发布层次和法律效力最高的有四个，即国务院于 2006 年 1 月 8 日颁布的《国家突发公共事件总体应急预案》、2007 年 1 月 17 日颁布的《中华人民共和国政府信息公开条例》、全国人大于 2007 年 8 月 30 日颁布的《中华人民共和国突发事件应对法》，以及国务院 2024 年 1 月 31 日颁布的《突发事件应急预案管理办法》。

（二）《国家突发公共事件总体应急预案》

应急预案是政府部门对突发事件处置应对方式的规定。除了总体应急预案外，还有一些专项应急预案、国务院各部门的应急预案、省级和部分地市级的应急预案等。

总体应急预案是全国各层级应急预案的总纲，是国务院应对重大突发事件的规范性文件。专项预案是国务院各部门为了应对某一类型的突发事件所制定的应急预案，例如国家自然灾害救助应急预案、国家防汛抗旱应急预案、国家地震应急预案、国家安全生产事故灾难应急预案、国家突发环境事故应急预案、国家突发公共卫生事件应急预案、国家食品安全事故应急预案等。国务院有关部门设立的应急预案是各部门根据总体应急预案、专项应急预案和部门职责，为了应对突发公共事件制定的预案。省级和地市级应急预案包括：省级人民政府的突发公共事件总体应急预案、专项应急预案和部门应急预案；各市（地）、县（市）人民政府及其基层组织的突发公共事件应急预案。上述预案在省级人民政府的领导下，按照分类管理、分级负责的原则，由地方人民政府及其有关部门分别制定。

上述文件中最重要的是《国家突发公共事件总体应急预案》（以下简称《总体预案》）。作为全国应急预案体系的总纲，《总体预案》明确了各类突发公共事件的分级分类标准及其预案框架体系的建设内容，是指导、预防和处置各类突发公共事件的规范性文件。《总体预案》的总则部分，说明了制定目的，"为了提高政府保障公共安全和处置突发公共事件的能力，最大程度地预防和减少突发公共事件及其造成的损害，保障公众的生命财产安全，维护国家安全和社会稳定，促进经济社会全面、协调、可持续发展"。《总体预案》将突发公共事件分为自然灾害、事故灾难、公共卫生事件、社会安全事件四类，并按照各类突发公共事件的性质、严重程度、可控性和影响范围等因素，将事件分为四级，即Ⅰ级（特别重大）、Ⅱ级（重大）、Ⅲ级（较大）和Ⅳ级（一般）。《总体预案》还明确提出了应对各类突发公共事件的六条工作原则：以人为本，减少危害；居安思危，预防为主；统一领导，分级负责；依法规范，加强管理；快速反应，协同应对；依靠科技，提高素质。《总体预案》的具体条款则对组织机构、运行机制、应急保障、监督管理等方面分别做了深入细致的规定。

（三）《中华人民共和国政府信息公开条例》

信息公开是突发事件应急处置的重要组成部分，而《中华人民共和国政府信息公开条例》就是在不断总结各类突发事件的应急处置经验中推出的。

19世纪末20世纪初，我国政府就开始了信息公开的历程。1997年是中国的"政务公开年"，政府和各级部门先后制定了许多政务公开的规定。1999年被称为"政府上网年"，政府和各级部门利用信息化手段公开政务。1979年到2000年，先后有220多件行政法规涉及公开制度，其中关于政府信息公开的有67件。不过，真正对信息公开形成推动的，还是2001年中国加入世界贸易组织和2003年的"非典"疫情这两件事。从2003年2月广东省公布了信息公开的地方性法规之后，短短一年时间，上海、北京、四川、重庆、深圳等地先后出台信息公开条例，以"公开为正常、不公开为特例"的原则对政府信息披露作出明确规定。2003年5月9日，国务院发布了《突发公共卫生事件应急条例》，规定"国务院卫生行政主管部门负责向社会发布突发事件的信息。必要时，可以授权省、自治区、直辖市人民政府卫生行政主管部门向社会发布在其行政区域内突发的卫生事件的信息。信息发布应当及时、准确、全面"。2004年2月，国务院常务会议讨论并原则通过《关于改进和加强国内突发事件新闻发布工作的实施意见》。会议指出，"改进和加强中国国内突发事件新闻发布工作，有利于工作大局，有利于维护民众切身利益，有利于社会稳定和人心安定。各有关部门要高度重视，依照有关法律和规定，建立和完善新闻发布制度，配合新闻宣传部门，及时、准确地做好新闻发布工作"。这些指导意见的公布最终推动了政府信息公开条例的出台。

政府信息公开，是现代政府的义务使然。政府是掌握公共权力并为社会提供公共产品的特殊机关，因此，如实向社会公布信息是对现代政府的必然要求。世界上近半数国家都制定了与信息公开相关的法律或条例。对于中国来说，信息公开适应了建设服务型政府、建立与媒体沟通的新机制、探索解决突发事件新方式的需求。

《中华人民共和国政府信息公开条例》（以下简称《条例》）在总则中阐明了制定该条例的目的，"为了保障公民、法人和其他组织依法获取政府信息，提高政府工作的透明度，促进依法行政，充分发挥政府信息对人民群众生产、生活和经济社会活动的服务作用"。《条例》规定了信息公开的内容和范围、方式和程序、监督和保障等。特别值得注意的是，《条例》的第六条规定："行政机关应当及时、准确地公开政府信息。行政机关发现影响或者可能影响社会稳定、扰乱社会管理秩序的虚假或者不完整信息的，应当在其职责范围内发布准确的政府信息予以澄清。"《条例》的第七条规定："行政机关应当建立健全政府信息发布的协调机制。行政机关发布政府信息涉及其他行政机关的，应当与有关行政机关进行沟通、确认，保证行政机关发布的政府信息准确一致。"以上内容都与突发事件处置直接相关。

2019年4月3日，《中华人民共和国政府信息公开条例》经国务院令第711号再次修订。此次修订在内容上增加了公开的监督、公开的主体、主动公开等，条例数量也从38条扩大到55条，进一步扩大了政府信息主动公开的范围和深度，明确了政府信息公开与否的界限，完善了申请公开的程序规定，推进了我国的信息公开工作，增加了政府的透明度和公开性。

（四）《中华人民共和国突发事件应对法》

《国家突发公共事件总体应急预案》是国家层面的规范性文件，《中华人民共和国政府信息公开条例》是国家层面的相关法规，而《中华人民共和国突发事件应对法》则是经全国人大讨论并通过的层次更高的专业法律。这一法律由国务院法制办自2004年开始修订，历时三年，于2007年8月30日经全国人大常委会会议通过，并于当年11月1日起正式开始实行。

国务院法制办公室在解读这一文件时称，我国是突发公共事件较多的国家，改革开放以来，我国也制定了许多相关的法规、文件，但是在应对突发公共事件时依然存在一些突出的问题，包括责任不明、能力不强、制度不完善、社会参与度不高等，因此需要制定这部法律。可以说，这部法律是《国家突发公共事件总体应急预案》的升级版。

《中华人民共和国突发事件应对法》的总则称，该法是"为了预防和减少突发事件的发生，控制、减轻和消除突发事件引起的严重社会危害，规范突发事件应对活动，保护人民生命财产安全，维护国家安全、公共安全、环境安全和社会秩序"而制定的。总则中还明确了突发事件是指"突然发生，造成或者可能造成严重社会危害，需要采取应急处置措施予以应对的自然灾害、事故灾难、公共卫生事件和社会安全事件"；规定了"国家建立统一领导、综合协调、分类管理、分级负责、属地管理为主的应急管理体制"。此外，该法还就突发事件的预防与应急准备、监测与预警、应急处置与救援、事后恢复与重建、法律责任等内容做了具体的规定。该法共有七十条，一万多字的内容。

2024 年 6 月 28 日，《中华人民共和国突发事件应对法》已由十四届全国人大常委会第十次会议修订通过，自 2024 年 11 月 1 日起施行。

（五）《突发事件应急预案管理办法》

《突发事件应急预案管理办法》（以下简称《办法》）是 2024 年 1 月 31 日国务院办公厅印发的文件，共 8 章 43 条，围绕增强应急预案的针对性、实用性和可操作性，结合国家应急管理体制改革情况，主要从 7 个方面完善了应急预案管理措施。

一是理清管理职责。明确应急预案管理遵循"统一规划、综合协调、分类指导、分级负责、动态管理"的原则，理清了各地区各部门职责任务，压实了应急管理部门指导应急预案管理工作、综合协调应急预案衔接工作的职责。

二是优化体系构成。进一步优化应急预案体系构成及其分类，针对不同层级、不同种类的应急预案，分别明确编制要点及具体要求，并针对巨灾应急预案、联合应急预案作出专门规定，推动提升大灾巨灾和跨区域协同应对能力。同时，将应急工作手册、行动方案纳入应急预案体系进行管理，推动应急预案明确的各项任务落实落地。

三是完善编制要求。要求县级以上人民政府应急管理部门会同有关部门，针对多发易发突发事件、主要风险等，编制应急预案制修订工作计划，报本级人民政府批准后实施；明确各级各类应急预案编制责任单位，要求应急预案编制前开展风险评估、资源调查和案例分析，着力解决应急预案实用性不强等问题。

四是规范审批流程。明确各级各类应急预案审批方式，对报批材料、审核内容进行了优化完善，在流程设计中增加应急管理部门衔接协调环节，同时对应急预案备案提出要求，推动应急管理部门落实综合协调应急预案衔接职责。

五是加强应急演练。明确提出应急预案编制单位应当建立演练制度，通过采取形式多样的方式方法，对应急预案所涉及的单位、人员、装备、设施等组织演练，通过演练发现问题、解决问题，进一步修改完善应急预案。

六是强化培训宣传。规定应急预案编制单位应当通过编发培训材料、举办培训班、开展工作研讨等方式，加强应急预案培训。要求各级人民政府及其有关部门将应急预案培训作为有关业务培训的重要内容，纳入领导干部、公务员等日常培训内容。

七是加强信息化建设。明确国务院应急管理部门统筹协调各地区各部门应急预案数据库管理，推动实现应急预案数据共享共用。各地区各部门负责本行政区域、本部门（行业、领域）应急预案数据管理。

《办法》还对应急预案的评估修订、经费保障、指导监督等提出了要求。

二、突发事件处置中信息披露的规定

在上述的各种文件及法律法规中，都有关于突发公共事件信息公开与舆论引导的相关规定。

作为专门针对政府信息公开的法规，《中华人民共和国政府信息公开条例》对信息公开的内容和范围、方式和程序、监督和保障做了详细的规定。上文已经引用了条例中第六条、第七条与突发事件相关的规定。除此之外，涉及公开范围的第十条也明确规定了十一种需要公开的政府信息，其中第十种就是"突发公共事件的应急预案、预警信息及应对情况"。涉及公开方式和程序的第十五条明确提出"行政机关应当将主动公开的政府信息，通过政府公报、政府网站、新闻发布会以及报刊、广播、电视等便于公众知晓的方式公开"。在《条例》的监督和保障部分，公民或法人被赋予了举报、行政复议和诉讼的权利，对不履行公开信息义务的行政机关，给予其纪律处分直至追究行政责任。修订后的《条例》也把"突发公共事件的应急预案、预警信息及应对情况"列入了主动公开的条款。

《国家突发公共事件总体应急预案》有对突发事件中信息披露的具体规定。比如，第三项"运行机制"第二条规定："特别重大或者重大突发公共事件发生后，各地区、各部门要立即报告，最迟不得超过四小时，同时通报有关地区和部门。应急处置过程中，要及时续报有关情况。"第三项第四条规定："突发公共事件的信息发布应当及时、准确、客观、全面。事件发生的第一时间要向社会发布简要信息，随后发布初步核实情况、政府应对措施和公众防范措施等，并根据事件处置情况做好后续发布工作。信息的发布形式主要包括授权发布、散发新闻稿、组织报道、接受记者采访、举行新闻发布会等。"前者是在系统内的报告，后者是对社会的公开报道。第五项"监督管理"第三条规定："对迟报、谎报、瞒报和漏报突发公共事件重要情况或者应急管理工作中有其他失职、渎职行为的，依法对有关责任人给予行政处分；构成犯罪的，依法追究刑事责任。"比较而言，该预案中关于信息内部报告的规定较多，对媒体和公众发布信息的规定则有些不足。

《中华人民共和国突发事件应对法》中也有关于信息公开和舆论引导的内容。例如，第二章"预防和应急准备"第二十九条规定："新闻媒体应当无偿开展突发事件预防与应急、自救与互救知识的公益宣传。"第三章"监测与预警"第三十九条规定："有关单位和人员报送、报告突发事件信息，应当做到及时、客观、真实，不得迟报、谎报、瞒报、漏报。"第三章第四十五条规定："及时向社会发布有关采取特定措施避免或者减轻危害的建议、劝告。"第四章"应急处置与救援"第五十三条规定："履行统一领导职责或者组织处置突发事件的人民政府，应当按照有关规定统一、准确、及时发布有关突发事件事态发展和应急处置工作的信息。"第四章第五十四条规定："任何单位和个人不得编造、传播有关突发事件事态发展或者应急处置工作的虚假信息。"第五章"事后恢复与重建"第六十二条规定："履行统一领导职责的人民政府应当及时查明突发事件的发生经过和原因，总结突发事件应急处置工作的经验教训，制定改进措施，并向上一级人民政府提出报告。"第六章的"法律责任"部分则对未按规定及时发布突发事件警报、导致损害发生，以及编造并传播有关突发事件事态发展或者应急处置工作的虚假信息的，做了具体的处罚措施说明。

从以上的文件及法律规定中，我们可以看到这类文件的三个特点：

首先，文件中都有关于突发事件信息公开和舆论引导的内容例如，《中华人民共和国政府信息公开条例》的第六条规定，政府应及时、准确地公开信息，以"澄清"可能影响社会稳定、扰乱社会管理秩序的虚假信息或不完整信息；第七条则规定了信息发布的协调机制，以保证发布信息的"准确一致"。在《中华人民共和国突发事件应对法》中，除了总则之外的所有章节都有与信息发布相关的规定。

其次，关于信息公开的内容主要包括三个方面，一是信息在政府系统内部的交流、交换、协调和报送；二是信息的对外发布，包括突发事件的预警、事态发展以及政府采取的措施；三是关于突发事件中编造虚假信息行为的处置。

最后，如上所述，突发事件中的信息公开对象被分为两个部分：一种是政府系统内部的信息公开，另一种是对社会上的媒体和公众的信息公开。总体来说，上述文件和法律对于系统内部的公开比较具体，对社会的公开以及舆论引导的规定则谈得不多。例如在《中华人民共和国突发事件应对法》中，关于事件应急处置的要求只是统一、准确、及时地发布信息，而没有对舆情引导的规定；在恢复和重建部分，总结经验教训也只是向上级报告，而没有谈到向社会公布总结。这说明，我国突发事件舆论引导的机制建设还需要在实践中进一步加强。

案例回顾 4-1

2011年"7·23"甬温线特别重大铁路交通事故

2011年7月23日20时38分，北京南开往福州的D301次动车组列车运行至甬温线永嘉至温州南段，与在前方运行的杭州开往福州南的D3115次动车组列车发生追尾事故，造成40人死亡、172人受伤。事故发生后，由于不了解网络时代的舆情特点，有关部门没能正确处理事故产生的负面舆情，并在事故发生后信息披露不足，导致舆论引导失败，最终对政府部门的形象及事故的后续工作造成了消极的影响。总结有关部门在此次事件中的失误主要有以下三点：第一，未能及时公布事件真相。在事故发生初期，消息如同病毒一样，以裂变的方式快速传播。此时网络上真实、客观、准确的消息往往不多，社会上充斥着各种流言甚至谣言。有关部门没有及时发布消息，澄清事故原因，公布事故处理的进展情况，无形中加重了公众对事故的猜疑和不满。第二，发布会信息不完整，出现"雷人"回应："不管你信不信，我反正是信了。"第三，有关部门及新闻发言人对待公众和媒体的态度强硬。在新闻发布会结束后，由于发言人一直没有正面回答事故原因、安全隐患等重要问题，导致记者在发布会结束后仍留在现场继续追问，而发言人自始至终都没有回答记者任何问题。

在应对事故危机的过程中，新闻发言人拒绝媒体采访、不回答记者的问题，这些都是不明智的做法，由此引发的负面舆情往往会导致危机的进一步深化。

《"十四五"国家应急体系规划》明确提出，"充分利用物联网、工业互联网、遥感、视频识别、第五代移动通信（5G）等技术提高灾害事故监测感知能力，优化自然灾害监测站网布局，完善应急卫星观测星座，构建空、天、地、海一体化全域覆盖的灾害事故监测预警网络。广泛部署智能化、网络化、集成化、微型化感知终端，高危行业安全监测监控实行全国联网或省（自治区、直辖市）范围内区域联网。完善综合风险预警制度，增强风险早期识别能力，发展精细化气象灾害预警预报体系，优化地震长中短临和震后趋势预测业务，提高安全风险预警公共服务水平。建立突发事件预警信息发布标准体系，优化发布方式，拓展发布渠道和发布语种，提升发布覆盖率、精准度和时效性，强化针对特定区域、特定人群、特定时间的精准发布能力。建立重大活动风险提示告知制度和重大灾害性天气停工停课停业制度，明确风险等级和安全措施要求。推进跨部门、跨地域的灾害事故预警信息共享。"

一些地方政府的突发事件应急预案也对信息公开做了明确规定。例如，《北京市突发事件总体应急预案（2021 年修订）》就明确规定了突发事件信息报送和发布的有关要求："突发事件的信息最迟不得晚于事件发生后 2 小时报送，主责部门要加强网络舆情的监测和响应，最迟在 5 小时之内通过权威媒体向社会发布信息，重大突发事件发生后，要在 24 小时内组建新闻发布中心，及时、准确、客观地发布突发事件信息。"

三、近年来关于政务信息公开的相关规定

党的十八大以来，我国对于政务信息公开又推出了许多新的规定。其中，以 2013 年国务院办公厅《关于进一步加强政府信息公开回应社会关切提升政府公信力的意见》、2016 年中共中央办公厅和国务院办公厅《关于全面推进政务公开工作的意见》、2016 年国务院办公厅《关于在政务公开工作中进一步做好政务舆情回应的通知》、2016 年国务院办公厅《〈关于全面推进政务公开工作的意见〉实施细则》这四个文件最为重要。

2013 年国务院办公厅印发的《关于进一步加强政府信息公开回应社会关切提升政府公信力的意见》明确提出了加强平台建设、加强机制建设和完善保障措施三个方面的任务。其中，进一步加强平台建设包括"进一步加强新闻发言人制度建设、充分发挥政府网站在信息公开中的平台作用、着力建设基于新媒体的政务信息发布和与公众互动交流新渠道"三项内容；在加强机制建设方面，有"健全舆情收集和回应机制、完善主动发

布机制、建立专家解读机制、建立沟通协调机制"四项内容；在完善保障措施方面，有"加强组织领导以'确保在应对重大突发事件以及社会热点事件时不失声、不缺位'和加强业务培训、加强督查指导三项内容"。

2016 年中共中央办公厅与国务院办公厅联合印发的《关于全面推进政务公开工作的意见》提出了阳光政务的"决策、执行、管理、服务、结果"的"五公开"要求。在回应社会关切方面，提出了建立健全政务舆情的收集、研判、处置和回应机制，增强重大政务舆情的回应督办工作，开展效果评估工作。对涉及本地区本部门的重要政务舆情、媒体关切、突发事件等热点问题，要按程序及时发布权威信息，讲清事件的事实真相、政策措施以及处置结果等，认真回应社会关切。要依法依规明确回应主体，确保有关部门和责任主体在应对重大突发事件及社会热点事件时不失声、不缺位。文件还提出，"领导干部要带头宣讲政策，特别是遇有重大突发事件、重要社会关切等，主要负责人要带头接受媒体采访，表明立场态度，发出权威声音，当好'第一新闻发言人'"。

2016 年国务院办公厅印发的《关于在政务公开工作中进一步做好政务舆情回应的通知》的主要内容包括五个方面：第一，进一步明确政务舆情回应责任。对涉及地方的政务舆情，按照属地管理、分级负责、谁主管谁负责的原则进行回应，涉事责任部门是第一责任主体。对涉及多个地方的政务舆情，上级政府主管部门是舆情回应的第一责任主体，相关地方按照属地管理原则进行回应。第二，重点回应五项政务舆情，"对政府及其部门重大政策措施存在误解误读的、涉及公众切身利益且产生较大影响的、涉及民生领域严重冲击社会道德底线的、涉及突发事件处置和自然灾害应对的、上级政府要求下级政府主动回应的"。第三，提高政务舆情回应实效。对涉及特别重大、重大突发事件的政务舆情，要快速反应、及时发声，最迟应在 24 小时内举行新闻发布会，对其他政务舆情应在 48 小时内予以回应，并根据工作进展情况，持续发布权威信息。第四，加强督促检查和业务培训。第五，建立政务舆情回应激励约束机制。将政务舆情回应情况作为政务公开的重要内容纳入考核体系。对先进典型以适当的方式进行推广交流，发挥好示范引导作用。建立政务舆情回应通报批评和约谈制度，定期对舆情回应工作情况进行通报，对工作消极、不作为且整改不到位的单位和个人进行约谈。对不按照规定公开政务，侵犯群众知情权且情节较重的依法依规严肃追究责任。

2016 年的国务院办公厅印发的《〈关于全面推进政务公开工作的意见〉实施细则》

主要规定了六项内容：一是着力推进"五公开"。二是强化政策解读。三是积极回应关切，建立健全政务舆情收集、会商、研判、回应、评估机制，对涉及群众切身利益、影响市场预期和突发公共事件等重点事项，要及时发布信息。对涉及特别重大、重大突发事件的政务舆情，要快速反应，最迟在 5 小时内发布权威信息，在 24 小时内举行新闻发布会，并根据工作的进展情况，持续发布权威信息，有关地方和部门主要负责人要带头主动发声。四是加强平台建设。五是扩大公众参与。六是加强组织领导。

上述文件进一步明确了新闻发布与舆论引导的具体内容，主要体现在以下四个部分：一是明确了责任主体，明确了涉事主体就是发布主体，明确了"主要负责人"就是"第一发言人"；二是明确了重要回应的五项内容，其中专门谈到"涉及突发事件处置和自然灾害应对"方面的内容；三是规定了事件发生后的具体回应时效，政府和相关部门要在 5 小时内发布权威信息，24 小时内召开新闻发布会；四是规定了保障机制，包括舆情的收集、研判、处置、发布、评价等。应该说，这些文件对于促进新闻发布与舆论引导机制的建设，尤其是对突发事件中舆论引导的进展把握，发挥了巨大作用。

四、突发事件中舆论引导机制的建设

突发事件中的舆论引导工作非常重要，它与突发事件是一体两面的关系。因此，建立完备的突发事件舆论引导机制，是舆论引导能否成功的关键。

（一）突发事件处置与舆论引导的关系

舆论的影响之大，自古文献就有记载，《史记》云："众口铄金、积毁销骨。"2016年 2 月 19 日，习近平总书记在党的新闻舆论工作座谈会上发表重要讲话，将舆论引导工作提高到"治国理政、定国安邦"的地位。而在突发事件中的舆论引导就显得更重要了，前文已经多次提到事件处置与舆论引导的双螺旋关系，进一步研究来看，事件处置与舆论引导的关系主要体现在以下四个方面：

第一，舆论引导是突发事件处置的关键环节，其直接关系着事件能否顺利解决。突发事件中舆论的特点表明，由于特殊环境带来社会心理上的变化，舆论相应地会变得非常复杂。如果放任舆论自发传播，将不可避免产生消极的影响。在一般状态下，由观念体系、行政机构、社会组织、社会制度和生活秩序等要素构成的社会框架具有一定的弹性和容量。当处于社会框架的容量之内，并与社会观念基本一致，舆论就会和社会的发展相协调。但是当舆论的增长量超过社会框架的容纳范围，其张力冲破社会框架的弹性束缚时，就可能引起传播秩序的混乱，对社会发展造成负面影响。突发事件发生后，公众会对事件表现出极大的关切，希望行使知情权，了解事件的真相。政府及时、准确地将事件真相告知公众，不光有助于正确引导公众的情绪和社会舆论，而且有助于推动社会各阶层形成统一认识，集结各方力量，形成处置合力，推动突发事件的迅速解决。

第二，有效的舆论引导有助于防范连锁反应和次生危机的发生。20世纪60年代，美国气象学家洛伦兹在解释空气系统理论时提出："一只在南美洲亚马孙热带雨林的蝴蝶轻拍一下它的翅膀，也许两周后就会在美国得克萨斯州引起一场龙卷风。"这一现象便是"蝴蝶效应"（Butterfly Effect），它同样适合于社会科学的研究。突发事件中往往也存在"蝴蝶效应"。在事件发生初期，公众无法及时获得准确权威的信息，即使一个很小的谣言或不实消息也有可能引发恐慌，导致危机迅速扩大。在事件的连锁反应下，一个突发事件经常导致另一个或一连串突发事件产生，其影响范围不断扩大，最终导致出现难以控制的局面。如果政府及时、准确传递有关信息，让公众从一开始就清楚知晓事件产生的原因和可能产生的影响，及时公布事件的最新进展和有关部门采取的措施，加强舆论引导，就可以避免出现连锁反应和次生危机。

第三，有助于提高公众的风险意识，防范类似事件的再次发生。舆论引导是公共危机中政府信息管理的一项重要工作。它的主要目的是通过及时、准确、有效的信息发布进行议程设置，从而影响并引导舆论，使舆论向着有利于危机平息和社会稳定的方向发展。在突发事件发生后，有效的舆论引导可以帮助公众消除恐惧不安等消极情绪，树立信心，增强社会凝聚力。在突发事件处置完成后，及时总结经验教训、提出改进措施并向社会公布，可以帮助公众增强风险意识、安全意识，防范类似事件的再次发生，并且有利于塑造政府真诚高效的形象，提升公众对政府的信任。

第四，作为突发事件之一的"媒介事件"，是由媒介报道所引发的事件，其本身就需要进行舆论引导。尽管媒介报道的目的是揭露真相，监督政府或企业的不当行为，但在报道过程中可能出现不当言论和错误信息，引发公众的非理性情绪，需要政府或企业迅速回应并及时处置，否则会对政府和企业的形象造成重大影响。在当下的传播环境中，媒介事件结合具体案例往往会引发巨大的社会影响，这也成为当下媒介事件的新特征。例如"鼠头鸭脖"事件、"提灯定损"事件等。正如《国家突发事件应急体系建设"十三五"规划》指出的，"随着网络新媒体快速发展，突发事件网上网下呼应，信息快速传播，加大了应急处置难度"。这些都提醒我们需要加快提高舆论引导的能力。

有学者认为，"对于突发事件的舆论引导而言，'事件处置'和'舆论引导'恰如一个硬币的两面，两者相互影响，难以分割。""如果事件处置不力，则舆论引导难以奏效；如果舆论引导不力，则会使事态变得更为复杂，且可能激发更强烈的舆论。"这一现象被称为"双因叠加效应"。[①]

事实上，我们过去在突发事件的处置方面一直存在着重"事"（事件处理）而轻"论"（舆论引导）的倾向，使"小事拖大、大事拖炸"。而当今时代是媒介时代，突发事件中信息的发布与对公众关切的回应越来越重要，因此过去重"事"轻"论"的做法应该改为二者并重，甚至要更重视舆论引导，也就是"论"方面的工作。

（二）突发事件中政府与媒体关系的改变

我国突发事件中政府与媒体关系的改变大致经历了以下三个阶段。第一阶段的关系特点是"控制"。由于我国媒体事业单位的属性，从某种意义上说，在政府与媒体的关系中，政府具有领导地位，媒体则受到政府的控制。因此，当具有负面和消极意义的突发事件发生时，媒体便会有选择性地进行报道，或集体"失语"，从而导致媒体作出"有组织的不负责任"的行为。第二阶段的关系特点是"管理"。由于媒体的市场化程度不断提高，社会独立性不断增强，政府的媒体政策开始从"控制"转到"管理"。在"管理"阶段，媒体依然被认为是下级单位，与政府存在着管理者和被管理者的区别。到了第三阶段，在坚持党管媒体的基本原则下，政府和媒体之间更多处于"合作"的关系。由于当下媒体角色的持续变化，国内外媒体，特别是网络媒体的加入，使得媒体与政府之间的关系趋于合作化。在"既然堵不住、不如疏导"及"与其被动疏导，不如主动出击"的认识之下，政府的媒体策略开始转向"合作"。所谓政府与媒体间的"合作"，是建立在尊重媒体以及公众需求的基础上，以引导的方式推进舆论的影响。

---

① 喻发胜，赵振宇.新形势下突发事件舆论引导机制的构建［J］.新闻记者，2010（10）：73-76.

政府把媒体当成合作者，就是要通过对媒体的引导和监督，有效发挥媒体在突发性事件中的作用。一方面，政府保障媒体参与危机报道的主观能动性，放宽对媒体介入突发事件的各种管制，营造宽松的媒体环境，使媒体在突发事件中可以更加自主地开展报道，而非封锁信息或给予各种限制；另一方面，政府并非放弃管理，而是通过加强媒体监督，确保真实重要的信息得以传达，防止假新闻或谣言的传播，从源头上切断对新闻热点的恶意炒作，避免在解决危机的过程中出现新的问题。

政府采取与媒体合作的策略，需要提升以下三点认识。

第一，要正确认识舆情。正如《人民日报》的社论所说，"舆情不是'敌情'，相反，媒体是社会的预警器，它对热点事件、敏感问题的反映和关注，或许眼前会让一些地方政府一时难堪，但从长远来说，对维护人民群众利益、推动社会进步利莫大焉。""说到底，媒介是政府与公众交流沟通的平台，对待媒体的态度，也就是对待公众的态度，这是政府执政水平的具体体现和执政理念的具体检验。"①

第二，要认识到事件处置与舆论引导的双螺旋关系。政府既要积极处置突发事件，又要积极展开舆论引导，两者之间其实是"相通"的，甚至是"同一"的。一方面，事件处置得越及时、措施越有力，就越有可能形成有利于事件解决的舆论氛围。反之，如果政府反应迟钝，对事件认识不清、定性不准、措施不灵、听之任之，就会导致事件由孤立的向复杂的演化，最终使局面难以控制。另一方面，如果媒体信息传递及时、政府舆论引导有力，突发事件的解决也会比较顺利。反之，如果政府将媒体定义为是"找事"，将其视为麻烦源，奉行"封、捂、堵、压、瞒"或"拖、瞒、卡、躲、删"的五字诀，在舆论失控的同时，也将导致事态的失控，对政府和社会造成的损失会更大。

第三，要对舆论引导方法有科学的认识。例如，对舆情指数的研究和了解、对舆情发展规律的理解、对新闻报道规律的认识、对舆情引导要点的掌握、对舆情发展与事件处置关系的认识等。在以往的突发事件研究中我们发现，政府并不缺少正确的理念，也不缺少信息分析的能力，而是缺少科学的决策和运用科学决策引导舆论的技巧和方法。不过，随着我国相关政策和法律法规的不断完善，以及学界对于舆论引导策略的进一步深入研究，我国政府的舆论引导必将走上科学化、机制化的道路。

---

① 人民日报评论部."媒介素养"体现执政水平［N］.人民日报，2011-06-16（23）.

案例回顾 4-2

2008年"5·12"汶川地震

2008年的"5·12"汶川地震，是中华人民共和国成立以来破坏性最强、波及范围最广、灾害损失最重、救灾难度最大的一次地震。面对此次大地震，中国政府有序高效的救援举措、人民至上的理念，中国人民"一方有难，八方支援"的团结精神令世界刮目相看。中国政府在此次灾难性突发事件中，公开信息的速度之快、透明度之高、规模之大、范围之广，在中国公共危机传播史上也是罕见的。

总结"5·12"汶川地震后中国政府的舆论引导工作，主要有以下几个特点：首先，政府第一时间发布灾情，主动沟通、滚动发布信息。政府在震后仅18分钟就通过新华网公布了地震的震中、震级，并且及时发布了各地的震感情况。30分钟后，中央电视台及各省、市电视广播陆续发布了有关地震的详细信息，采取实况滚动新闻报道地震灾区的最新情况，让公众在第一时间了解地震灾情和救援情况，稳定了人心。此后，政府每天都通过广播、电视、网络等方式及时发布地震的伤亡人数、救援情况、余震情况等。其次，政府运用多渠道沟通，确保信息准确。国务院新闻办公室从震后第二天开始，每天下午举行新闻发布会，由民政部、地震局、卫生部、财政部、水利部、交通运输部等部门负责人共同出席，详细介绍地震灾害和抗震救灾的进展情况，回答记者提问。四川省政府也于5月13日下午召开震后首场新闻发布会，此后每天都定时举行。而且，新闻发布会上公布的伤亡情况、损失情况都很准确。再次，政府主动公开辟谣、更正差错。5月12日下午，有谣言称当天晚上10时到12时北京将会有地震，国家地震局通过新华网及时辟谣，消除民众的恐慌和不安。5月13日，成都传出"都江堰一化工厂爆炸，自来水质遭污染"的谣言，市民疯狂抢购矿泉水。随后四川省政府通过电视台发布公告，迅速澄清事实，消除谣言。此后一些地方出现与地震和灾情相关的谣言，都被有关部门及时辟谣。例如5月20日，针对四川巴中、乐山、达州等地出现的泉水变浑、稻田冒泡、蟾蜍过街等现象，有谣言称将会有大地震，四川省地震局表示这是震后效应，而非发生地震的前兆，有效抑制了谣言的扩散。最后，政府充分利用媒体，将信息传递作为救灾工作的有机组成部分。媒体的有效报道使公众在了解灾情的同时，也积极参与到抗震救灾当中。地震救援期间，政府通过广播、电视、网络等与公众及时沟通，公布灾区对帐篷、衣物、食品、药品等物资的需求，民众根据这些需求有针对性地捐款捐物，极大地节省了物资收集的中间环节，争取了宝贵的救援时间。同时，媒体和民众也主动为救灾行动出力。媒体报道称，由于地震毁坏了通往汶川的道路，救援部队一直找不到可以空降的地点，救援工作受阻。看到相关报道后，成都一女大学生通过网络发帖称"距离汶川县城往成都方向仅7公里的七盘沟村的山顶特别适合空降"，这为军方提供了合适的空降地点，最终大量食品、药品等救灾物资随救援部队成功空降并送入灾区。

"5·12"汶川地震发生于我国实行《突发事件应对法》不到一年的时间之内，这一特大灾难性突发事件是对该法实施的一大考验，而事实证明《突发事件应对法》的实行是成功的。

案例回顾 4-3

2017年四川茂县山体滑坡事件

2017年6月24日，四川省阿坝州茂县突发山体高位垮塌，造成河道2公里堵塞，100余人被掩埋。当地政府紧急启动I级特大型地质灾害险情和灾情应急响应，从当日开始，连续三天召开七场新闻发布会，及时发布信息，回应社会关切（表4-1）。

表4-1 茂县山体滑坡新闻发布会总结

场次	时间	发言人	发布会内容
第一场	6月24日 12:00	四川省政府秘书长	介绍事件初步情况
第二场	6月24日 23:00	四川省委常委、副省长	发布伤亡情况及救援最新进展

续表

场次	时间	发言人	发布会内容
第三场	6月24日 23:05	四川省阿坝州副州长	介绍景区内被困人员情况,告知社会目前已掌握118名失联人员信息
第四场	6月25日 12:30	四川省新闻办公室主任	介绍救灾工作的最新安排部署
第五场	6月25日 14:30	四川省阿坝州副州长	公布最新伤亡人数并介绍救援最新进展
第六场	6月25日 17:00	国土资源部专家	解释山体滑坡原因并答记者问
第七场	6月26日 15:30	四川省阿坝州副州长	介绍救援最新进展(未通报遇难者及失联人数)

虽然这次事件新闻发布会召开及时,但仍有一些问题值得我们总结反思。首先,发布会的内容不全面,公布的关键性信息含混不清,如死亡人数、失联人数等。发布会密集召开,但是信息量不足。其次,对于这样一场Ⅰ级特大灾害,应该由"主要负责人"作为"第一发言人"。在回应舆论关切时,发布会可以请更多不同领域的专家人员参与。再次,从发布的过程来看,新闻发言人缺乏必要的发布能力和专业技巧,全程快速低头念稿,全然不顾媒体和社会关切,以完成发布任务为主要目的。七场发布会中,只有一场设置了记者问答环节,还是由国土资源部的专家回答的。最后,通过此次事件的新闻发布过程我们可以看到,当地政府对媒体关注度和舆论引导的认识不足,对待记者提问抱着防范心态,对于媒体工作缺乏尊重,作为新闻发言人的部分官员在自己主持的新闻发布会上迟到,严重影响政府的公共形象。

(三)舆论引导的机制建设

尽管当前我国突发事件舆论引导机制建设并不完善,但实践是推进理论的基础。在突发事件处理的相关实践中,不少学者开始总结其中的舆论引导机制。例如,孟建教授认为,突发事件中的舆论引导机制包括应急信息处置机制、境内外舆情收集研判机制、重要信息通报核实机制、信息发布协调机制、发布材料准备机制、媒体管理机制等六项。① 喻发胜、赵振宇认为，在新形势下，突发事件舆论引导机制应该在监测、预警、应急处置、问责四个环节进行构建，以提高突发事件的舆论引导能力。这四个环节具体包括：强化信息共享，构建舆情监测机制；提高研判能力，构建舆情预警机制；提高应对能力，构建事件处置与舆论引导联动机制；强化监察评估，构建舆情问责机制。②

应该说，上述专家的总结都是正确的，也有各自的角度和特点。第一种观点着眼于信息流的监控和管理，第二种观点强调突发事件处理的全过程，特别是强调事件处置与舆论引导的联动。比较起来，后一种方案似乎更加符合文件的规定，也更加符合实际，不过对于我国舆论引导的机制建设来说仍然不够完整。

在《中华人民共和国突发事件应对法》中，除了总则之外，还设置了预防与应急准备、监测与预警、应急处置与救援、事后恢复与重建、法律责任几个部分。突发事件的舆论引导机制建设也应该与这五部分相对应，包括五个相互联系的环节。

1. 建立媒体联系机制，提前做好突发事件的预防

《中华人民共和国突发事件应对法》第二十九条规定媒体应参与突发事件的预防。在舆论引导方面，要建立完善的媒体联系机制，不能事发之后再匆匆选择或是被动应付。"与媒体一起工作"，首先要知道权威媒体在哪里、本地媒体在哪里、可能来的外地媒体在哪里。其次要熟悉媒体的工作流程和价值取向，只有熟悉才能与媒体合作，共同应对危机事件的发生。另外，还要做好舆论引导基础性工作的准备，如信息数据库、案例库、口径库和专家资源库等建设。其中专家资源库的建设尤为重要，入库的专家范围要广泛，因为舆论引导需要联系各方面的专家，所以要充分利用社会资源，建立起专家咨询和第三方发布的机制。

2. 建立舆情监测与预警机制，及时掌握突发事件的相关信息

《中华人民共和国突发事件应对法》第三十九条规定政府应及时、真实地报告突发事件信息，第四十五条规定政府应及时向社会发布有关采取特定措施避免或者减轻危害的建议、劝告。舆情预警机制是指对预警对象、范围、指标和信息进行科学有效的评

---

① 孟建．突发公共事件的新闻发布与舆论引导研究［J］．中国应急管理，2008（11）：10-14.
② 喻发胜，赵振宇．新形势下突发事件舆论引导机制的构建［J］．新闻记者，2010（10）：73-76.

估、分析和研究，及时发现和识别潜在的突发事件诱因，采取有效的预防措施，最大限度地避免公共危机发生。具体来说，舆情预警机制就是一整套舆情监测、预报系统和工作机制。首先由特定部门收集不同舆论场的舆情，对舆情进行研判，包括专家会商。然后对舆情进行分类管理，哪些信息是部门内部共享的，哪些是需要向上级报告的，哪些是需要向社会通报的，除此之外，需要及时处理和跟踪的信息也属于信息分类管理的范畴。一方面，我们提倡领导干部亲自掌握舆情，有些情况下对舆情的及时处理实际上可以间接化解可能出现的突发事件。例如"瓮安事件"，由于当地政府对舆情监测与预警工作的缺位，"以至于出现了'全县人民都知道、县委书记却不知道'的尴尬局面"[①]。同时，我们还提倡领导干部要有雅量，要"正确对待责备的音量"[②]，做好挨骂的心理准备，千万不可以采取"鸵鸟策略"。最后做好研判后的预警工作，包括根据舆情的量化情况提出预警的级别和层次。不是所有的舆情都需要着急应对和回应，要综合分析其风险性，针对风险进行定量和定性方面的研究。

3.建立突发事件处置与舆论引导的联动协调机制，做好信息管理和引导

《中华人民共和国突发事件应对法》第五十三条规定突发事件的信息需统一、及时、准确发布，第五十四条规定不得编造、传播虚假信息。在突发事件的处置过程中，首先，要将舆论引导工作与事件处置工作同步推进，只有事件处置没有事件进展与处置的信息公布是不行的，反之亦然。然后，在突发事件中会出现高强度的信息流，要建立统一指挥、分类管理的舆论处置机制。例如，第一时间确定信息管理与发布的机构、发布的时间和方式，统一发布的口径和策略，对信息进行分类管理，保证信息流的真实性与可控性。

具体来看，联动协调机制包括三个层次：

一是部门内部的联动协调，要求口径统一、信息对等，不能出现相互矛盾、前后不一致的声音。例如，2019 年 7 月山东某高校"学伴"事件，由于没有统一的新闻发布窗口，媒体在采访某大学的宣传部、国际部、留学生老师的时候，得到的回应不同，进一步激化了舆情。

---

① 喻发胜，赵振宇.新形势下突发事件舆论引导机制的构建［J］新闻记者，2010（10）：73-76.
② 姜赟.正确对待"责备音量"［N］.人民日报，2012-5-23（4）.

二是部门之间的联动协调，如宣传部门、执法部门、保障部门等应该各司其职，有序合作，共同推动舆情事件的处置。例如，2018年5月吉林省德惠市夏家店街道发生了一起交通事故，造成7死6伤。事发后，德惠市政府立即启动重大事故应急预案，成立了医疗救治组、善后接待组、舆情监控组、事故调查组等工作组对事故进行后续处理。医疗救治组及时救治受伤乘客；善后接待组及时安抚伤亡人员家属情绪，督促相关单位展开善后工作和赔偿事宜；舆情监控组监测跟踪主流媒体、网络平台对该事件的相关报道，及时掌握舆情变化，对事故处理进行舆情动态反馈，加强与媒体间的沟通协调；事故调查组对事故发生的原因进行深入调查，并及时通报调查结果。在事故处置中，各小组通过分工与合作，最终使该事件得到妥善处置，有效化解了事故产生的舆情风险。

三是上下级之间的联动协调。当突发事件处置和舆情引导工作超出涉事单位的权责范围时，需要提级应对，使发布的信息更具公信力，增强舆论引导的效果。例如，2019年6月17日，四川省宜宾市长宁县发生6.0级地震。在宜宾市启动地震一级响应，并成立"6·17"长宁地震抗震救灾指挥部的同时，应急管理部连夜派工作组赶赴震区指导地方救援救灾工作，消防、地震、安全生产等多支应急救援队伍赶赴长宁县震区救援救灾。四川、重庆、云南地震局共派出68名人员组成现场工作队赶赴灾区。应急管理部会同国家粮食和物资储备局调拨的中央救灾物资也迅速抵达灾区。可见，在该事件的应对过程中，涉事部门与上级部门的协同应对，使事件和舆情得到快速、平稳、有效的处置。

4. 建立事后恢复与重建的舆论引导机制，化"危"为"机"

《中华人民共和国突发事件应对法》第六十二条规定了突发事件的总结和报告制度，包括总结事件发生的原因、经过、教训和事件处置的改进措施。事后恢复与重建的舆论引导包括以下三个方面：第一，政府及时公布事件改进措施，引导社会对事件进行反思；第二，政府及时向社会公布事件总结中能够公开的内容，重建公众对政府的信任；第三，政府在总结和发布事件处置报告的同时，也要写出舆论引导的总结报告，找出此次事件的经验教训，提出改进措施。

5.建立舆情处理的问责机制，不断改进舆论引导制度

在我国有关突发事件处置的文件中，都有监督管理、保障机制、法律责任等方面的内容。在舆论引导的机制建设方面，我们也应该建立相应的处理问责机制。在当前的事件处置中，对于事件的瞒报行为有相应的处罚措施，但是对于舆情信息的瞒报、谎报、漏报行为却没有相应的处罚措施。深圳 2009 年 9 月 15 日公布的《深圳市人民政府新闻发布工作办法》率先引入新闻发布"问责制"，对重大突发事件的新闻发布设置了 120 分钟的时限要求。如果因新闻发布不及时、不准确而造成社会不良影响和后果，有关部门可以对涉事主体和相关机构进行问责制。但这一"问责制"也存在一定的不足，即"不良影响和后果"指什么？又由谁来认定？对于"不良影响和后果"的解释不够具体。尽管如此，"问责制"的发布仍然是值得肯定的。只有建立好舆情处理问责机制，才能有效避免此类事件的发生，从而不断提高政府的舆论引导能力。

五、国外突发事件舆论引导的制度建设

本书的序言引用了英国学者吉登斯关于"风险社会"的相关论述，说明突发事件在当今世界是普遍存在的。因此，我们可以通过了解其他国家对于突发事件舆论引导制度的建设，借鉴并完善我国的舆论引导制度。这里以美国、日本、英国的相关制度建设为例，进行简单的介绍和分析。

（一）美国的信息公开制度建设

美国作为全世界最发达的国家之一，曾经历过一段突发事件的高发期——19 世纪末到 20 世纪初，这是美国的社会转型期。作为"黑幕揭发者"的新闻媒体，在推动美国社会进步的同时，也使美国政府和大企业头疼不已。继美国企业开创了所谓的"公共关系"这一行业后，美国政府也开始通过公共关系手段加强对新闻媒体的管理和控制。20 世纪上半叶是美国政府新闻发布制度的建立期，被称为"媒体总统"的富兰克林·罗斯

福在其执政的二十年间共会见记者 998 次。除了众所周知的 "炉边谈话"[①] 外，他在第一个任期内，就举办了 340 次记者招待会。[②] 第二次世界大战之后，美国的新闻发布制度不断完善。与此同时，随着 "知情权" 的普及，美国的信息公开也进入了法制化时期。美国于 1966 年制定了《信息自由法》、1976 年制定了《阳光下的政府法》，将政府信息服务基本上纳入了制度化、法制化的轨道。与此同时，美国政府开始建立突发事件的应急管理机构，逐步探索并完善突发事件的应急管理体系。

美国突发事件应急管理体系包括法案和机构两个部分。自 1933 年《紧急救助法》通过后，美国又通过了包括灾害救助、公共交通、公共卫生、洪水、地震、经济金融等多个领域的专项紧急救援法案。美国宪法赋予了总统宣布全国处于紧急状态的权力。1976 年美国通过了《国家紧急状态法》，1992 年通过了《联邦应急计划》两个基本法规。美国应对突发事件的主要部门为 "联邦应急管理局"（FEMA），该机构成立于 1968 年，其前身是由 16 个联邦政府部门和机构组成的国家应急小组。"9·11" 事件发生后，联邦应急管理局并入了新成立的 "国土安全部"（DHS），由美国总统任主席的国家安全委员会直接领导。美国国家传播系统（NCS）是突发事件中负责信息传播的机构，于 1963 年古巴导弹危机事件后建立，最初负责政府各部门之间的信息沟通和协调，1984 年改组后成为国家安全和突发事件处置的负责机构，下辖 23 个联邦部门。"9·11" 事件发生后，美国国家传播系统也并入了国土安全部。此外，美国总统的新闻办公室与美国新闻署也负责突发事件中的信息传播。

总体来看，美国的应急管理体系实行联邦政府、州政府和地方政府的三级反应机制。事件发生后各级政府通过发布信息，主动接受采访，与媒体积极配合，从而迅速推进报道，满足公众的信息需求，引导社会舆论。从纵向上看相关机构的设置，国家层面有国土安全部、国家安全委员会、联邦调查局、中央情报局及一些辅助性机构，州政府层面有灾害预防应对办公室，地方政府层面有应急通信指挥中心；从横向上看某一地区相关机构的设置，有包括 911 紧急救助服务系统在内的应急通信指挥中心、独立的消防和紧急救助机

---

① "炉边谈话" 指罗斯福总统在美国大萧条经济危机期间通过广播向全国民众通报改革信息的一系列信息公开活动。因为节目在白宫楼下起居室的炉边进行，采取随意的谈话方式，历史上称之为 "炉边谈话"。"炉边谈话" 广播节目一共进行了 13 次，在罗斯福的第一任期内就有 8 次。"炉边谈话" 对美国战胜危机发挥了很大作用，同时也推动了广播媒体的发展。

② 埃默里. 美国新闻史［M］. 展江，译. 北京：新华出版社，2001：351.

构，以及包括医院在内的医疗救治中心等各类应急救援机构。这些机构和相关机制的建立使美国形成了纵向垂直协调管理、横向相互沟通交流，信息资源和社会资源充分共享，组织机构完备且覆盖全国的应急管理体系。

美国是一个突发事件多发的国家，进入21世纪以来就遭遇了"9·11"恐怖袭击、2005年的卡特里娜飓风、2007年的弗吉尼亚校园枪击案、2011年的"占领华尔街"运动、2012年的桑迪飓风、2013年的波士顿爆炸案、2014年的超级寒潮、2016年的达拉斯黑人枪杀警察事件、2017年的哈维飓风、2018年的多起校园枪击案、2019年的极端寒潮和"通俄门"听证会事件、2020年的田纳西爆炸案和弗洛伊德"跪杀"案等。尽管美国建立了完备的应急管理体系，但是面对突发事件的处理依然存在不足，其信息传播也存在明显短板。

案例回顾 4-4

2005 年的卡特里娜飓风与 2017 年的哈维飓风

2005年8月28日，卡特里娜飓风袭击了美国南部沿海的路易斯安那、密西西比和阿拉巴马三州，灾害造成1500多人死亡，几百万人无家可归。不光如此，受灾地区的城市一度陷入无政府状态，特别是新奥尔良州，暴力冲突、抢劫盗窃、强奸杀人、纵火闹事、骚乱哄抢等违法行为时有发生。本来是一场自然灾害，但是由于当地政府对灾情反应迟缓、处置不当，最后逐渐演变成政治、经济和社会危机共存的复合型危机事件，政府的信誉受到了严重损害。灾难发生后，政府一度失声，时任美国总统乔治·布什在飓风袭击两天后才发表电视讲话。由于在灾难发生后，政府没有第一时间采取救援并及时为此次灾害的媒体报道定调，因此媒体报道混乱，谣言滋生并传播，引发各地恐慌。美国国会在事后的总结报告中指出，政府应当对此次灾难中的混乱无序、组织瘫痪负责。

时隔十二年，超级飓风再次袭击美国。2017年8月25日，哈维飓风登陆美国得克萨斯州沿岸，摧毁了沿海众多建筑设施，后又带来持续近一周的强降雨，引发美国历史上最严重的洪灾。此次飓风洪涝灾害造成80余人死亡，约

9 万幢房屋受损，经济损失高达 1800 亿美元。回顾美国政府在哈维飓风期间的信息发布和舆论引导的表现，主要有以下几个方面的问题：首先，尽管美国有飓风预警体系，并且在飓风登陆之前就向社会发出了警报，但当地政府还是准备不足，严重低估了灾难的危害性。其次，美国各级政府、各部门都投入了新闻发布，导致发布主体过多，回复口径相互冲突。联邦应急管理局的公告反复强调灾情的严重性；白宫新闻办公室则始终保持高调，声称"毫无疑问，总统对飓风的情况了如指掌，并将保持警惕，随时准备在必要时为受灾居民提供援助"；而地方政府则没有白宫声称的"十足信心"，很快向公众发布了强制撤离令。最后，地方政府在新闻发布过程中给出的信息量严重不足，既没有明确的灾害情况说明，也没有对民众撤离后的相关安排作出解释。罗克波市市长在媒体上对民众说："我们唯一能给的忠告就是快逃，现在就逃。"一些地区政府发布的撤离令中还有对当地居民的警告，称政府"后期不会保证营救留下来的人"。

灾后第四天，特朗普携妻子梅拉尼娅前往灾区视察。然而，梅拉尼娅的出行装扮却引爆了社会舆论，"光鲜亮丽的飞行员夹克、黑色紧身裤，一双 5 英寸高、价格超过 500 美元的高跟鞋"，这身装扮被媒体嘲笑为特朗普夫妇不是去灾区视察，而是去度假的，更加重了社会各界对政府救灾不力的质疑。

经过卡特里娜重大飓风灾害之后，美国的应急救灾体系及信息发布引导机制应该有所改善提升，然而在哈维飓风袭来时，类似的情形却再次上演，这也从侧面反映出美国的应急救灾体系和引导机制在这十多年间并没有什么实质性的变化。

（二）日本的信息公开制度建设

日本的信息公开制度建设始于 20 世纪 60 年代，当时，日本有部分社会团体开始讨论并提倡信息公开，此后逐渐影响至全国；20 世纪 80 年代，日本地方公共团体开始制定并实施信息公开条例；20 世纪 90 年代，日本政府加快全国的信息公开进程，终于在 1999 年 5 月 7 日制定了《关于行政机关信息公开的法律》（以下简称《信息公开法》），在国家层面建立起行政信息公开的制度。日本制定《信息公开法》的因素主要有两个：一是日本政府的高官渎职现象较为严重，社会上也不断出现药品危害、核电站事故、金融业不良债权激增等恶性事件，这些恶性事件引发了国民对政府的信任危机；二是日本在开展经济活动时，利用他国尤其是美国公开的信息给本国企业带来了不少好处，而其他国家却无法从日本获得类似的信息资料，导致国家之间经济摩擦时有发生。由此我们可以看出，从倡导到条例，从条例到中央立法，日本的信息公开走过了一条艰难的道路。

在突发事件方面，日本为了提高对突发事件的应急管理效果，制定了一系列法律法规。早在 1947 年，日本就出台了《灾害救助法》。在此基础上，日本于 1961 年制定了《灾害对策基本法》，并于 1995 年进行了修订。这项法案是日本防灾应急体系的核心，也是日本首次将各种灾害对策加以体系化的表现。此外，日本还制定了一些应对突发事件的单行法，如《大规模地震对策特别措施法》《建筑基准法》《地震保险法》等。在应急体系运行机制上，日本针对不同类型的突发事件启动相应的应对机构，其应急管理分为中央、都（道、府、县）、市（町、村）三级。当重大灾害发生时，应急管理程序分以上层次和阶段进行。

在舆论处理上，日本设有事故情报管理组织——内阁情报会议，该组织依托覆盖全国的应急专用无线通信网，快速收集和整理国内外的信息资源，协调和共享政府相关部门的情报。同时，日本首相官邸的危机管理中心装备了能够与突发事件现场快速联系的多功能卫星转播通信设备，并建立了汇总全国应急管理信息的多媒体、多渠道的信息通信系统，可以综合分析信息并统一对外发布信息。[①] 在突发事件发生时，日本政府可以将情报传递给媒体，通过政府、媒体、网络平台等方式，向国民传达事件的相关信息和最新进展。

尽管突发事件应急体系完备，但日本在突发事件的处置及舆论引导方面仍有不足。

---

① 黎昕，王晓雯.国外突发事件应急管理模式的比较与启示——以美、日、俄三国为例［J］.福建行政学院学报，2010（05）：17-21.

案例回顾 4-5

2011 年日本大地震综合灾害

2011 年 3 月 11 日，震级达里氏 9 级的大地震成为日本 140 年来最大规模的自然灾害。大地震使日本遭受巨大人员伤亡和财产损失，强震引发的大规模海啸，导致福岛第一、第二核电站多个反应堆机组发生核泄漏。日本在遭受大地震自然灾害的同时，也面临着二战结束以来最大的核泄漏事故。尽管日本在危机事件处置方面非常迅速，但是在舆情传播方面，特别是国际舆情传播方面则屡次出错。首先，在危机发生之初，日本对危机发生后的舆情把握不及时，无法迅速掌握核电站泄露的准确情况，造成了信息真空。直到公众通过媒体现场直播看到反应堆氢气爆炸的场景，政府的危机传播才开始全面启动。其次，尽管日本官房长官在每日多次举行的新闻发布会上及时传递了事件信息，但是作为涉事主体的东京电力公司却在新闻发布会中语焉不详，广受公众质疑。再次，政府的信息传播主要针对国内，针对海外的舆情传播不足。海啸发生后，日本政府将此次危机定性为国内危机，而在核泄漏事故出现后也没有及时调整这一定位。与政府发布信息不清相对应的是，日本放送协会（NHK）一开始就采用多国语言字幕报道地震。国际舆论只看到日本政府的处置行为，不清楚事件的最新情况和政府采取的应对措施，而这些问题恰恰是日本政府在进行舆论工作时应当对外解释明白的。最后，政府的道歉机制形成较晚，影响了政府的公信力。以上因素直接对日本的国家形象造成了负面影响，导致日本在福岛危机多年后仍被国内和国际社会所诟病。截至 2024 年 4 月，日本五次将福岛第一核电站污染水排入海洋，引发国际社会的担心和反对。

（三）英国的信息公开制度建设

英国的信息公开制度建设始于 20 世纪 70 年代。在美国 1966 年发布了《信息自由法》之后，英国于 1972 年缩小了国家机密的保密范围，并于 1984 年通过了《数据保护法案》，正式赋予公众查阅个人信息的权利。同年，英国通过的《地方政府法案》也赋予了公众获知更多地方政府的会议内容、报告、文件的权利。1988 年，英国通过了《环境和安全信息法案》，规定当有机构或组织违反环境保护和安全的法令时，公众有获知事件相关信息和事件处理措施的权利。1993 年，英国保守党在上台之后出版了《开放政府白皮书》。而英国正式的《信息公开法案》于 1999 年才出台。

英国应急管理法案的出台经历了一个漫长的过程。早在 1920 年，英国就制定了《紧急状态权力法案》，赋予了政府宣布紧急状态的权力。1948 年英国通过《民防法》，之后几十年不断对其进行修改，这一法案是英国政府进行应急管理工作的基础。其重点是在危机事件发生后有效保护平民，同时赋予地方政府以极大的权力。2004 年通过的《国内突发事件法案》规定了政府各个部门的责任和义务，特别明确突发事件发生地的政府在应对危机事件时为第一责任机构。

在突发事件的处置中，英国政府同样重视对于信息的发布管理，并将新闻发布列入突发事件处置的重要环节。英国政府对于信息发布和舆情管理工作的布置主要有以下几点：一是完善突发事件传播法。《国内突发事件法案》规定，相关部门有义务让公众知晓它们在紧急状态下采取的措施。此外，政府还规定了突发事件发生时政府与媒体的关系，对于媒体的角色与作用进行了详细的说明。二是不断健全危机传播的组织机构。突发事件发生后，一般由事件发生地的政府负责处理并进行新闻发布，英国政府主要负责应对特定类型的危机事件或影响超出地方范围的重大事件。为确保突发事件发生时对信息进行全面管理，英国内阁办公室成立了"新闻协调中心"。2003 年，英国政府建立了"媒体应急论坛"，随后又建立了"区域媒体应急论坛"，通过论坛与媒体间的紧密合作，保证各类信息能在紧急事件中正确、及时地传达给公众。三是政府重视突发事件中与媒体间的协作，要求有关机构在平时必须做好准备，与媒体配合进行讨论和演练，并任命受过专门训练的新闻官员负责媒体合作事务。同时，政府与各大电视公司签订协议，若遇到严重突发事件，政府有权中断节目，要求电视公司播出有关通稿并为公众提供相应的安全信息。四是突发事件发布信息的流程明确且专业。突发事件发生后，政府会通知英国的几家重要媒体，如英国广播公司、路透社、英国新闻社、《泰晤士报》和《卫报》等，还会在其举办的新闻发布会上提出详细的指导建议，新闻发布会出席人员尽可能由医生、专家等专业技术人员组成，以增加公众的信任度，稳定公众的情绪。^①总之，英国也建立了相对完善的突发事件舆论引导机制。但是，面对当前复杂多变的国内国际形势，英国各类突发事件频发，尤其是恐怖袭击、公共卫生事件和各类政治事件的不断发生，使英国危机处置体系中的舆论引导与信息发布面临着巨大的考验。

---

① 徐剑梅.英国政府与媒体在突发事件的协作［J］.中国记者，2004（10）：13-14.

第五章 新闻发布制度与突发事件舆论引导

■ **关键问题**

1. 新闻发言人的概念是什么？

2. 新闻发布制度取得的成就和存在的不足都有哪些？

3. 对新闻发言人的要求是什么？

4. 新闻发布与突发事件处置二者之间存在什么样的关系？

5. 如何推进我国的突发事件舆论引导建设？

新闻发布制度是我国制度建设的重要组成部分。在突发事件处置的舆论引导过程中，政府的新闻发布占据着非常重要的地位，新闻发言人在此期间则发挥着至关重要的作用。那么，我们应该如何认识新闻发布制度？如何理解新闻发言人？新闻发布制度的发展与现状如何？其中存在的问题与能够改进的地方是什么？新闻发言人的任务和要求是什么？在突发事件中，新闻发布舆论引导的关键在哪里？如何才能更好地促进事件的解决呢？

一、新闻发言人与新闻发布制度的概念

新闻发言人的媒体曝光率较高，但与其相关的解释和研究却并不多。有人从公共关

系的角度去理解，认为发言人是政府公共关系活动的主体之一，这些公共关系活动常常包含在公共事务、公共信息或公共传播之中。它们成为行政系统的关键组成部分，尤其是为了填补大众政府与官僚政府之间的鸿沟。[①] 有人从政治的角度进行定义，认为"新闻发言人是政府正式授权，代表政府向新闻界和公众发言的全权代表"[②]。有人从工作流程的角度进行理解，认为"新闻发言人是指国家、政党、机关、团体任命的专职新闻发布人员，其职责是在一定时间内就某一重大事件、局势、问题举行会议或约见记者，向新闻界发表有关信息及意见，并代表有关方面解释或解答记者提出的有关问题"[③]。本书认为，对于新闻发言人的研究应当建立在传播学与政治学结合的层面，而不能仅仅关注职业特征。因此，所谓新闻发言人，是指就特定事务（政府或相关部门掌握的信息）、面对特定对象（新闻媒体）、承担特定任务（与媒体沟通、协调政府与媒体、公众之间的关系，在此基础上通过议程设置隐蔽地引导舆论）的特定传播者（新闻官员或相关负责人）。新闻发言人从事的活动实际上是一种组织公关的活动，其特质及一系列相关活动构成了新闻发言人制度。[④]

在我们看来，不宜将新闻发言人仅仅作为一种职业来定义。因为大部分的新闻发布会、记者见面会都是由政府各部门领导人或相关业务的主要负责人担任新闻发言人，他们并不是专职的，但他们在现场进行的活动又是新闻发布活动，因此将新闻发言人仅仅作为一种职业来定义不免以偏概全。我们更应该强调官员的角色定位及其承担的任务，强调新闻发言人不是一个抽象的职业而是一种制度的体现。

新闻发言人是与新闻发布制度密切相连的。就像有人说的那样，"发言人不是人，而是一种制度"。这句话里有两层意思。从宏观层面说，新闻发言人是政府政治传播制度的组成部分。在现代社会中，随着新闻传播业的发展和社会影响力的扩大、民众知情权等各种权利的提升，与之相对应的是政府管理方式的变化。在政府的政治传播中，面向社会大众的新闻发布制度已逐步取代了组织内部的信息交流，新闻发言人成为新闻发布制度化的重要组成部分。从微观层面说，新闻发言人之所以不能简单地被视为自然人，是由于其背后有一整套新闻发布制度。面对各种事件，单靠发言人自己根本无法完

① 卡特里普，森特，布鲁姆.有效的公共关系［M］.明安香，译.北京：华夏出版社，2002：410.
② 蒋春堂.公共关系学教程［M］.武汉：武汉大学出版社，1994：447.
③ 余家宏，宁树藩.新闻学词典［M］.杭州：浙江人民出版社，1988：83.
④ 杨正泉.新闻发言人理论与实践［M］.北京：中国传媒大学出版社，2005：5.

成新闻发布工作。以中国为例，外交部有专门的新闻司，外交部发言人是新闻司司长和副司长，新闻司下面有专门的处级部门，称为外交部发言人办公室，其每天的任务就是跟踪大量信息，通过例会对信息进行分类整理，并随时跟发言人讨论发言的口径。在外交部举行的新闻发布会上，有专门的翻译人员，会后还有专门进行文字整理的工作人员。以美国为例，白宫的新闻发言人就是白宫新闻办公室主任，早在1933年至1945年罗斯福任职总统期间，白宫的工作人员中就有七八人专门负责新闻事务。20世纪70年代，福特总统白宫新闻办公室的工作人员增加到45人。由此可见，新闻发言人背后没有一个强大的工作专班和完善的制度保障，其工作是无法有效展开的。

新闻发言人制度是政府新闻发布体系中的核心概念，所谓政府新闻发布是指以政府为传播主体，以媒体与公众为传播对象，以新近或正在发生的事实信息为内容，以采访、招待会、发布会等为发布形式，以满足受众信息需求为目的的一整套活动的总称。在西方新制度主义理论者看来，制度是由一系列规则和规范组成的"意义系统"，组织是制度的基本单位。所谓新闻发布制度，是指新闻发布过程中所形成的组织体系、惯例规则或法律法规的总称。从更大的范围来看，新闻发布制度又是政府信息公开制度的组成部分，是政府信息公开的一种特殊方式。它们的种属关系如图5-1所示。

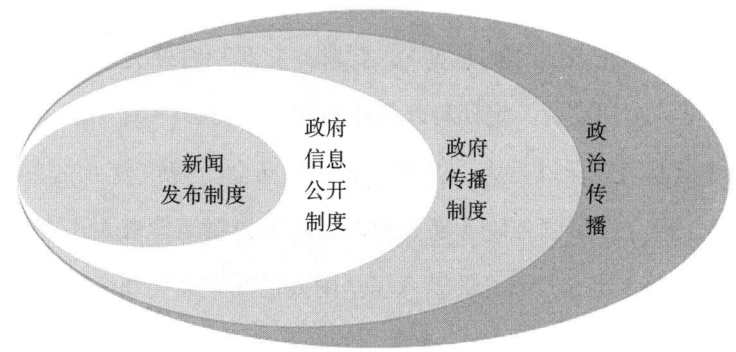

图5-1　新闻发布制度的种属关系

在人类社会历史上形成的上述政治传播图谱，其内容关系是层层递进的。政治传播的形态既存在于政府尚不完善时，也存在于政府之外。政府的传播制度包括信息传播与控制两个方面，而且以组织的内部传播为主。近百年来，政府的信息公开制度才出现，近几十年来，这一制度才逐渐完善。

二、新闻发言人与新闻发布制度的建设

（一）新闻发布制度的历史发展与现状

从世界历史上看，美国是最早建立新闻发布制度的国家，在19世纪二三十年代就出现了最早的政府新闻发言人。19世纪末，美国政府新闻发言人制度得到初步建立。第二次世界大战之后，特别是在20世纪七八十年代，美国政府新闻发言人制度得到进一步发展和完善，同时，发言人制度在许多国家也开始建立起来了。[①]

据文献记载，在抗日战争后期和解放战争时期，中国曾出现过新闻发言人。新中国成立后，政府也举行过几次新闻发布会。不过严格来说，中国的新闻发言人制度是在改革开放之后才发展起来的。经历了20世纪80年代的初创期、20世纪90年代的曲折发展期，中国的新闻发言人制度在21世纪进入了快速推进期，并在2013年以后进入深化发展的新时期。中国的新闻发言人制度与中国的许多现代制度一样，在短短几十年里经历了其他国家制度建设上百年的发展历程。

1983年2月，中宣部、中央对外宣传领导小组联合下发《关于实施〈设立新闻发言人制度〉和加强对外国记者工作的意见》，要求外交部和对外关系较多的国务院各部委建立新闻发布制度，定期或者不定期对外发布新闻。1983年3月1日，外交部新闻司司长齐怀远担任外交部第一任发言人，并举行新闻发布会。1983年4月23日，中国记协首次向中外媒体记者介绍了国务院各部委和人民团体的新闻发言人，正式宣布我国建立新闻发言人制度。1983年6月召开的第六届全国人民代表大会和全国政协六届一次会议（简称两会）首次举行了新闻发布会。此后，两会建立的新闻发布会制度一直延续至今。1987年，中宣部、中央对外宣传领导小组等部门联合发文，就国务院新闻发言人制度作出规范，制定了定期（每月一到两次）发布的制度。1988年，中共中央办公厅转发《新闻改革座谈会纪要》，对国务院会议发布工作的制度化、健全中央和国家机关各部委新闻发言人制度、定期举行新闻发布会等提出了积极建议。

---

① 杨正泉.新闻发言人理论与实践［M］.北京：中国传媒大学出版社，2005：24-36.

20世纪90年代是中国新闻发布制度的曲折发展期。1991年，国务院新闻办公室成立。1993年，国务院就新闻发布工作召开专门会议，明确国务院新闻办公室为新闻发布的负责机构。1993年1月，国务院新闻办公室举办了首场新闻发布会。随着中国与世界的沟通不断增加，中国的新闻发言人制度建设明显加快。从1995年6月起，外交部记者招待会由每周一次增加到两次。同时，许多部委开始设立新闻发言人。1997年是中国的政务公开年，各级各部门先后制定了许多关于政务公开的规定。1999年2月29日，最高人民法院院长肖扬表示，各级法院要逐步建立新闻发言人制度，定期向社会公布法院审判活动情况，自觉接受新闻舆论的监督。2000年9月5日，国务院台湾事务办公室首次举行新闻发布会，正式建立对外新闻发布制度。

进入21世纪，以成功申办奥运会和加入世界贸易组织为标志，中国开始加速融入世界发展，与此相对应，新闻发布和发言人制度的发展也开始加速。2003年2月，在全国对外宣传工作会议上，李长春同志明确提出，建立健全国务院新闻办公室、国务院各部委、省区市人民政府三个层次的新闻发布机制。随后，"非典"疫情的出现成为加速建设这一制度的重要事件，并且推动了地方性信息公开条例的出台。2006年，国务院办公厅印发《关于进一步改进和加强政府新闻发布制度建设意见的通知》。2007年，《中华人民共和国政府信息公开条例》出台，标志着中国的新闻发布制度建设进入了规范化发展的快速推进期。

我国的新闻发言人制度从诞生到现在，已有四十余年的历史，我们可以将其划分为几个时期：以1983年我国推出新闻发言人制度的时间为起点，1983年到1993年为初步发展期；以1993年国务院新闻办公室负责新闻发布的时间为起点，1993年到2003年为曲折发展期；以2003年中央提出建立三级新闻发布制度为起点，2003年到2013年为快速推进期。在快速推进期，我国新闻发布制度从以对外发布为主到内外发布兼顾，成为我国新闻宣传和舆论引导的重要组成部分。这十年的快速发展，为新闻发言人制度的建立奠定了基础。我国的新闻发言人队伍从无到有，不断壮大。新闻发布的程序和功能也逐步完善，从而为新闻发布带来了更好的传播效果，见图5-2。

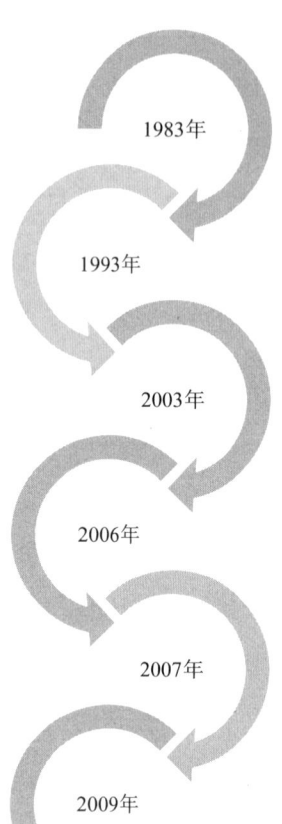

- **1983年**
  - 2月，中宣部、中央对外宣传领导小组下发了《关于实施〈设立新闻发言人制度〉和加强对外国记者工作的意见》。
  - 11月，中央对外宣传领导小组下发《新闻发言人工作暂行条例》，新闻发布制度正式开启。
- **1993年**
  - 1月，国务院新闻办公室举办首场新闻发布会。
- **2003年**
  - 开始大规模推进新闻发布制度建设，政府开始更主动地发布信息。
- **2006年**
  - 国务院办公厅印发《关于进一步改进和加强政府新闻发布制度建设意见的通知》。
- **2007年**
  - 1月，我国第一个有关信息公开的立法文件《中华人民共和国政府信息公开条例》颁布实施。
- **2009年**
  - 9月，中共中央发布《加强和改进新形势下党的建设的若干重大问题的决定》，提出建立党委新闻发言人制度，随后正式发布《关于建立党委新闻发言人制度的意见的通知》。
  - 在国务院国有资产监督管理委员会的指导下，央企开始设立新闻发言人及相应的新闻发布机构。
- **2011年**
  - 互联网、新媒体环境下发生的各类突发事件，推动了人们对新闻发布制度的反思与改革。

图 5-2　中国新闻发布制度大事记

从 2013 年开始，我国的新闻发言人制度进入了全新的发展阶段。可以说，这一阶段是我国新闻发言人制度化建设的深入发展期。总体来看，当前我国的新闻发言人制度已经站在了一个新的历史起点。

目前，我国的新闻发言人与新闻发布制度建设在战略目标、队伍建设、发布效果等方面，都取得了长足进步，有了新的成效。

首先，新闻发言人制度受到高度重视，被国家提升到信息公开和舆论引导的战略层面。2013 年以来，国务院办公厅、中共中央办公厅、中宣部等有关部门多次就信息公开和新闻发布制度发文。例如，2013 年 10 月 1 日国务院办公厅发布的《关于进一步加强政府信息公开回应社会关切提升政府公信力的意见》规定进一步加强新闻发言人制度建设，"以主动做好重要政策法规解读、妥善回应公众质疑、及时澄清不实传言、权威发布重大突发事件信息为重点，切实加强政府新闻发言人制度建设，提升新闻发言人的履职能力，完善新闻发言人工作各项流程，建立重要政府信息及热点问题定期有序发布机制，让政府信息发布成为制度性安排"①。2016 年 2 月 17 日，中共中央办公厅、国务院办公厅联合发布《关于全面推进政务公开工作的意见》，提出主要负责领导要当好"第一新闻发言人"。2016 年 7 月 30 日，国务院办公厅在《关于在政务公开工作中进一步做好政务舆情回应的通知》中，进一步明确了政务舆情回应的主体责任，回应内容，回应时效，发言人的容错机制、培训及能力提升等。② 这些文件都说明了政府对新闻发言人制度的重视，也为这一制度的深入发展奠定了基础。

其次，我国各层级政府和机构的新闻发布制度初步建立，新闻发言人制度不断完善，成为新闻发布制度的关键环节和重要抓手。其实早在 2010 年，国务院、全国人大、全国政协、最高人民法院、最高人民检察院等近 90 个部门和机构组织都设立了自己的新闻发言人，31 个省（区、市）人民政府也都设立了新闻发言人，地方政府的新闻发布制度初步建立起来了。2009 年 9 月，国资委提出要指导央企进一步加强和改进新闻发布制度建设，设立新闻发言人以及相应的新闻发布机构，国资委之后于 2011 年 2 月公布了央企 121 位新闻发言人的名单。③ 2009 年 9 月，中共中央公布了《加强和改进新形势下党的建设的若干重大问题的决定》，其中提到建立党委新闻发言人制度。④ 2010 年底，中共中央办公厅公布了 13 个中央有关部门的新闻发言人名单及新闻发布工作机构的电话，同时，地方的党委新闻发言人制度也在有序建立。有人统计，在 2003 年到 2013 年的十年中，共有 540 多人担任过中央政府各部门和各省区市的新闻发言人。⑤ 经过专业

① 国务院办公厅关于进一步加强政府信息公开回应社会关切提升政府公信力的意见［EB/OL］.（2013-10-01）［2022-01-08］.https://www.gov.cn/zhengce/zhengceku/2013-10/18/content_1219.htm.
② 国务院办公厅关于在政务公开工作中进一步做好政务舆情回应的通知［EB/OL］.（2016-07-30）［2022-01-08］.https://www.gov.cn/zhengce/content/2016-08/12/content_5099138.htm.
③ 国资委 18 日向社会公布中央企业新闻发言人信息［EB/OL］.（2011-02-18）［2022-02-01］.https://www.sasac.gov.cn/n2588035/n3627146/n3627491/n3627494/n3627496/c4358860/content.html.
④ 中共中央关于加强和改进新形势下党的建设若干重大问题的决定［EB/OL］.（2009-09-27）［2022-02-01］.https://www.npc.gov.cn/zgrdw/npc/xinwen/szyw/zhbd/2009-09/28content_1520404.htm.
⑤ 冯春海.中国政府新闻发布变迁［M］.北京：清华大学出版社，2015：60.

培训的发言人越来越多，其专业化水平和舆论引导水平也在不断提升。2015 年国务院新闻办公室关于各部委和省区市新闻发布工作的年度评估对发言人队伍的建设设置了详细的标准，包括是否有专任的发言人、是否配备专门的团队、是否有经费保障，以及是否能参加重要会议、阅读重要文件、展开自主发布，是否经过业务培训，等等。新闻发布制度和发言人制度对于政府把握舆情，并进行舆论引导，有非常重要的作用。2020 年10 月 30 日，中共中央首次举行新闻发布会，这是我国最高等级的新闻发布。

对于新闻发言人制度在整个传播体系中的定位，我们可以这样理解：新闻发言人制度是新闻发布制度的组成部分，新闻发布制度是政府信息公开的组成部分，政府信息公开又是政治传播的组成部分。在这一系列关系里，新闻发言人制度处于信息发布的最前沿。近年来，随着新闻发言人制度与新闻发布制度的共同发展，我国的新闻发布也日益成熟。新闻发言人制度无论是在专业团队配置、专项经费使用，以及自主策划发布活动等方面日益规范化。新闻发言人在政策解读、解疑释惑、重大新闻发布和突发事件中的作用越来越明显，已成为联系媒体和公众的重要桥梁。

再次，新闻发言人队伍不断壮大，素质不断提高，新闻发布的工作程序初步理顺，建立了以新闻发言人为核心、领导高度重视、各部门相互配合的新闻发布体制。

在发布内容方面，我国建立起日常新闻发布、重大新闻发布、热点新闻发布与突发事件新闻发布等不同等级和类型的信息发布，发布内容涉及国家政治、经济、文化和社会生活等各个方面。在发布形式上，除了新闻发布会、媒体吹风会、发布新闻稿、接受采访、处理问询外，新媒体信息发布也受到越来越多的重视。2007 年 6 月国务院新闻办公室在北京市工商局首次组织现场新闻发布会、2009 年 11 月南京设立网络新闻发言人制度、2011 年 11 月北京市"微博发布厅"成功上线，这些都是在新闻发布制度领域值得肯定的探索和创新。除此之外，新闻发布制度的逐渐完善也体现在新闻发布会的举办频率、发布的信息数量及质量等方面。例如，在新闻发布会的举办频率上，外交部的新闻发布会从 1983 年的每月一次、1987 年的每周一次、1995 年的每周两次，增加到现在每周五次。而在此之前，全世界只有美国国务院做到了这个频次的新闻发布。从2015 年开始，国新办在国家各部委和省区市中评选新闻发布的先进单位，评选指标包括新闻发布制度的建设和完善、新闻发言人队伍建设与能力提升、新闻发布实践活动及相关数据统计四大类，具体指标共 50 多项。2018 年开始，国新办向社会公布评比结果，极大地提升了新闻发布的制度化建设水平。2020 年新冠肺炎疫情期间，我国的新闻发布更是达到了前所未有的水平。全年的新闻发布会数量达到 4575 场，其中，国新办 227 场，各部委 859 场，各地区 3489 场。①比 2011 年的新闻发布会举办数量增加了一倍还多。

最后，新闻发布与发言人制度建设极大地提升了信息发布和舆论引导的效果。有研究表明，在一些重大的舆情事件中，人们的舆论共识度和政府认同度在不断上升。把握发布的"时度效"，特别是将传播效果、影响效果放在首位，已经成为许多发言人的共识。可以说，新闻发言人在推进中国的正面宣传、解答热点问题、报道重大事件等方面，发挥了巨大作用。特别是在新冠肺炎疫情期间，中国的新闻发布制度经受住了考验，具有中国特色的新闻发布制度已经初步成熟。

站在我国新闻发布制度和新闻发言人制度新的历史起点上，我们回顾国内外相关制度的建设历程，既是与我们自己的发展历程进行纵向比较，也是与其他国家进行横向比较。就新闻发布制度最为成熟的美国来看，从 1829 年就任、最早聘用新闻发言人的总统安德鲁·杰克逊，到 1933 年就任总统、将白宫新闻发言人制度化的富兰克林·罗斯福，美国的新闻发布制度和新闻发言人制度的建立经历了一百多年的时间。而中国在这么短的时间内，在新闻发布制度和新闻发言人制度建设方面取得如此成就，实属不易。

案例回顾 5-1

2010 年青海玉树地震新闻发布会

2010 年 4 月 14 日，青海玉树连续发生地震，最高震级达到 7.1 级。地震导致两千多人死亡，一万多人受伤，十多万人无家可归。地震发生后，自 4 月 15 日起，国务院新闻办公室 6 天内就抗震救灾进展情况召开了 7 场新闻发布会。第一场于 4 月 15 日召开，参加发布会的单位是民政局与中国地震局；第二场于 4 月 16 日召开，参加发布会的单位是卫生部与中国地震局；第三场于 4 月 17 日召开，由交通运输部、铁道部与民航局进行信息发布；第四场于 4 月 18

---

① 王子铭. 回应社会关切、敢于善于发声——2020 年新闻发布工作呈现新气象［EB/OL］.（2021-04-27）［2022-03-08］.http://www.xinhuanet.com/politics/2021-04/27/c_1127382851.htm.

日召开，由民政部与中国地震局进行信息发布；第五场于 4 月 18 日召开，由公安部进行信息发布；第六场于 4 月 19 日召开，由工信部与电力监管委员会进行信息发布；第七场于 4 月 20 日召开，由解放军和武警单位进行信息发布。以上 7 场发布会释放出大量的抗震救灾信息，为社会各界解疑释惑。《第一财经》报道称："政府信息公开、及时发布消息方面的工作，再一次受到公众的认可。"

（二）新闻发布制度存在的问题与改进措施

虽然我国的新闻发言人制度站在新的发展起点，但同时也面临着新的机遇和挑战。所谓新机遇，是政府治理形式的转变；所谓新挑战，是媒介环境的快速变化。

政府治理能力的提升是世界性的课题，也是当下党中央国务院高度重视的问题。习近平总书记提出，国家治理体系是在中国共产党领导下管理国家的制度体系，是一套紧密相连、相互协调的国家制度。政府治理能力则是运用国家制度管理社会各方面事务的能力。党的十八大以来的全面制度创新，就是为了实现国家治理体系和治理能力的现代化。尽管这个治理体系的总体效应正在凸显，但是其在许多方面还有待于进一步的完善和发展。而新闻发布制度，正是国家治理体系中关于政治传播和舆论引导的重要组成部分，其中也有需要进一步完善的地方。

1. 存在的问题

我国的新闻发布制度是伴随着传播体系的快速发展而发展的。2003 年我国的新闻发布制度刚开始规模化发展时，我国的网民只有 5910 万人，传统媒体占据着绝对的舆论主流。2007 年，网络媒体开始登上中国的舆论场；2011 年自媒体的出现开启了微博元年，随之出现舆论场的分化；2014 年互联网与移动增值的市场份额超过传统媒体；2015 年媒体行业进入"平台重塑，个人崛起"的自媒体时代；2017 年，中国网民规模达到 7.72 亿，手机网民规模达到 7.53 亿人，在线政务服务用户规模达到 4.85 亿，占网民总体的 62.9%，传统媒体的议程设置能力进一步下降，"两微一端"成为很多中国人了解新闻时事的第一信息源；2018 年，网民数量进一步增至 8.29 亿，全年政府微博的总阅读量超过 3890 亿，实现了从发布到问政再到行政的综合价值升级；2020 年，网民规模达到 9.89 亿，手机网民为 9.86 亿，政府的数字化应急能力和在线政务服务能力在疫情的影响下不断得到"淬炼"，在线服务指数由全球第 34 位跃升至第 9 位；截至 2023 年 12 月，我国网民规模达 10.92 亿。随着网民的多元化发展，我国网民结构日益向现实总人口的结构还原，从而推动网络话语权趋于均等化。网民群落化、网络舆论分层、传播下沉、传播速度更快、传播范围更广、传播影响力更强、传播方式极端化、传播环境更复杂，这些已成为媒介环境的新特点，相应地，这些特点也对政府的应对能力提出了新的要求。在一些涉及群众利益的政府决策、突发事件和热点问题的处置上，一些部门应急管理被动，舆论引导乏力，导致政府的公信力亟待修复和提振。

媒介环境的变化以及政府部门应急处置能力的不足对发言人制度提出了挑战。正如 2016 年《关于在政务公开工作中进一步做好政务舆情回应的通知》中所说的："与互联网对政府治理的要求相比，与人民群众的期待相比，一些地方和部门仍存在工作理念不适应、工作机制不完善、舆情回应不到位、回应效果不理想等问题。"① 具体到发言人制度方面，则存在着"新瓶装旧酒"的问题。所谓"新瓶"，就是新的环境和新的要求。所谓"旧酒"，还是"三不"的问题，即"不想讲、不敢讲、不会讲"。其实，"不想讲"可以归结为观念问题，"不敢讲"可以归结为制度问题，"不会讲"可以归结为发言人的专业素质问题。

由于思想观念更新不足等原因，部分领导和发言人还存在着"重"事件处置而"轻"舆论引导的倾向。"不想讲"，认为少说多做好。在一些需要发言人发言的时间和地点，看不到发言人的身影。"不敢讲"，认为"祸从口出"。这其实与新闻发言人制度的建设有关，在一些地方和部门，新闻发言人制度并没有落实到位。应该说，新闻发言人不是一个人而是一种制度。从宏观层面说，发言人是新闻发布制度的组成部分，是政府信息传播的组成部分；从微观层面说，发言人不是自然人，因为其背后有一套制度在支撑，单靠一个人无法完成这样复杂的工作。在实践中我们经常看到，尽管一些单位和部门任命了新闻发言人，但在文件的制定、资金的使用、团队的配备、业务培训等方面并不到位。由于发言人的专业化水平不高，其在发布活动中就存在着"不会讲"的问

---

① 国务院办公厅关于在政务公开工作中进一步做好政务舆情回应的通知［EB/OL］.（2016-07-30）［2022-01-08］.https://www.gov.cn/zhengce/content/2016-08/12/content_5099138.htm.

题，这一问题具体体现在：对媒体发展缺乏认识，发布渠道、手段单一；对人际交流缺乏信心，尽量不接受采访或不出席发布会，成了"躲在微博、微信后面"的人；对传播规律缺乏了解，在发布活动中被动应付，不仅不能正面回应社会关切，进行解疑释惑，甚至口出"惊人之语"，引发新的舆情。习近平总书记提出的新闻传播规律的"时度效"，同样适用于新闻发布。"时"是指发布的时机与节奏；"度"是指发布的力度和受众的接受度；"效"是指传播效果和影响效果。然而，一些发言人并没有认识到"时度效"这一传播规律，因此，克服"三不"问题，正确认识传播规律是当前新闻发言人培养的重中之重。

2. 改进措施

显而易见，时代的发展对发言人制度建设提出了新要求。我们必须认识到，新闻发布是政府与社会公众沟通协调的中间环节。新闻发布是一种管理和改善社会关系的活动，其目标可以概括为：发布信息、引导舆论、促进情感、提升理念。在这一制度规模化推进的第二个十年中，我们要实现新的跨越，就必须在两个方面下功夫：一是深化制度建设，二是加强队伍建设。

制度是指行为主体在一定价值取向的基础上建立起来，调整活动参与者相互关系，正式而具有强制性的规范体系。完善的制度是实现新跨越的基础，因为制度本身就包含了可预期的行为信息。可以说，发言人工作的核心主要体现在四个方面：发布观念、发布制度、发布话语和渠道、发布效果，其中关键是制度。制度建设包括三个方面：非正式约束（价值观、习惯、压力、意识形态等）、正式约束（法律、法规和各种硬性规定等）、实施机制（约束下的各种活动）。我们要实现跨越，就要在制度建设的上述三个方面下功夫，尤其是在正式约束方面。就约束的层级看，包括法律法规，行政性条例、规定，以及各种通知、意见、办法这三个层次。目前来看，关于政务信息公开的法律文件有《中华人民共和国政府信息公开条例》以及其他相关的通知、意见。尽管其中包括新闻发布的内容，但与其直接相关的文件并不多，涉及新闻发言人的则更少。目前的制度化建设，只体现在上级领导要求和社会实践需求的推动上，正式约束并不明确。因此，发言人制度化建设的重点还在于发言人的职业化和专业化。尽管目前新闻发言人职业化、专业化水平有所提升，但是还远远不够。如培训上岗、持证上岗、任期制度、任内晋升、适度保护、工作特权、任内进修等相应制度的具体建设需要进一步落实。对此，我们希望一方面推动出台与发言人有关的专门文件，另一方面抓好现有文件的落实。与此同时，各地、各部门关于新闻发言人制度的积极探索，也要加以总结推广。

在发言人的队伍建设方面，我们面临着三个任务：一是抓住领导干部这一"关键少数"，帮助其做好新闻发布的"第一责任人"；二是提高广大党政干部和政府工作人员的媒介素养；三是建立一支专业化、职业化的新闻发言人队伍。其中，新闻发言人队伍建设方面有五项工作要做：首先，通过调查摸底，了解这支队伍的基本情况，通过制度规范，保持队伍的稳定性。其次，对发言人的素质和工作提出基本要求。如"讲政治、懂政策、知情况、会说话、敢担当"[①]，"心中有底气、善于设议题、把握时度效、会用全媒体"[②]。再次，建立发言人的组织与交流机制。2016年国务院新闻办公室与中国浦东干部学院联合举办的新闻发言人论坛就是很好的尝试，我们可以尝试将这类论坛引向品牌化、机制化。然后，在进行新闻发布评比活动的同时，开展新闻发言人的评比，发挥模范带动的作用。最后，将发言人的培训工作系统化、规范化，提升发言人的素质。以上举措的目的是建立一支工作目标清楚、方法得当、敢于担当、善于引导的专业新闻发言人队伍，使之成为政府政治传播的关键力量。

三、"二四"法则

新闻发言人是新闻发布制度的关键，他们既是信息的控制者、整合者、中介者，也是态度的说服者、舆论的引导者，还是政府的形象代言人。我们认为，新闻发言人的职责可以概括为二十个字："披露信息，设置议程，引导舆论，提升理念，拉近感情。"要承担这样的角色、完成这样的使命，新闻发言人自身的素养和专业性就显得非常重要。国新办编写的《新闻发布工作手册》对发言人的素质要求有政治思想素质、业务素质、新闻发布的专业素质和心理素质四大项。总结中外新闻发言人的实践，我们提出了关于新闻发言人的"二四"法则。所谓"二"，是对新闻发言人的两项原则规定；所谓

---

① 刘奇葆与全国新闻发言人培训班学员座谈［EB/OL］.（2016-03-28）［2022-03-21］.https://www.gov.cn/xinwen/2016-03/28/content_5059214.htm.
② 许婧.蒋建国：新媒体时代新闻发言人应"心中有底气，把握时效度"［EB/OL］.（2016-11-05）［2022-03-21］.https://www.chinanews.com/gn/2016/11-05/8054175.shtml.

"四",是对新闻发言人的四项要求。

（一）两项原则

"二四"法则中的两项原则就是"坚持职务行为"和"保持主动地位"。

前文对新闻发言人的定义分析强调了四个"特定",就特定的事务、面对特定的对象、承担特定任务的特定传播者,强调发言人是"制度中的人",这就决定了发言人必须坚持职务行为。发言人承担的任务是代表组织履行的任务,发布的信息是组织认可的信息,这就决定了发言人职务行为的规定性。所谓"坚持职务行为"就是要处理好两种关系:一是处理好职务行为与发言人个人的关系。发言人并非不能表现个性,但前提是履行好职责,不能因个性的释放影响工作。换言之,发言人的个性表现应从属工作职责,必须有利于岗位的形象,而不能舍本逐末。发言人不能想说什么就说什么。发言人可以直面争议、反驳非议、说明真相、维护所在机构的声誉,但不可主动挑起争议话题。二是处理好本部门与其他部门的关系。发言人可以站在整体利益、全局角度的基础上考虑问题,但是在发布具体事项时,不能越权,不能对其他部门指手画脚,更不能站在上级部门的立场说话。要时刻牢记:发言人只是所在部门的发言人,只能代表本部门讲话。

保持主动地位这一原则是相对于媒体而言的。发言人与媒体之间存在双向互动的关系。对于媒体来说,发言人拥有更大的话语权,媒体很大程度上只能借助发言人和发布会的信息渠道,才能完成报道任务。但是,掌握大众传播渠道的媒体并非是完全被动的。首先,在时机上,一旦有大事发生,媒体总会第一时间跟进报道。政府如果不能及时提供信息,就会出现官方"失声"的状态,而媒体的声音就成了主要的声音。其次,在内容上,媒体不会过分依赖发言人的信息。如果媒体不能从发言人处获得有价值的信息,它们会选择从其他渠道获取信息。最后,在表达方式和观点角度上,媒体与发言人有所不同,而且不同媒体在观点、角度、传播方式等方面也不一致。所以,发言人的主动地位并不是天然存在的。发言人的主要任务是引领传播,通过与媒体的有效沟通传播政府所要传播的信息,并通过议程设置引导舆论。发言人不应是被动的"救火者",而应是主动的"出击者"。保持主动的前提就是发言人要敢于负责,把发布新闻看成义务而不是任务,同时也要有完善的制度保障和有效、恰当的表达方式。主动地位一旦丧失，发言人存在的意义就会大打折扣。简单来讲，发言人其实就是"行走的信息包"，要准确发布信息、表达观点，吸引媒体和受众的关注，主动设置议程并引导舆论。

（二）四项要求

"二四"法则中的四项要求就是"知己""知彼""有原则""有技巧"。

知己，即发言人必须充分了解自己应掌握的各项信息，这是对发言人"业务素质"的要求。发言人的基本任务就是及时、准确、全面地向传播对象传达所属部门要求传达的信息。要完成这一任务，发言人必须掌握和了解更多的相关信息，包括事件的信息、本部门的信息、本行业的信息以及政策信息等，这其实也是发言人应具备的优势。除了专业知识外，发言人还要有充足的知识储备。国外媒体发现一个有趣的现象：在中国开新闻发布会，官员级别越高、权力越大，就越敢说实话，说的实情越多，而且中央级别的新闻发布会比地方级别的新闻发布会自由度更大。这种现象一方面说明，一些级别较低的官员缺乏与媒体沟通的经验和意识，另一方面也说明发言人或官员对信息的掌握程度、范围有所区别。发言人必须获取更多的重要信息，并对这些信息进行分析、筛选、整理，从而提炼出有价值的信息并及时对外发布。要做到这一点，单靠发言人自己是不行的，还必须依靠发言人团队和发布制度的力量。

知彼，即发言人应与记者建立良好的关系，充分了解新闻传播规律、媒体特性及新闻界的动向。既要"知己"又要"知彼"，这是对发言人"专业素质"方面的要求。学会与记者打交道是发言人的基本功，了解记者也是发言人媒介素养的重要组成部分。发言人与记者之间存在竞争与合作的关系。记者有自己的目标，希望挖出信息并报道独家新闻，发言人只有先说服记者，才能引导社会大众。发言人应该把媒体看成一种资源，学会善待记者，因为记者是媒体的代表，只有用正确的方法处理好与记者的关系，才有助于信息的发布和引导。所以，发言人在工作中对记者要以礼相待。记者问什么问题是记者的事，不能把记者提出的尖锐问题视为故意使坏，更不能随便发脾气。实际上，只有不好的回答，没有不好的问题。作为信息的接收者，记者既不是学生也不是部下，不需要发言人长篇大论地"上课"，发言人不能要求记者"理解要执行，不理解也要执行"。发言人要做的，是阐明立场和观点，公布事实和信息，帮助记者完成采访任务。发言人应掌握媒体的特性，一般来说，媒体可以分为主流媒体与市场化媒体，也可以分为传统媒体与新媒体，各类媒体的受众和倾向性不同。发言人必须对自己面对的媒体有所了解，才能有针对性地做好新闻发布工作。

有原则，即发言人应保持坚定的政治立场，在坚持保密原则的同时，不忘诚实信用原则，这是对发言人"政治思想素质"的要求。发言人是所在机构的代言人，其立场、观点和表达的内容代表机构的立场和观点。在这一点上，中外发言人概莫能外。需要强调的是，发言人的保密原则是出于国家利益而务必奉行的根本原则。在这个意义上，发言人的工作就是在"国家利益"和"个人隐私"两大要求内进行有效的信息公开。发言人必须牢记：真实准确的信息是新闻的生命和政府的公信力所在。发言人发布的信息必须是真实的，对不了解、不掌握的情况宁可少说、不说，也不能胡编乱说。一旦出现信任危机，不仅会使发言人的形象受损，而且会影响政府的权威性与公信力。如2003年4月3日在关于"非典"疫情的发布会上，由于相关机构没有核实数字，发言人没有进行有效发布，导致媒体、公众的不满，后来及时公布了准确的数字，才平息了国内外的舆论。相反，在2004年"禽流感事件"中，发言人及时、准确、如实地公布情况，一开始就取得了媒体的信任，也达到了较好的传播效果。在国外，发言人宁可以"这个问题我以后回答""我回去查一查"来搪塞不好回答的问题，也不会给记者虚假的或错误的回答。在新闻信息发布的原则上，一定要把握好保密原则与诚实信用原则之间的度。千万不可顾左不顾右，甚至忽视二者。

案例回顾 5-2

美国新闻发言人的"立场"

美国的新闻发言人在坚持立场方面是毫不含糊的，政治立场是他们的首要原则。在伊拉克战争中，《华盛顿邮报》就曾批评美国军方发言人对伊拉克平民伤亡人数绝口不提，只说战况和美军的损失。各国记者都在抱怨，每天等在新闻中心，却毫无有用的信息。其实，这位发言人心里清楚，如果忘记自身的岗位和职责，他就失去了自身的政治立场。坚持保密原则，如尼克松的新闻秘书罗纳德·齐格勒。他始终陈述水门饭店破门而入的事件是一起"三级盗窃案"，指责记者恶意中伤总统。但随着越来越多政府的非法行为被揭露，齐格勒透露的信息被认为是谎话。齐格勒身边的人说，他像保镖保护主人一样，为尼克松牺牲了自己的名誉。齐格勒在生命的最后时刻揭开了他这样做的真相，他说："如果我的回答听起来让人糊涂，那是因为这些话就是让人糊涂的。当时的情况是让人糊涂的，而我没有权力做那个将事情讲清楚的人。"再如乔治·布什总统的新闻发言人迈克莱伦，他也是美国新闻发言人坚持立场的典型。在一次新闻发布会上，先后有数名记者就伊拉克是否有大规模杀伤性武器发问，迈克莱伦的回答只有一句："这个问题我们已经讨论过了。"有人统计，在这次发布会上，这句话他重复了 9 遍，其立场坚定可见一斑。

有技巧，即发言人要把自己掌握的信息传递出去，就必须掌握一定的传播技巧。除了事件信息之外，发言人还可以通过自己的形象、情感等促成有效传播，实现特定的传播目的。人际传播是一种基本的传播方式，无论是组织传播还是大众传播，归根到底都要落脚和服务于人际传播。人际传播的技巧包括倾听、态度、回答的技巧和策略等。首先，发言人要学会倾听。发言人有时会接受记者一对一的访谈，有时会面对一大群记者的提问。不论在什么场合，发言人要想回答好记者的问题，就要学会倾听。在真正弄明白记者所提的问题、为什么要问这一问题之前，不要打断记者的提问，以免答非所问。其次，发言人要善于言辞，只有具备很强的逻辑思维能力和随机应变能力，才能在现场问答中占据主动。实际上，有态度交锋的新闻发布会才更有传播效力，也更能显示发言人的能力。如回答记者提问的时候，发言人只能说明那些不会改变的事实，不要用"大概""可能"等字眼。发言人不要被记者牵着鼻子走，不要重复记者的话，因为记者可能会使用带有个人主观色彩的词语。不要对记者提出的未经核实的信息或说法加以评论，也不要回答推测性的问题。发言人在回答具有挑战性的问题时，可以采取针锋相对、直接反击，指东打西、迂回反击、生动举例、幽默化解、感性说服等不同的方式。最后，发言人要掌握多种传播手段。就发布会而言，语言和非语言传播同样重要。在不同的场合和不同发布主题中，发言人要注意服装的搭配，还要注意表情、眼神、手势的运用。当然，人际传播的关键是保持良好的心态，没有良好的心态甚至出现心态失衡，那么一切传播技巧都无从谈起。如果发言人在信息发布中存在着愤怒、恐慌、紧张、焦虑、急躁等情绪，就会影响新闻发布的效果，导致传播和引导的失败。

案例回顾 5-3

傅莹的新闻发言人"炼就"之路

傅莹是全国人大第一位女性发言人，其在公众视野中是一位睿智、美丽、端庄的女性，被誉为"中国最优雅的发言人"。在 1988 年召开的第七届全国人民代表大会期间，傅莹作为时任外交部部长钱其琛的翻译，在外交部部长记者会上完成了自己记者会的初体验。时隔多年，傅莹再次回到记者会的舞台，在 2013 到 2017 年间担任全国人大会议新闻发言人，成为中国最优秀的新闻发言人之一。

作为有着丰富经验的新闻发言人，傅莹对新闻发言人工作有着自己的心得和看法。首先，新闻发言人需要有专业团队的支持。在召开新闻发布会前，团队必须做好对现有情况的概述和叙述工作，主要是对工作的主客观条件、有利和不利条件以及工作的环境和基础等进行分析。傅莹建立了一个由熟悉人大业务的资深专家与干部和来自院校与智库相关领域的学者组成的专业团队，在幕后为其出谋划策、做好工作准备。

其次，团队的准备工作需要按阶段有序进行。团队的任务分成三个阶段，第一个阶段是筛选和梳理问题，第二阶段是针对重点问题进行调研并拟写答问要点，第三阶段是进行模拟演练，熟悉问题。

再次，新闻发言人的信息传达要做到内容集中。发布会的时间有限，怎样在有限的一个多小时，传递出公众期待的重要信息，解决人们最为关切的问题，就成为前期准备工作的核心。傅莹和她的团队先在媒体关注的问题中进行"海选"，问题选择的标准一是公众最关心的，二是问题的指向，即这个问题是否应该由全国人大会议发言人来回应。筛选结束后，最终选出大约 70 个重点问题。而这 70 个"问题"实际上是 70 个"话题"，它们是通过大量问题汇总而来的，基本能覆盖媒体和公众关注的问题的范围。虽然记者可能从不同的角度提出不同的问题，但是傅莹只需要做好相关话题的准备，就可以依靠技巧回应记者关于这个话题的不同提问。在确定发布什么之后，还要研究怎么发布。傅莹说，"让人听得懂是技术，让人喜欢听是艺术"。新闻发言人的表达，一是要真诚，真诚不是形式，是将实实在在的感受融入语言，言之有物，言之有情。二是要适当幽默，面对一些问题时，发言人可以使用较为诙谐甚至俏皮的语言，营造让人放松的氛围。但选择这类表达方式时需要非常谨慎，否则可能适得其反。三是回答要让人记得住，发言人在回答每个问题时都要考虑到传递的核心要点，增加几个关键的"点睛"之句，令听者留下深刻印象。

最后，新闻发布会总会有可预见和不可预见的部分，将重点问题的问答要点建构好，只完成了发布会准备工作的一半。若想应对好不可预见的部分，最大限度地提升发言人的临场应变能力，在傅莹看来有两点需要注意。一是要牢记问答的要点，尤其是对核心内容要烂熟于心。目的是面对这类提问时，发言人能较顺畅、清楚地表达出来。二是要训练发言人应对各类问题的能力，由团队成员围绕重点问题交叉提问，记下口误或遗漏的地方，并逐一指正。经过反复的演练，新闻发言人的表达将会越来越顺畅，人也会更加自信。在发布会开始的前一两天，还要进行模拟演练。团队会布置一个模拟新闻发布会的场景，准备好相应设备，并有人扮演主持人和记者，严格按照正式的程序和形式进行演练，时间为一个小时左右，基本接近正式新闻发布会的强度。另外，新闻发言人一定要记住保持微笑。"微笑是一种态度。这不仅是新闻发言人对公众的态度，我想，也应是中国对世界的态度。"[1]

四、新闻发布制度与突发事件舆论引导的关系

如前所述，舆论"是人们为了调整社会关系、反映利益诉求而公开传播的，具有相对一致性和一定影响力的态度、情绪和意见"；突发事件"是指突然发生的，具有社会性、危害性和高关注度，可能会威胁到系统正常运行，需要政府或相关机构迅速回应和快速处理的各类事件"；新闻发布则是指"以政府为传播主体，以新闻界为传播对象，以新近或正在发生的事实信息为内容，以接受采访、记者招待会、新闻发布会及其他发布形式，满足受众新闻需求的一整套活动的总称"。由于政府代表事件处理、态度和意

---

[1]　傅莹.我是如何"炼"成新闻发言人的［J］.公务员文萃，2019（04）：19-22.

见的权威，所以其新闻发布就显得尤为重要。政府不仅代表着权威的信息来源、多重信息的掌握者，而且是信息的制造者。

第一，突发事件的新闻发布本身就是事件处置环节的重要组成部分，意义十分重大，甚至可以迅速平息舆论，帮助事件有效解决。这样的情况数不胜数。如2001年美国"9·11"恐怖袭击事件发生后，时任纽约市市长朱利安尼第一时间借助现场直播出现在电视里，要求市民"回到正常生活中"，声称"治愈我们精神创伤的办法之一，就是向那些恐怖分子展示我们有多么强大"。这样的表达安抚了公众情绪，有利于善后工作的开展。再如2008年汶川地震发生后，时任国务院总理温家宝亲自赶赴灾区，一面处置灾情，一面接受记者采访，甚至在地震现场举行新闻发布会，介绍救援工作的安排和进展。发布会上，温总理拿着大喇叭与记者交流时说："面对这样大的地震灾害，我们欢迎世界各国的记者前来采访，相信大家会用你们的良知、人道主义精神，公正、客观、实事求是地报道震情、灾情和我们所做的工作。我们在处理突发事件和其他问题时，坚持以人为本的方针永远不会改变，坚持对外开放的方针永远不会改变。"温总理的话既表明了中国政府的立场，也对记者的工作提出了要求。

第二，突发事件的新闻发布需要有效的机制和制度作保证。当前，尽管我国的新闻发布制度已经建立起来，但仍存在一定的问题。新闻发布制度的建立是基于信息公开法、突发事件应对法等法律法规，但是这些法律法规并没有就突发事件中的新闻发布进行专门规定，只有如第一时间向社会发布信息、澄清虚假或不完整信息、健全政府信息发布协调机制，对迟报、谎报、瞒报、漏报和有其他失职、渎职行为的人员追究责任这类一般性规定。与新闻发言人制度有关的内容则散见于一些通知、办法、意见、规定等文件中，法律效力并不高，规定也不具体。不过，一些地方政府率先在突发事件新闻发布制度建设上进行了探索。如深圳市颁布了《深圳市人民政府新闻发布工作办法》，对突发事件的新闻发布进行了具体的规定，明确了新闻发布的"行政首长负责制"，并确定了新闻发布"归口负责、分级发布"的原则，强调"行政事权"与"发布责任"对等，即管理什么事务就有义务发布什么新闻。该办法还有一个亮点，就是为重大突发事件设置了120分钟的发布时限，对由于新闻发布过程中不作为、不及时、不规范、不准确的"四不"行为造成不良社会影响和后果的组织与个人实行"问责"。此外，一些政府在突发事件的新闻发布中开始强调新媒体的作用，并试图通过新媒体建立更快的信息反馈机制。完善的制度是工作顺利开展的基础，在新闻发布制度建设的深入期，从中央到地方，都在有序落实新闻发布的工作主体责任，进一步优化我国的新闻发布工作。值得一提的是，我国从2015年开始进行新闻发布的评估工作，在新冠肺炎疫情期间，凡是评估靠前、新闻发布制度落实较好的机构和组织，其新闻发布的效果就好，反之，效果则较差。

第三，提高突发事件新闻发布工作的主动性，抢占舆论高地，正确引导舆论。与日常的新闻发布不同，突发事件作为突然发生，具有高破坏性、高关注度和高不确定的事件，会引发社会各界的高度关注，这也使得事件的处理难度增加。因此，相关机构组织和新闻发言人必须提高工作的主动性，不断提供准确信息、主动进行议程设置、积极表达政府立场，从而达到有效引导舆论的目的。

案例回顾 5-4

2011 年山东泰安袭警案

2011年1月4日上午11时20分，山东省泰安市发生一起犯罪嫌疑人持枪拒捕袭警案。2名犯罪嫌疑人在逃跑期间，为逃避追捕，先后换乘4辆过往车辆，打伤2名驾驶员，杀害2名民警和1名协警。2名犯罪嫌疑人中，最终一人被捕，一人在追捕过程中开枪自杀。事件发生后不到半小时，网上开始传播案件信息，并伴有各种谣言，事件也引发国内外各大媒体的关注。泰安市迅速启动新闻发布应急预案，成立了新闻应急处置工作组，在明确分工、统一口径的前提下，于当天下午6点、1月5日上午11点和下午5点，召开三场新闻发布会，第一时间公布案件详情及最新进展。同时，又在1月6日下午和1月7日上午连续组织三次媒体集中采访，保证了事件的舆论引导工作始终沿着正确的方向发展。正如前文所述，"在突发事件传播中，最可怕的不是记者抢发新闻，而是记者抢发的不是政府发布的新闻"。因此，政府在突发事件发生后掌握舆论主动权是极为重要的。

第四，突发事件的新闻发布需要有更高的传播技巧、更有策略的传播方法。突发事件的舆论传播一般会经历三个阶段：一是舆论聚集期，出现热点新闻或谣言加情绪化的传播；二是恐慌蔓延期，舆论集中爆发，产生情感共振，舆论升级，并伴有大量谣言；三是舆论极化期，产生协同效应与群体间的行为互动。每一个阶段都有特别值得我们注意的地方，如第一个阶段的谣言传播，第二个阶段的群体情感共振，第三个阶段的舆论极化现象。在突发事件中做好舆论引导的工作，就是要在本阶段消除下一个阶段可能出现的隐患，这要求相关机构和部门在新闻发布过程中进行更有策略的传播。如新闻发布要做到"有魂、有物、有景色"。所谓有"魂"，就是对事件及时定性，表达时有立场、有态度、有统一的口径；所谓有"物"，就是有事实、有根据、有数据；所谓有"景色"，就是有细节、有人物、有故事。其实这些正是新闻的特点，政府的发布会就是在符合新闻传播规律的基础上发布新闻信息。

第五，突发事件的新闻发布，需要对现场实施更为有效的管理和利用。突发事件的现场是信息的集散地，也是新闻的高发区。一般而言，突发事件有第一现场和其他现场之分。以一场安全事故为例，有事故第一现场、事故指挥所、救助伤者的医院、伤者家属区等多个现场。对这些现场的有序管理和利用是控制和引导突发事件舆论的关键。突发事件的现场管理工作，主要包括信息搜集、媒体管理和新闻发布三方面。现场新闻发布会给人以更强的临场感和更高的权威性，所以政府或相关机构在有条件的情况下，最好在事故第一现场进行新闻发布工作。除此之外，其他现场也非常重要，利用好其他现场更容易在新闻发布工作中掌握主动权。如在泰安袭警案中，组织媒体集中采访的地点就选在了牺牲民警的工作单位和悼念牺牲民警的烈士陵园，这种安排在无形中引导了报道的导向。

案例回顾 5-5

2014 年上海外滩踩踏事件

2014 年 12 月 31 日 23 时 35 分，因众多游客市民聚集在上海外滩准备迎接新年，导致上海外滩人流量激增，在陈毅广场东南角通往黄浦江观景平台的人行通道阶梯处底部有人失衡跌倒，继而引发多人摔倒、叠压，致使拥挤踩踏事件发生，造成 36 人死亡、49 人受伤。

1 月 1 日凌晨 4 时，也就是拥挤踩踏事件发生 4 小时 26 分后，上海市政府新闻办公室通过官方微博首次发布相关消息，确认踩踏事件的发生至少造成35人死亡等情况。1月1日，上海市政府连续召开两场新闻发布会，其中一场由上海市卫生和计划生育委员会的新闻发言人邬惊雷在救治伤者的医院举行，他向媒体公布了人员伤亡、救治工作进展等情况；另一场新闻发布会则由上海市黄浦区公安分局主持召开，向媒体说明了事故发生时的具体情况、采取的应急措施等内容。

1月1日22时，上海市公安局官方微博发布消息，就网络上广泛流传的"有人抛撒美金，群众现场哄抢导致拥挤踩踏"的说法予以澄清。1月2日上海市政府新闻办公室官方微博发布最新事件处置动态。1月3日，36名遇难者名单全部公布。在整个事件中，政府通过组织集体采访、新闻发布、书面发布、新媒体发布等多种形式，及时向媒体和社会发布事件相关信息。其中，政务微博成为政府发布信息的主要渠道，发挥了社交媒体时效性强、传播度高的特点，第一时间向社会发布事件相关信息，及时辟谣，公布伤亡人员名单。而事故原因、处置进展等社会关切的重要问题，政府则是通过新闻发布会予以详细解答。数场发布会从不同的角度出发，由专业人士提供事件信息，凸显了信息发布的权威性、有效性。1月21日，上海市政府再次召开新闻发布会，公布了此次事件调查报告，认定这是一起由于对群众性活动预防准备不足、现场管理不力、应对处置不当而引发的拥挤踩踏并造成重大伤亡和严重后果的公共安全责任事件。政府在总结事件经验教训的同时，也发布了对相应责任单位、责任人的处理意见。

第六，突发事件的新闻发布需要媒体的配合，这就要求政府及相关机构具有与媒体合作的意识。例如及时回应媒体关切、为媒体的采访工作提供便利、更好地帮助媒体拿到第一手信息，从而达到"和媒体一起工作"的效果。其实，与媒体合作也是突发事件新闻发布的一部分，这样一方面可以更有效地管理媒体，了解当下的舆论情况；另一方面也可以体现政府信息公开的态度和对事件处理负责任的决心，有利于提高政府的公信力。

案例回顾 5-6

2012 年北京 "7·21" 特大暴雨

2012 年 7 月 21 日上午到 7 月 22 日凌晨，北京下了近 20 个小时的特大暴雨。7 月 22 日凌晨，北京市市长郭金龙召开抢险调度视频会，并于凌晨 1 时 35 分在市政府应急指挥中心接受了中央电视台记者的采访，向公众介绍了当前的灾情、抢险救灾情况。北京市政府和相关部门也在不断向社会通报最新的灾情信息。7 月 23 日晚，在市政府召开的会议上，郭金龙表示因灾死亡情况引起社会各界的高度关注，相关部门要按照实事求是的原则，认真排查核实，及时向社会公布最新信息。同时他又指出，在抢险救灾工作中，新闻媒体发挥了很好的舆论引导作用。事实的确如此，在几乎所有重要地点的采访活动中，如应急中心、气象局、交管局、水务局等部门，都可以看到媒体记者的身影。他们不仅向公众报道了灾情信息，而且报道了一些救灾行动中感人的故事，从牺牲的派出所所长到站在水中指挥交通的民警，从扎在水中搬井盖的清洁工到数次雨中上房排查隐患的房管所干部，新闻媒体在灾害中起到了传递信息、凝聚人心、提振精神的作用。当然，媒体也报道了由灾害而暴露出的各方面的不足。7 月 24 日下午，受灾最重的房山区相关部门在区应急中心召开媒体见面会。随后，北京市新闻办公室于 7 月 24 日、7 月 25 日、7 月 26 日连续召开三场新闻发布会，回应了社会各界关注的死亡人数、预警机制完善、救灾排水和善后等问题。

值得注意的是，在这次北京特大暴雨灾害的报道中，媒体环境中"两个舆论场"的报道特点十分明显——传统媒体对事件的正面报道较多，集中于官方发布的信息，网络新媒体则多是针对此次灾害的反思，情感发泄较多。不过，对此次灾害中一些积极奉献的群体和个人，不同媒体都给予了肯定。

前文总结了突发事件中新闻发布的四个意义：一是有助于公众了解事件真相，增加对政府的信任。政府在第一时间发布新闻，可以占领舆论高地，并为媒体确定事件报道的框架。二是有助于疏导公众的情绪，起到安抚人心、稳定局势的作用。在突发事件发生初期，公众对事件不甚了解，往往表现出高度的恐慌，及时进行新闻发布，特别是对事件进行定性，有助于社会稳定、安定人心。三是有助于政府树立良好的形象。有资料表明，近年来对我国国际形象造成损害的，主要是国外媒体对我国突发事件的负面报道。外国记者热衷于通过非正式的传播渠道，发布一些对我国不利的负面信息，损害我国的国际形象。对此，我国政府应及时发布权威信息，抢占舆论高地，维护自身形象。四是有助于突发事件的解决。及时准确的新闻发布，本身也是处置突发事件的重要环节，有利的社会舆论环境能够促进事件的顺利解决。

五、推进突发事件中的新闻发布工作

推进突发事件中的新闻发布工作，要注意以下几个方面。

第一，各级政府部门必须树立对舆论的引导意识和主动引导舆论的观念，解决"不敢说、不愿说"的问题。在一些突发事件中，正是由于有关部门不敢担责、相互推诿、推卸责任、盲目切割、被动应付，失去了舆论高地的话语权，进而导致事件舆情的扩大。在全媒体时代，政府一方面要敢于担责，坚持公众利益至上的原则，一方面要有问责机制，防止不作为、不及时、不规范、不准确的现象出现。

第二，建立完善的舆论引导机制是推进突发事件新闻发布工作的重中之重。机制是在一定组织架构中体现出来的相互关系和功能。上一章谈到舆论引导机制包括媒体联系机制、舆情监控和预警机制、舆论引导的协调联动机制、事后恢复的引导机制和问责机制等。建立包括数据开放、政策解读、舆情收集研判和回应在内的舆论引导机制，对于有效的舆论引导来说非常重要。从舆论发生的学理机制上看，从散播到聚集的关键是热点新闻加情绪化传播，这一时期需要政府对事件进行及时回应，怕的是政府失声；从聚集到爆发的关键是舆论共振，这一时期需要政府不断对事件进行回应，怕的是政府继续失声或者进行错误回应；从舆情爆发到极化的关键是协同效应和行为互动，这一时期需要政府对事件处置与舆论引导进行联动，怕的是政府缺乏有效的处置措施和引导手段。可见，在事件发生的每一个阶段，政府的引导都是必不可少的。

第三，推进新闻发布的制度建设，提升新闻发布的水平。新闻发布的主要工作包括三个方面：发布观念、发布制度、发布话语和渠道。只有这三者都达到一定的高度，发布工作的效果才会好。其中，发布制度是联系其他二者的桥梁。制度是指行为主体在一定价值取向的基础上建立起来，调整活动参与者相互关系，正式而具有强制性的规范体系。完善的制度是舆论引导的基础，因为制度本身就包含了可预期的行为信息，可以降低工作成本，提高工作效率。最近几年，我国在制度建设方面做了大量的工作，但是还需要不断总结、提升发布水平。新闻发布需要达到的标准和水平可以概括为：及时发布信息、有力引导舆论、有效提升理念、改善媒体和公众的关系，提升政府的公信力。

第四，扩展传播渠道，改进传播的方式方法。在全媒体时代，传媒生态和媒介环境发生了很大的变化，新闻发布也要跟上这样的变化。如今，传统的内容、渠道、受众传播三要素，已经变成了内容、渠道、受众、关系、情感、场景六要素，而且这六要素的特点也都在变化。比如，内容要素包括内容多元化的深度、广度，流行话语的运用；渠道要素包括信息交流的互动与平台化；受众要素中，传受关系的变化导致受众角色的转变；关系要素是指节点化传播下的受众关系从弱关系到强关系，或从强关系到弱关系的转化；情感要素是指受众情绪、价值、理念以及关心事件的角度；场景要素则是指入场、在场和离场三种面对新闻信息时的状态，指的是此时此刻和此情此景。[1] 传播要素的变化要求我们在传播渠道和方式上进行创新。在渠道方面，最高人民法院的经验就值得我们借鉴。在推进法治新闻公开的过程中，最高人民法院采取了法律文书上网、微博庭审直播、发言人电视大赛、制作 H5、电视微视频等多种传播渠道。特别是对微信公众号的充分利用，取得了较好的传播效果。

第五，做好基础工作，进行舆情信息数据库、典型案例库和口径库的"三库"建设。舆情信息数据库是存储大量数据、信息文档的资料库。当前，相关部门应抓住和利用从网络舆情研究走向基于互联网大数据研究的趋势，依托于专业的大数据公司、舆情机构，为政府提供可靠的公共治理决策参考意见，建立完善的舆情信息数据库。典型案例库，是指对舆情案例进行收集整理的数据库，包括不同类型、不同层次的舆情案例，既有成功的案例，也有失败的案例。政府要对典型的舆情案例进行分析，总结经验教训。口径库就是针对备选问题的回答清单。口径库是政府和有关部门在日常工作中，在对媒体和公众可能关心的敏感和焦点问题进行预测的基础上，提前准备好的回答口径的

---

① 刘笑盈，董超.关于当代媒体发展的十三个解释［J］.新闻战线，2019（17）：52-56.

集合列表。建立口径库可以使新闻的发布工作更加快速准确，舆论引导更为有效。在建立基础口径库的同时，我们还要注意对口径库进行持续的维护和更新。

第六，充分利用社会力量，做好新闻发布工作。美国的哈钦斯委员会在《一个自由而负责任的新闻界》报告中，提出由独立的第三方机构来监督媒体，实现政府、社会机构、媒体的三方互动，并通过定期召开舆论分析会、信息通报会、媒体对话会等形式，总结应对舆情的经验教训，制定舆情应对方案，实现社会各方的有效联动。这一思路值得我们借鉴。

第六章 突发事件舆论引导的原则与规范

■ **关键问题**

1. 突发事件舆论引导的六个原则是什么？

2. 为什么说要在舆论引导中坚持三个优先？

3. 什么是突发事件舆论引导的标准回应模式？

4. 舆论引导的"五个避免"和"五个金句"是指什么？

前文谈到突发事件处置的五项原则，即危机意识、定性优先、公开透明、积极主动、勇于负责。事实上，一些学者也探讨了突发事件舆论引导的原则，其与突发事件的处置原则有所不同。例如，邹建华认为突发事件舆论引导有七大原则：第一时间、公开透明、第三方、坦诚、情感、口径一致和留有余地。[①] 龙力莉认为突发事件舆论引导有四大原则：坦诚的态度、公开透明、寻找第三方支持、以人为本。[②] 叶皓认为，危机新闻发布有五个原则：时间原则、导向原则、层次原则、先例原则和统一原则。[③] 总结各方的看法，本书认为突发事件舆论引导的原则可以归纳为六项：情报与定性优先原则、第一时间与主动性原则、公开透明与针对性原则、口径与核心信息一致原则、阶段性与合理性原则、公众利益与人文关怀原则。除此之外，突发事件舆论引导还有一

---

① 邹建华. 突发事件舆论引导策略［M］. 北京：中共中央党校出版社，2009：13-59.

② 龙力莉. 突发公共事件中媒体运用和舆论应对：案例与启示［M］. 北京：人民出版社，2010：3.

③ 叶皓. 政府新闻学：政府应对媒体的新学问［M］. 南京：江苏人民出版社，2006：217-228.

些简单的规范，比如"三个优先"与回应的"3+1"模型，以及"五个避免"和"五个金句"等。

一、舆论引导的六项原则

（一）情报与定性优先原则

如果把舆论引导工作比作"打仗"，情报就是"弹药"，定性就是"瞄准镜"，你不可能不带弹药和装备就上战场。突发事件发生后，相关机构和部门要与谣言赛跑，掌握舆论引导的主动权，做到这些的前提是第一时间掌握与事件相关的各种信息，然后准确判断事件性质。

情报包括三个方面的信息：一是事件本身的信息，二是处理事件产生的新信息，三是由各方反应产生的信息。定性是在情报优先的基础上，对事件进行的初步判断，包括对事件类型的判断，如自然灾害、事故灾害、公共安全类事件、社会安全类事件、综合事件、媒介事件等；对责任类型的判断，是完全没有责任的受害型事件，还是有部分责任的事故型事件，或者是负完全责任的错误型事件；对事件处理的态度，如积极应对型、稳妥处理型、沟通协调型等。

强调突发事件发生后，舆论引导工作的情报与定性优先原则，是由突发事件和政府信息发布的特点所决定的。

首先，突发事件具有突发性、复杂性、不确定性等特点，社会关注度高、破坏性强，社会对突发事件的信息需求量极大。这时，政府和相关机构应尽量满足媒体和民众对事件的知情权。政府在这一过程中必须情报先行，尽可能掌握突发事件的详细信息。

其次，在情报优先的前提下判断突发事件的性质，实际上是在回答"发生了什么"的基础上解决"为什么发生"的问题。给事件定性不仅可以为事件的处置提供判断，也可以为事件的舆论引导定调。对突发事件进行准确的定性，是突发事件舆论引导的基础。

最后，政府是掌握公共权力的机关，需要对突发事件进行高效处置和快速回应。政府长期以来形成的公信力，使公众把政府发布的内容作为信息接收的第一选择，政府必须对事件进行权威的信息发布。做好信息发布的前提就是了解相关信息，包括事件信息、媒体与民众的舆情信息。在把握公众信息需求的同时，通过新闻发布及时通报事态进展，分析事件的来龙去脉，客观评价事件影响，有助于正确引导社会舆论，平复公众情绪，形成有利的舆论氛围。

情报与定性优先原则不仅是一个概念，而且是一个机制，包含许多具体内容。

突发事件都是突然发生的，在事件状态不明的情况下，会给事件的信息发布工作增加相当大的难度，因而我们需要建立一个相对固定的、强大的信息搜集体系，一旦有突发事件发生，就能迅速启动相关事件的信息搜集系统，工作人员也能够迅速投入信息的收集和分析工作之中，了解事件的相关信息，包括事件的起因、现状、动态、后果、利益相关方和舆论的反映，等等。这些信息越真实、越全面、越准确，获取越快速，新闻发布工作就越主动。一般说来，突发事件发生时，最先得到有关信息的是事发地的政府。因此，除了要求事发地的政府迅速对突发事件的处置作出反应外，还必须要求政府以最快的速度向新闻宣传的决策机构通报事件的相关情况，以便制定向媒体发布有关信息的方案。①

情报与定性优先原则有其特定的内容和重点。突发事件发生后，第一，政府和相关机构要收集事件产生的相关信息，因为突发事件发生后的一段时间里是信息的真空期，媒体和受众都急切地想从政府部门那里获得权威信息。政府部门如果要在第一时间满足媒体和民众的信息需求，就必须以最快的速度做好突发事件相关信息的搜集工作。第二，政府应公布对事件的处置情况，明确对事件的态度，发布拟采取的措施等。第三，政府应对舆情信息进行搜集，这些信息也是政府部门对危机进行初步评估的重要因素，是突发事件新闻发布会备选问题的重要根据。新闻发言人及其团队要随时收集和分析最新的舆论动态，包括正面和负面的，准确地掌握媒体和公众关心的问题、他们对突发事件的态度，等等。②政府及相关机构要特别注意网络信息，因此现在的舆论出现了"三种舆论场向新媒体舆论融合的趋势"。

情报与定性优先是一个过程。因为突发事件有一个生命周期，而舆论的传播也有一个散播、聚集、热议到爆发的过程。情报优先不仅要建立在事件发生后的舆论酝酿期和

---

① 张宗良.政府新闻发言人实用读本［M］.合肥：安徽大学出版社，2007：41.
② 张宗良.政府新闻发言人实用读本［M］.合肥：安徽大学出版社，2007：55.

散播期，还要建立在舆论的爆发期，进而延续到事件的缓解和善后期，贯穿事件及舆论处理的整个过程。同时，在进行突发事件的总体定性时，政府及相关机构还要进行事件阶段性定性。不同的定性会导致不同的处置方式，引导策略如果与事件的性质不一致，就会出现越引导越被动的局面。

情报与定性优先是一种认识。有人认为，情报优先可以理解，定性优先不好理解，这不是与"快说事实、慎说结论"的原则相矛盾吗？其实定性优先是指把定性放在优先的位置考虑，只有优先考虑事件的性质才能找到准确的舆论引导方向。定性主要是指对事情性质进行初步判断，慎说结论是指给出结论的时候要有根据，不是对事件匆忙地下结论。慎说不等于不说，而是指要有根据地说，进行权威发布，所以二者并不矛盾。

许多突发事件的处置都能体现情报与定性优先这一原则的重要性。在一些突发事件发生后，政府及相关部门虽然召开了新闻发布会，但由于前期没有及时搜集信息，或搜集的信息不完整，导致发布的信息要么是错误的，要么模棱两可、漏洞百出，经不起推敲，要么过于简单，与媒体和受众的需求不一致，给民众留下猜测和想象的空间，进而导致谣言的产生，引发更大的不良后果。如 2019 年的成都七中实验学校食品安全事件，因为前期信息搜集不全、发布结论简单而引发次生舆情。由于突发事件的复杂性，在信息匮乏的条件下，任何模糊的决策或发布都可能导致严重的后果。当然，在符合情报与定性原则方面，国内也有很多正面的例子。2008 年 4 月 28 日凌晨胶济铁路发生特别重大交通事故，有关机构和部门迅速调查，在当天下午召开的发布会上，将事件定性为人为的责任事故，排除了恐怖袭击的猜测。同年西藏发生"3·14"事件，尽管在初期的媒体报道中我们处于被动，但是当有关部门将事件定性为"不是民族问题、不是宗教问题、不是人权问题，而是分裂与反分裂的问题"之后，被动的舆论引导局面逐渐转为主动。

案例回顾 6-1

2020 年拼多多员工猝死事件

2020 年 12 月 29 日凌晨 1 时 30 分，拼多多公司的员工张某下班回家路上突然捂腹，晕厥倒地，随行同事拨打 120 将其紧急送往医院，随后张某抢救无效，在医院离世。2021年1月3日，一则"拼多多员工猝死"的话题登上微博热搜，随后"996"的话题也登上热搜。2021年1月4日上午8时，认证为拼多多官方的账号在知乎问题"如何看待网传拼多多员工加班后猝死一事"下回应称"你可以选择安逸的日子，但你就要选择安逸带来的后果"。尽管这一评论很快就被拼多多知乎官方账号自己删除，但是其回答内容的截图在社交网络上疯传，将这次事件的热度推到顶峰。下午4时许，拼多多官方发布回应，否认曾发布相关评论，并强调反对截图观点。但两小时后知乎发布消息确认拼多多知乎官方账号"身份真实无误"。网络舆论掀起新一轮高潮，一边倒批评嘲讽拼多多公司，"拼多多造谣式辟谣"成为热门话题。尽管拼多多公司发布了道歉声明和情况说明，但是这一事件对其公司声誉造成的恶劣影响已经难以挽回。

（二）第一时间与主动性原则

第一时间原则，就是政府及相关机构的新闻发言人在突发事件发生后，要在第一时间对事件相关的热点问题作出反应，及时、简要、恰当、准确地对事件状况和性质进行解释，从而第一时间占领舆论高地，掌握舆论的主动权。

强调第一时间原则有四个方面的原因。

第一，从传播的角度看，第一时间可以取得更好的传播效果。中国有"先入为主"的成语，传播中有"首因效应"的规律——"当受众面对两种冲突的信息时，两种信息的呈现顺序会影响受众对信息的接受"[1]。中央电视台原副台长孙玉胜说："应对突发事件，在诸多的情况下，发比不发好，早发比晚发好。其中的道理很简单，发布是主动的，解释是被动的。按照人的一般认识和接受规律，发布是被信任的，而解释是被怀疑的。"[2]加拿大企业危机管理专家唐纳德·斯蒂芬森也说："危机发生后的第一个24小时至关重要。如果你未能很快地行动起来并准备好把事态告知公众，你就可能被认为有

① 刘晓红，卜卫.大众传播心理研究［M］.北京：中国广播电视出版社，2001：149.
② 孙玉胜.十年——从改变电视的语态开始［M］.北京：生活·读书·新知三联书店，2003：314.

罪，直到你能证明自己是清白时为止。"① 可以说，民众对危机的负面反应与政府发布权威信息的时间呈正相关。"先入为主"的信息往往会左右人们对事件的看法和判断，所以政府部门只有在第一时间发布新闻信息，才能做到先声夺人、先发制人。一旦错过了这个时机，就可能失去舆论引导的主动权，陷入被动解释的境地，甚至导致无法挽回的后果。

第二，从新闻的角度看，第一时间发布信息是新闻的时效性要求所决定的。当突发事件发生时，记者的任务是尽可能快地发出报道，以此满足公众的信息需求。政府是社会公共权力的代表，也是最权威的信源，其在突发事件发生的第一时间发布的信息是最权威的信息，等于给媒体确定了报道的框架。政府此时发声，能将舆论引导方向带入媒体的报道议程。如果政府在第一时间将新闻发布工作处理得当，媒体就能够在安抚公众情绪、维护社会稳定上起到积极的作用。反之，如果突发事件发生后，政府没有第一时间公布信息，媒体不能及时从政府那里得到准确权威的信息，就只能根据媒体自己的理解和观察进行报道，从而使报道的新闻信息产生混乱甚至错误，给事件的处置带来消极影响。②

第三，从社会心理学的角度看，第一时间发布信息是安抚民心的需要。突发事件发生后，会迅速成为公众关注的热点和焦点，公众急于知道事件发生的情况和发展过程。此时，公众往往会通过各种渠道和方式来了解相关信息。政府在第一时间做好新闻发布，有助于人们及时了解事实真相，减少各种猜测、传言和谣言，起到稳定人心的作用；有助于与事件相关的地区和群众及时采取应对措施，有效地进行防范，最大程度减少损失；有助于人们正确理解政府和有关部门为处置事件所采取的政策、措施，动员社会各方力量，使事件得到及时控制和妥善处理。

第四，从社会现实情况看，第一时间进行信息发布是政府信息公开的必然要求。由于现代通信、卫星技术、网络技术的运用和普及，人们获取信息的途径越来越多元化，传播手段也越来越快捷方便，社会舆论活跃，政府的媒体政策也日益开放，这些因素都导致突发事件发生后是无法掩人耳目的，就算奉行"鸵鸟政策"也不能降低公众对事件的关注度，只会为谣言的传播提供巨大的空间。政府及相关部门一旦错过了舆论引导的

① 里杰斯特.危机公关［M］.陈向阳，陈宇，译.上海：复旦大学出版社，1995：113.
② 张宗良.政府新闻发言人实用读本［M］.合肥：安徽大学出版社，2007：41.

最佳时机，就会失去公众对政府的信任。

"第一时间"作出反应，就时间而言有广义和狭义之分。狭义的"第一时间"是指事件刚发生，没有被外人知晓的时刻。广义的"第一时间"则是指人们对突发事件的认识处于空白的时刻。[①]从传播学上讲，传播速度对传播质量有决定性的作用。在相关事实还不为外人知晓，或人们对突发事件的认识还处于空白的时候，发布信息具有主导性效果，能够产生比较好的舆论引导作用。实际上，广义的"第一时间"包括事件的整个发展过程。

"第一时间"作出反应，就内容而言分为三个部分：一是对事件本身的反应，二是对事件利益相关者和公众的反应，三是对媒体评价和质疑的反应。对事件本身的反应是指对危机现状的及时评估和决策，并以此为基础采取合理的行动，包括迅速到达现场、迅速采集信息、果断采取措施、组织新闻发布等，客观分析事态发展，提出下一步行动预案，着力解决最需要解决的事宜。对事件利益相关者和公众的反应是指在危机出现后，立即对利益相关者作出必要的告知和回应，包括承认危机的存在，对其表示关心，树立坦诚、负责的政府形象，警醒利益相关者做好防范，尽可能减少危机损害，以事实为依据，对危机的真相作出必要的解释，以免产生混乱，消除公众疑虑。对媒体的评价和质疑要及时进行回应，如果其评价和质疑是正确的，要及时表态、虚心接受、立即改正，如果其评价和质疑是错误的，也要及时进行说明澄清。

"第一时间"作出反应，不能与"真实、客观、准确"的基本理念相冲突。在实践中，我们看到很多政府及相关部门放弃第一时间公布信息的案例，最终导致事件发展恶化，究其原因，往往是政府及相关部门对事实没有搞清楚。实际上，对于事实，"是不是清楚"和"愿不愿搞清楚"是两个概念。在信息收集不完全的情况下，政府及相关部门只要符合诚实信用的原则，掌握多少事实就发布多少信息，甚至可以用今天的正确信息去修正昨天发布的有误的信息，这也是第一时间原则的体现。例如，在2012年北京"7·21"特大暴雨事件中，政府在7月22日第一次通报时给出的受灾人口是190万人，但在7月25日的第二次记者会上又将受灾人口改成了160万人。由于第一次新闻发布的时间非常紧迫，媒体对此没有异议。而对于死亡人数，政府在7月22日通报为37人，

---

① 张宗良.政府新闻发言人实用读本［M］.合肥：安徽大学出版社，2007：41.

但在 24 日和 25 日的两次记者会上都没有更新这一数据，引起许多讨论。政府给出的解释是搜救工作较为困难，仍在进一步核实遇难者的身份。最后在 7 月 26 日的记者会上，政府将死亡人数确认为 77 人，相关舆论逐渐平息。

主动性原则是"第一时间"的状态延续，事实上，主动性原则就包含在"第一时间"的概念之内。在突发事件的危机管理中，有所谓的"3T"原则：主动沟通（Tell Your Own Tale）、尽快沟通（Tell It Fast）和充分沟通（Tell It All）。"3T"原则既包含第一时间原则，又包含主动性原则。

第一时间原则与主动性原则实行的效果，直接影响到突发事件的处置。在实践中，我们可以看到大量正反两面的例子。例如在 2008 年汶川地震中，中国政府第一时间向外界公布了地震级别、伤亡人数、抢险救援工作的最新进展等媒体和公众迫切想知道的信息。政府及时、公开、透明的信息发布，有效设置了新闻议程，掌握了舆论引导的主动权。不仅杜绝了各种流言，而且凝聚了全国人民抗震救灾的情感力量。反观 2021 年山东省栖霞市发生金矿爆炸事故，22 名矿工被困井下。矿山方面在 1 月 11 日晚上 8 点才将事故上报，瞒报 30 个小时，耽误了最佳的救援时间。随后矿山负责人被控制，1 月 12 日上午有关部门才召开第一次事故相关情况新闻发布会，但此时与事故相关的流言已经在网上到处流传。

案例回顾 6-2

2019 年无锡高架桥侧翻事故

2019 年 10 月 10 日下午 6 点 10 分，无锡 312 国道发生高架桥侧翻事故，事故导致 5 辆车受损，3 人死亡，2 人受伤。在事故发生后近 12 个小时，无锡市才通过官方微博第一次发布了相关消息，其间也没有配合媒体进行采访报道，引发了公众的不满，被质疑隐瞒事实。更离谱的是，无锡市官方微博竟然在事件发生 60 个小时之后，发布了《在重大事故面前，我们该做的是关爱与理性》的博文，指责网上的新闻不实，是假慈悲、博眼球，是网络"自嗨"。尽管无锡市官方微博之后删除了这条微博，但这一行为还是引发了网民与媒体的热议。人民网对此发表评论《舆论为什么对无锡发"脾气"》，指出无锡没有及时发布信息，而是忙着对付网络谣言，没有掌握传播规律才引发了"众怒"。

（三）公开透明与针对性原则

公开透明原则是指在突发事件中充分地披露信息，针对性原则是指在信息披露中要回应媒体与公众的关切，传递有效信息。

在突发事件的舆论引导过程中，最大的敌人是谣言。谣言的公式是"重大性 × 模糊性"，模糊性是谣言产生的基础，而公开透明原则是遏制谣言滋生的良药，是谣言的天敌。"无数的正反经验表明，突发事件的处置是否顺畅与相关信息的公开透明程度密切相关——公开透明程度越高，处理就越顺畅，公众的情绪也就越稳定。反之，则会增加处理的难度，甚或使危机进一步深化。"[①]如前面提到的2012年天津蓟县"6·30大火"，有关部门只是在当天公布了一条百余字的简讯，随后就不再发布任何信息，任凭谣言四起。直至2012年的7月7日才公布死亡名单，并于9天之后公布事故原因。与之形成对比的是，2010年上海静安区"11·15大火"，导致58人遇难，政府于事故发生1天后就公布了遇难者和失踪者名单，2天后公布了事故原因。政府对于信息公开透明的程度不同，导致事件的后续发展也不同。再如2012年四川什邡发生的"7·3钼铜项目事件"，一个经国家环保部审批同意、列为省级"十二五"发展规划重点、总投资达百亿元的重大工业项目，却因为政府信息公开不到位，引发群众的质疑和反对，甚至升级为群体性事件。正如媒体评论所说："有报道称，钼铜项目可以做到零污染、零排放和循环利用。如果结论属实，地方政府应早一些拿出具体的数据，请相关权威专家向百姓阐明原委、解释清楚，让老百姓自己去权衡、选择与理解。那样，相信事件的结果会好很多。"[②]

公开透明原则有其法律基础。2007年6月全国人大常委会审议突发事件应对法草案时，曾删除了其中有关媒体报道的两条规定。原草案第57条规定："新闻媒体不得'违反规定擅自发布'突发事件和处置信息或'报道虚假情况'，情节严重或造成严重后果的，将面临当地政府的罚款处罚。"原草案第45条规定："对新闻媒体的相关报道进行管

---

① 邹建华.突发事件舆论引导策略［M］.北京：中共中央党校出版社，2009：25.
② 毛寿龙.什邡事件的启示［N］.环球时报，2012-07-03（3）.

理。"这两条规定引发社会各界的广泛关注，进而引起不少"解读"，网上普遍认为"媒体今后报道突发事件就要受到处罚"以及"这个规定就是要限制记者报道突发事件的相关信息"，等等。随后，全国人大常委会广泛征求各方意见。反馈意见认为，信息的公开透明是处理突发事件的关键环节之一，媒体起到的正面作用应该被充分肯定。此外，草案关于"违反规定"的表述含义不清，有可能成为某些地方政府限制媒体正常报道的借口，不利于媒体对其谎报、瞒报开展舆论监督。在此基础上，全国人大常委会对相关内容作出修改。同时，审议的草案也删除了"对新闻媒体的相关报道进行管理"的规定，给了媒体更大的工作空间。

在公开透明的原则之下，还包含重视媒体、相信民众、鼓励民众参与等原则。

在突发事件的应对和处置中，媒体介于政府和民众之间，既传递政府声音、树立政府形象，又代表民众关注、监督突发事件处置的进展；既满足民众的信息需求，又引导社会舆论。在信息传递、舆论引导、沟通组织等各个环节，媒体都具有非常重要的作用。因此，政府必须重视媒体，"善待、善管、善用"媒体，牢固树立媒体意识，在突发事件中充分发挥媒体的积极作用。政府应接受媒体监督，在对待媒体的问题上，选择积极引导、消极应对还是直接对抗，会产生完全不同的结果。

传统突发事件管理模式是"内外有别，内紧外松"，即在相关内部适当通报情况，采取紧急措施，而在外部则严格封锁消息。这种组织内外不对称发布信息的做法，究其原因是不相信媒体和民众，担心媒体的报道会夸大事实、制造恐慌，也担心民众接触到信息会引发社会混乱，不利于危机处置。而事实往往是，越极力阻止相关信息的传播，"传言"和"谣言"越是大行其道，不仅没有保持社会的稳定，反而损害了政府的声誉和信任。在我国政治和文化现实生活中，绝大多数媒体都具有很高的政治觉悟和社会责任感，能够把握正确的舆论导向。民众的觉悟和心理承受能力也超出一些官员的想象，民众只会因为不知情而产生不理解和恐慌，不会因为政府公开信息而责怪政府。尊重媒体、相信民众，在信息公开中，让民众通过媒体与政府互动，可以让社会力量在危机处置中的作用充分显现，危机处置的公共性、公平性也更能得到保证。

公开透明也是当前舆论环境的要求。在全媒体时代，人人都有麦克风，人人都是发言人。一旦事件发生，各种信息从四面八方汇聚，隐瞒是不可能的，一味地瞒，只会造成更大的恶果，引发更大的舆情。在舆情发酵以秒读数的时代，唯有让权威信息跑在小道消息前面，才能有效疏解公众的关注焦虑。[①]

案例回顾 6-3

泸县学生坠亡事件

2017 年 4 月 1 日早上 6 点 20 分，四川泸县一所中学的一名学生在宿舍楼外坠亡。事发当天，泸县政府仅仅发布了简单的事件信息。事发第二天，泸县政府发布信息称，学生坠亡排除刑事案件的可能，学生的具体死亡原因待查。事发第三天，泸县政府发布公告，声称有个别网民编造谣言，已经对造谣者进行追责和查处。4 月 4 日到 5 日，事件相关舆论开始发酵，有说该事件是因为校园霸凌，也有说是因为黑社会对学生收取保护费，等等。4 月 5 日，《人民日报》发表评论《泸县中学生死亡案，权威声音如何才能掷地有声》。4 月 6 日，新华社发出三问:《自杀还是他杀? 有没有霸凌? 当地在紧张什么?》当天下午，泸县公安局召开新闻通气会。第二天，沪县公安局又发了一条长微博，内容长达 6000 多字，详细说明了事件的经过和当地公安部门的调查结果，也反思了对该事件舆情回应不及时的问题。尽管当地政府做了大量的工作，但不是遵循边做边说的原则，而是边做边堵，导致舆论进一步发酵。当信息公开之后，谣言也就很快消散。

公开透明是处理突发事件的基本原则，在此基础上的进一步要求是公开的信息有针对性。政府要尽快披露那些群众最想知道、媒体最关注的信息，要真正回应社会的关切，只有这样才能取得良好的引导效果。现实中有许多这样的例子，尽管政府及时作出回应，但是回应的信息却不是社会和媒体所关注的。如此一来，还是无法真正起到答疑解释的作用。

近年来，在信息公开原则下政府回应没有针对性的案例有不少。比如，2016 年 5 月 8 日北京发生的"雷洋案"，大众最关注雷洋的死因。然而，昌平警方在 5 月 9 日和 5 月 11 日的两次回应中，对事件的核心问题没有回应，导致负面舆论越来越多。当然，

[①] 舆论为什么对无锡发"脾气"［EB/OL］.（2019-10-15）［2022-08-10］.https://baijiahao.com/s?id=16473679
864792&wfr=spider&for=pc.

政府的回应针对性比较突出的例子也有很多。比如，在 2020 年新冠肺炎疫情新闻发布中，国家卫健委召开新闻发布会的原则就是"多回答问题，少主动介绍"；北京市新闻发布会的原则也是"民有所呼，我有所应，以新闻发布密切联系群众"，这些都取得了较好的发布效果。

（四）口径与核心信息一致原则

"口径"是新闻发布工作中的一个术语，指的是关于某个重要问题权威、准确的信息。口径不仅需要具有新闻色彩，还需要有丰富的数据和背景材料做支撑。"核心信息"是指一些关键事实和数据。对于突发事件来说，尽管相关信息庞杂，但是在传播过程中总有一些"焦点信息"，即关键事实、关键数据。而所谓"口径与核心信息一致"就是指在舆论引导的过程中，政府部门的口径和核心信息应保持一致，这是政府信息权威性和可信性的关键。

1."口径与核心信息一致"的意义

"口径与核心信息一致"是解决突发事件问题本身的要求。在突发事件中，信息高度汇聚，有各种传言、各种热点。在舆论从散播到聚集、从热议到爆发的阶段，政府给出统一和符合逻辑的说法及核心信息，是引导舆论走向的关键。如果政府的口径不统一，提供的核心信息相互冲突，就会引发新的舆论，甚至成为舆论升级的推手。

"口径与核心信息一致"是体现政府公信力和权威性的要求。尽管政府是由许多部门组成的，它们有不同的职责和权利范围，但普通民众很难区别政府的不同部门、不同职能，在突发事件中更是如此。如果口径与核心信息不统一，影响的不是个别部门的形象，而是整个政府的公信力和权威性。

"口径与核心信息一致"是应对媒体的重要原则。媒体具有"喜新厌旧"的特点，如果政府、相关机构、事件涉及者在回应媒体的时候各说各话，口径和信息混乱或者相互矛盾，就会给媒体各种解读和"发挥"的空间，导致舆论失控。

"口径与核心信息一致"的关键，在于建立信息发布的统一协调机制。突发事件的舆论引导是一项十分复杂的系统工程，涉及的部门众多、利益复杂，仅凭一个地方、一个部门不可能有效控制事态的发展，有效引导舆论。如果缺乏良好的统一发布机制，没有协调和沟通，不同部门面对媒体和公众各自表态，往往会互相矛盾，从而造成公众的困惑、猜疑和恐慌，甚至引发新的危机。

2. 如何使"口径与核心信息"一致

首先，"口径与核心信息一致"，建立在情报与定性优先原则的基础之上，是以情报信息充分、定性准确为前提的。如果情报是错误的，官方对事件性质的认识不清、态度矛盾，那么"口径一致"无从谈起。实际上，官方在对事件定性的同时，就是在为发布制定口径。

其次，"口径与核心信息一致"要求有一定的制度保证。口径的制定有一定的程序：（1）涉事部门根据事情的发展拟订初步口径，因为涉事部门了解情况比较详细；（2）法务或政策研究部门进行审核，从法律和政策角度进行把关；（3）宣传部门进行修改，使口径好传播、易传播；（4）上级部门批准。注意，如果需要特事特办，强调时效性，可以采用集体会商的方式，而不是传统的文件报送方式。

然后，在口径的运用中，统一和协调机制尤为重要。口径确定之后，对外公布的口径只能是一个。不管是事件处理者、新闻发布者、政府官员，还是其他与事件有关并可能接触媒体的人，口径必须一致，不能提供相互矛盾的信息。为了统一口径与核心信息，避免出现表态混乱，应注意以下四点：（1）授权发布。制定信息发布制度，规定新闻发布的权限，没有授权不得随意发布新闻。信息发布机制包括谁负责新闻发布工作，内容由谁来草拟、具体如何形成，最后由谁审定等。同时，在新闻发布过程中应该明确工作纪律，没有新闻发布工作任务的部门和个人，无权擅自向媒体发布新闻或者回答记者的提问。[1]（2）表态应该前后一致，不能前后矛盾，难以自圆其说。[2]（3）有关部门向媒体联合发布消息时，各部门、相关合作机构的新闻官员应相互通气，彼此之间口径一致。（4）负责同一事件的发言人最好不要中途更换，以增加公众的信任度，对过去发表的不准确信息要立即纠正。

最后，"口径与核心信息一致"原则应该贯穿突发事件处置的全过程。在突发事件的酝酿、爆发、缓解和善后的不同阶段，有不同的核心信息，但在每一个阶段，都要求

① 张宗良. 政府新闻发言人实用读本［M］. 合肥：安徽大学出版社，2007：46.
② 邹建华. 如何面对媒体——政府和企业新闻发言人实用手册［M］. 上海：复旦大学出版社，2006：223.

信息对外发布一致。当然，最重要的是事件爆发的阶段，各方对事件的解读必须一致。

在实践中，口径与核心信息不一致往往有三种表现形式：一是不同的部门表态不同；二是同一部门不同的人说法相互冲突；三是同一个人在表述同一件事时前后矛盾，出现明显的逻辑错误。在突发事件发生后，各部门面对媒体和公众时，一个最大的问题就是各说各话、互相矛盾，没有统一的口径。有的地方部门为了推卸责任、互相指责，各说各的理，各唱各的调。向媒体和公众发布信息时，互不通气、各自为战。面对同一突发事件，内部传出不一样的声音，这是突发事件处置的大忌。不仅发布的信息让人真假难辨，令原本简单的事态趋于复杂，也会暴露内部的矛盾，失去媒体和公众的信任。如2007年陕西"华南虎"事件中，省林业厅不按规定和程序匆忙召开新闻发布会，宣布在镇平县发现野生华南虎，同时公布了村民周正龙拍摄的两张"虎照"，并颁发了2万元奖金。这个发布会既未按照规定程序履行报批手续，也未对"虎照"拍摄情况进行实地调查。在缺乏实体证据的情况下，省林业厅如此匆忙地发布重大信息，定性草率。当引起社会质疑后，有关人员又没有统一口径，一再违反纪律，擅自发表意见、参与网络争论，加剧了社会的关注和争议，造成了不良的社会影响。舆论由虎照是否为"真"转向政府是否"诚信"，在很大程度上损害了政府形象。再如2008年春节前南方发生的雨雪冰冻事件中，广州火车站聚集的数十万等待返乡的民众由于火车停运而滞留广场。广州市发布通告表示希望民众就地过年并采取了相应的疏散措施，然而铁道部却发布信息表示保证民众可以回家过节。两方信息互相冲突，导致当地疏散工作劳而无功。诸如此类口径不一的新闻发布，不仅造成了民众思想的混乱，影响了政府的权威，也加大了事件处置的难度。

案例回顾 6-4

双汇"瘦肉精"事件

2011年"3·15"消费者权益日，中央电视台播出"3·15"特别行动节目《"健美猪"真相》，指出被喂瘦肉精的生猪涉嫌流入双汇集团旗下济源双汇食品有限公司。节目播出后，立马引发舆论哗然，不仅是双汇集团，甚至连中国肉类加工企业都被推向舆论的风口浪尖。在这次媒介危机事件中，双汇集团采取了各种公关手段来解决危机。首先是采取直接否认策略，有关人员称双汇集团一直对瘦肉精有十分严格的检测规定，不可能出现含有瘦肉精的猪肉。不过，在媒体曝出的各种证据面前，这一策略很快被放弃。随后又采取规避责任策略，明确表示该事件是集团下属济源子公司的不当行为，将济源了公司的行为与双汇集团的行为作出区分，同时尽量缩小事件的波及范围。最重要的手段是 3 月 31 日在漯河市体育场召开的万人道歉大会，但是这次大会也暴露出双汇集团最大的问题。双汇集团在大会上传递了四项核心信息：一是向消费者道歉，二是公布六项整改措施，三是说明自己的损失，四是重塑信心，会上甚至还传出了"双汇万岁"的口号。其中的核心信息是相互冲突的，后两条信息直接湮没了前两条信息。这场没有消费者，只有员工、经销商和媒体参加的大会极为失败，以"道歉"为名的大会实质上偏离了主题。4 月 15 日，双汇产品在北京市场重新上架，但销量大幅下降。

（五）阶段性与合理性原则

突发事件舆论引导中的阶段性原则，又称渐进性原则或滚动发布原则。合理性原则，又称可接受原则、权威性原则、"第三方原则"。阶段性与合理性原则是由突发事件舆论引导的特性所决定的。

1. 阶段性原则

首先，从突发事件的发展规律看，事件本身的发展有阶段性，媒体的报道有阶段性，所以舆论引导也应该有阶段性。突发事件的传播大体上可以分为三个阶段——报道信息、引导舆论和深入反思。各个阶段的具体表现如下：第一，报道信息阶段。突发事件发生后，人们往往希望在第一时间获知尽可能多的相关信息，以便了解真相、作出判断。在此阶段，媒体要迅速跟踪报道事件，全方位、多角度、连续性地报道新闻，尽量满足受众的信息需要，保持信息透明。这样可以及时制止各种谣言的传播，降低民众因为信息不透明产生的不安全感。第二，引导舆论阶段。媒体及时报道相关部门的措施、态度及社会各界的反应。以报道引导舆论。媒体的舆论引导有两种方式，一是通过新闻评论进行直接的舆论引导，二是通过报道社会舆论进行间接的舆论引导。第三，深入反思阶段。媒体提供心理抚慰，恢复公众信心，同时做进一步的反思。主要是报道事件的最新进展、措施产生的社会效果、事发地生产生活秩序的好转或恢复等，以此消除公众的疑虑和不安，使公众重拾信心。从更深的层面来看，媒体报道的目的不仅是揭示真相和反映舆论，更重要的是促进局面好转和社会进步。

由于突发事件往往很复杂，且有一定的延续性，因此新闻发布工作必须跟踪事态的发展和变化，连续不断地通报事件的最新动态。突发事件舆论引导中的阶段性原则的具体实施步骤有三个：第一，告知。突发事件发生后，要尽快、主动披露信息，我们称之为"亮剑"。政府分阶段、分层次对突发事件的相关信息进行滚动式发布，第一时间发布的信息不一定全面，但求及时、简单明了，以掌握舆论的主导权为目的。可以设立一个临时新闻中心，以滚动发布动态为主要任务。这样既可以最大限度地避免记者根据道听途说或者猜测去做报道，也可以在客观上起到组织和管理记者的作用，因为记者往往会因为害怕漏掉最新信息而守在新闻中心。第二，引导。树立正面形象，消除负面影响。要及时向公众披露政府为解决问题所采取的措施，甚至可以动员公众或媒体共同参与事件的解决，我们称之为"出剑"。这一步，是解决问题、减少损失、消除不利影响的关键。第三，改变。化危机为机遇，重塑政府形象。要及时公布在事件中得到的教训和经验，重新赢取公众信任，甚至提高信任等级，我们称之为"破剑"。其实，任何危机都包含着机遇，改变是引导提升的关键。

其次，从传播学的规律看，突发事件舆论引导的阶段性原则，实际上是一个通过有序发布信息、设置议程，进而更好地引导舆论的过程。突发事件舆论引导的阶段性原则体现了三个层次的传播：一是知晓层次的传播，主要是让公众了解事件的经过与政府的立场；二是态度层次的传播，主要是让公众了解政府的措施和事态的变化，改变公众的态度；三是行为层次的传播，让公众在认知事实、改变态度之后能够采取行动。[①]通过这三个层次的传播，引导舆论朝着有利于危机解决的方向发展。

可以说，阶段性原则既是突发事件复杂性导致的结果，也是舆论引导遵循传播规律的必然表现。在实践中，阶段性原则的运用有如下具体要求：

---

① 张宗良.政府新闻发言人实用读本［M］.合肥：安徽大学出版社，2007：92.

在突发事件发生初期，在事件没有完全弄清、没有最后结论的情况下，发言人要及时提供经过审批可以公布的事实，或者已经确证的部分信息。比如什么人、什么时间、什么地点、发生了什么事、原因是什么等，通过及时回应，把握舆论引导的主动权。要保证陈述准确，不能有模棱两可的说法。没有搞清的问题，应当说"正在调查"或"希望广大市民提供线索"，等等，回答一定是确定的语气。[①] 随着事件的进展、了解情况和信息的增多，发言人再分阶段、分层次滚动发布事件信息，把事件是怎样发生的、后果如何、已经采取了什么措施、政府态度如何、谁将为此负责、如何避免类似事件再次发生等进一步的情况讲清楚，同时对过去由于情况不清晰而发布的不准确信息加以纠正。通过不断的新闻发布以及正面引导，最终化危为机。

分阶段、分层次滚动发布事件信息，也是国外新闻发布常用的方法。据了解，英国政府在接到重大突发事件消息后的 20 分钟内，就会向媒体进行第一次新闻发布。第一次的新闻发布通常只有 5—15 分钟，有时甚至只是一句话，回答两三个问题。目的就是说明突发事件的性质，阐明政府态度，而有关的详细情况会随着调查进展情况在以后的新闻发布会中发布。[②] 对于一些重大的或者过程较复杂的突发事件，政府部门应该主动、客观地介绍相关情况。知道多少，先说多少。情况介绍可以由简到繁、由点到面，引导媒体进行报道，以免延误和丧失引导舆论的良机，陷于被动。美国白宫前新闻发言人弗莱舍曾经打过一个生动的比方，说这就像很多饥饿的人在等待一只正在烤制的火鸡，如果鸡翅已经烤熟，就应该把那部分切下来，让人们先填肚子再说，再继续烤其他部分，不要让人们饿着肚子等到火鸡全部烤熟。[③] 突发事件往往是动态发展的，因此人们对材料的搜集、整理和发布也呈现出动态形式。不过，每一个阶段都要有发布的重点与核心信息，一步步地引导舆论。

2. 合理性原则

舆论引导的阶段性原则与合理性原则是一致的，把握好阶段性，才能实现合理性。换句话说，合理性是建立在阶段性之上的。因为突发事件发生后，短时间内很难搞清楚

---

① 刘建明. 新闻发布概论［M］. 北京：清华大学出版社，2006：101.
② 邹建华. 如何面对媒体——政府和企业新闻发言人实用手册［M］. 上海：复旦大学出版社，2006：19-20.
③ 邹建华. 如何面对媒体——政府和企业新闻发言人实用手册［M］. 上海：复旦大学出版社，2006：19.

它的来龙去脉，建立全面认知需要一个过程。随着消息源不断增加、信息不断丰富、措施不断实施并产生效果，信息发布的合理性也会不断增加。

"合理性"指发布的内容符合逻辑和常识，适量、适度、适宜。在实施合理性原则的过程中，除了在不同阶段设置不同的议题与核心信息，并尽可能保证信息真实可信外，还要注意巧妙利用新闻现场，利用包括权威人士、专业人士和机构、非政府人士、民间组织、事件当事人等在内的多方信息。特别要注意防止出现极端言论和明显不符合事实、不合理、与社会情绪背道而驰的言论，使信息真实可信，能够被社会所接受，逐步扭转不利舆论。

在这一方面，既有正面案例，也有反面案例。例如第五章提到的 2011 年"1·4"泰安袭警案就是正面利用该原则的案例。在整个舆论引导的过程中，当地政府部门首先是很好地利用了阶段性原则，召开了三次重点不同的发布会。当天下午的第一次发布会主要介绍了事件发生的过程、人员伤亡情况，各级领导赶赴医院安抚殉职民警家属、慰问受伤民警及群众情况，说明泰安民警在事件处置过程中英勇无畏的表现，从而消除了民众因对案情不了解引起的恐慌心理和警察伤亡代价大、追捕时间长等质疑。次日上午的第二次发布会主要是介绍牺牲警员的基本情况、受伤警员的救治情况、干警们的合理行为及可贵精神。次日下午召开的第三次发布会主要是介绍犯罪分子的基本情况。三次发布会发布的信息真实可信，层层推进。其次是很好地利用了第三方原则，在消除舆论关于警察因为没有枪支和防弹衣而牺牲的误解时，有关方面通过对中国人民公安大学教授进行采访，从权威的第三方之口给予合理回应。当然，实践中也有许多反面的例子，一些部门在处理突发事件时不考虑阶段性特点，总想一次解决问题、统一发布；一些部门在制定口径和说法时，不考虑合理性和社会可接受性，反而沦为社会段子，甚至成为点燃舆论的导火索、流行词，长久地成为影响当地政府形象的标签，如"指鼠为鸭""提灯定损"等。

案例回顾 6-5

山东大学"学伴"事件

2019 年 7 月 6 日，有网友在微博爆料称，山东大学为留学生配置"学伴"。一时之间，"学伴""中外交流""一配三"等敏感词开始在中美贸易摩擦民族情绪上升的大背景下爆发。事实上，"学伴"制度在山东大学已经实施两年，其间因为有一些争议，于2018年进行了调整，一名留学生搭配三名中国学生结成学习小组。7月7日，一份盖有山东大学国际事务部公章的关于"学伴"活动的说明成为舆情进一步高涨的助燃器。这一说明称，活动合理合法，受到学生欢迎，符合教育部规定，质疑这个活动是"别有用心"。然而对于这个说明，学校宣传部部长10日发言称是不小心泄露到网上的，非正式工作人员写的材料。与此同时，各种涉外的负面新闻陆续出现。7月10日以后，山东大学宣传部、留学生工作处、研究生院以及负责教师开始各种回应，但是出现了口径不一的情况。直到12日，山东大学发布辩解式的道歉声明，对项目表格中的"结交外国友人"不当表述道歉，避重就轻，未能彻底平息舆情。这次事件处置出问题首先是没有体现阶段性的策略，第一次对抗式发声之后长时间沉默，导致各种舆情发酵；其次是缺乏合理性，不仅给出辩护式、空洞化的回应，而且回应过程中还出现了多种声音；最后是对于舆论关切的问题，如超国民待遇、异性学伴等没有回应，道歉也是避重就轻，所以出现了舆情的累积叠加，加剧了舆情的发展升级。

（六）公众利益与人文关怀原则

公众利益原则是舆论引导中的立场问题，要求从公众利益而不是本单位、本部门的角度认识事件、披露信息。人文关怀原则是舆论引导中的情感问题，要求在事件的背后看到人，从普通人的情感、价值、尊严、命运的角度考虑信息的发布。人文关怀原则是六项原则的核心。

公众利益与人文关怀原则是由中国的国家和政权性质决定的。我国的宪法规定："一切权力属于人民。"习近平总书记在十八届中共中央政治局第一次学习时指出："一个政党，一个政权，其前途命运最终取决于人心向背。如果我们脱离群众、失去人民拥护和支持，最终也会走向失败。"以人民为中心是中国共产党的执政理念，坚持全心全意为人民服务是党的根本宗旨。这些理念、宗旨应贯彻到突发事件的处置中。如《国家突发公共事件总体应急预案》就明确规定了"以人为本"的原则。突发事件处置中的"勇于担责"原则，也是公众利益与人文关怀原则的一种体现。

公众利益与人文关怀原则有利于突发事件的处置和解决，也是舆论引导中"导向正确""价值优先"的体现。突发事件具有"社会性"和"公共性"，不管涉及哪一个部门、哪一级政府，突发事件都是社会公众关心的事件。突发事件还具有"危害性"和"高关注度"，不管什么类型的事件，都有"人"的因素存在。在这样的事件中，舆论引导坚持公众利益和人文关怀，是顺利处置事件，乃至化"危"为"机"，提升政府公信力的关键。

在实践中，坚持公众利益与人文关怀原则有以下具体的内容和要求：

首先，在发布立场上，新闻发言人要站在公共立场快速发布事件信息和处置措施，而推卸、切割、缩小责任都是这一原则的大敌。突发事件通常都会带来一定程度的人员伤亡、财产损失、负面情绪，在发布信息时，新闻发言人不能掩盖信息、缩小事实，更不应急于将本单位、本部门与危机起因做切割，草率脱责。因为这些做法往往会给媒体和公众留下不负责任的印象，甚至可能进一步引发舆情，所以新闻发言人必须明确地把维护公众利益和承担社会责任，放在处理危机事态的重中之重，树立起政府勇于承担、以民为重的正面形象。

其次，在发布内容上，新闻发言人应时刻秉承"以人为本"的理念。一般而言，在突发事件初期，公众最关心的是与自己切身利益相关的情况，如事件的危险程度、控制情况，人员的伤亡情况，财产的损失情况，等等。新闻发言人要以对人民高度负责的精神，把这些内容作为发布重点，体现出政府对公众生命财产安全的关注，而不要强调政府的损失或政绩，更不要急于"化危为机"，突出自己或单位的形象。要特别注意，和一切事物相比，人的生命是最重要的。"以人为本"不仅要体现在救援中，也要体现在发布中。在突发事件处置后期，社会最关注的是政府对事件的善后和责任处理，新闻发布也要适时回应这种关切。

然后，在发布技巧上，新闻发言人在介绍事态发展和政府应对措施时，要在第一时间对因突发事件造成的人员伤亡、损失和其他不便，表示关切和同情；在任何发布场合，都要避免说官话、套话，多说实话、真话，站在群众的立场上说话，体现政府承担责任、和人民"休戚与共"的立场；鼓励公众勇敢而理性地面对灾难和悲剧；注意语气和着装；要避免"悲情侵扰"①，把握"恐慌适度"②的原则。总之，在突发事件引导中，对"人"的充分关注和同情是一种态度、一种信息、一种正能量，可以赢得公众的信任。

最后，要注意情感传播。情感传播是全媒体时代传播的一个重要特征，人们接收信息时，往往带有很强的情感取向。在新闻发布中，带有真情实感的发布往往能产生更好的效果。例如在新冠肺炎疫情的发布会中，钟南山在谈到"武汉是个英雄的城市"时，眼含泪花，带来了令人震撼的传播效果。

简而言之，公众利益与人文关怀原则是危机传播中的价值传播部分，而价值传播的反面就是官腔官调。对公众利益与人文关怀原则最简单的理解就是把自己摆进，真正站在事件受害人、利益相关者的角度换位思考。而打官腔则是把自己择出来，站在对立的角度，以高高在上的态度说话，势必引发民众的反感。

在实践中我们看到，公众利益与人文关怀原则实施的好坏直接影响到事件的解决。2011年9月27日上海地铁10号线发生追尾事故，造成200多人受伤。对于这起突发事件，上海地铁第一时间在微博上致歉："无论最终原因和责任怎样，给市民乘客造成的伤害和损失尤感愧疚。我们将全力抢救伤员……但再多致歉比起实际损害也显苍白，我们为此深深道歉。"当晚20时30分，上海市政府新闻办公室召开新闻通气会，上海申通集团总裁鞠躬致歉，对受伤的乘客深表歉意。这种有人情味的表态和致歉，不仅能够安抚民心，对于善后工作的顺利开展也有帮助。相反，有些地方官员在突发事件发生后，只注重讲述事件经过，介绍政府对事件采取的措施，就是不谈事件中的伤者、受害者情况。如2010年6月，江西全省持续降雨，21日18点30分抚州境内的抚河决口。江西防汛办主任被要求接受央视记者电话采访，在3分钟的电话连线中，该主任6次提到5位领导的指示，就是没有介绍群众安全和受灾情况，主持人两次打断仍不改说法，被媒体称为"官腔主任"。再如2015年1月2日，哈尔滨某仓库发生火灾，救援过程中有5

---

① "悲情侵扰"指在意外或不幸事故发生后，记者侵扰一些因该意外或事故悲伤的人。在突发事件的新闻处置中，我们要避免新闻发布工作对悲痛者造成的侵扰。对于死亡信息的发布要特别细心、谨慎，小心核实；在发布相关图片和进行文字描述时，应避免过度刺激，最好能事先征得相关人员的同意。对事件过程进行描述时，应充分体现对生命的尊重，切忌态度冷漠、麻木。要提醒和建议媒体记者，在寻找、采访或拍摄悲痛者时，应敏感、体贴，不要因收集和报道信息对他们造成二次伤害。

② "恐慌适度"是指在新闻信息披露时要避免夸大和渲染，尽量减少不确定的信息，把握披露信息的阶段性、时机和程度，以免造成社会恐慌，引发不必要的后果。

名消防队员牺牲。然而 1 月 3 日在当地公安局官方微博平安哈尔滨发布的公告中，全文 585 个字把相关领导点了个遍，"高度重视""第一时间指示""现场指挥""要求全力救援"等就占了 258 个字。关于牺牲消防队员的情况却被放在了最后，连名字都没有。这样没有人情味的官方"八股文"，受到了网民的激烈批评。

案例回顾 6-6

"鼠头鸭脖"事件

2023 年 6 月 1 日，江西工业职业技术学院一名学生在学校食堂就餐后，发现鸭脖中出现异物疑为"鼠头"，经与食堂工作人员交涉后，被告知为鸭脖。心存疑虑的学生将照片发至网上，随即引发网络讨论。"学校""食品安全"等关键词一向都是舆论关注的热点，网络舆情事件初现苗头。6 月 3 日，学院官方微博发布情况通报，称饭菜中的"异物"经当事人确认为鸭脖。通报还声称，南昌市高新区市场监督管理局接到情况报告后，第一时间派出执法人员到该校开展调查，问询学校工作人员、食堂负责人、当事学生及相关知情人，并对食品留样进行了采样检测。随即，当事学生也在社交媒体发布视频表示，自己看错了，确实是鸭脖。6 月 4 日，当地媒体发布视频报道，南昌市高新区市场监督管理局昌东分局局长现身发言称，执法人员第一时间赶到现场，经过反复对比确认，"就是鸭脖"。然而，相关说法并未获得网友认可，网友就调查过程和结论依据等提出诸多疑问。各方意见不一，迅速在网络引发热烈讨论，负面舆情一路上升，并开始出现扩散效应，不仅涉事公司、当事学校以及市场监管部门受到舆论质疑，甚至连与此事毫无关联的绝味鸭脖公司也遭受无妄之灾，口碑受累、股票大跌。光明网、人民网、央视网、央广网、中新网等众多主流媒体跟进评论，《人民日报》发表评论讽刺"煮熟的鸭子还嘴硬";《中国新闻周刊》等媒体发表调查报道，揭露学校不仅没有解决问题，反而忙着发动水军，试图影响网络评论。至此，原本一家餐饮承包企业的违规问题，已经演变成"资本、教育、执法联合起来的包庇、欺瞒"，甚至严重影响到地方政府的公信力，一场舆论风暴已经形成。

6月10日，江西省成立"鼠头鸭脖"事件联合调查组，由省教育厅、省公安厅、省国资委、省市场监督管理局等部门开展联合调查。一周之后，联合调查组发布调查结果：经勘查现场、调取监控视频发现，6月1日当天学生反映疑为"鼠头"的异物随即被涉事食堂工作人员丢弃。通过查看食堂后厨视频，查阅采购清单，询问涉事食堂负责人、后厨当事人、当事学生和现场围观学生等，判定异物不是鸭脖。根据国内权威动物专家对提取的当事学生所拍现场照片和视频进行专业辨识，判定异物为老鼠类啮齿动物的头部。公告一出，此前学校和监管人员"言之凿凿"的声明，全部沦为笑话。一个简单到常识即可判断的问题，最后让省政府出面成立多部门联合调查组才能说明真相。这场"指鼠为鸭"的荒唐闹剧终于宣告落幕，然而此事带来的负面舆论却影响深远。

正如人民网评论所言，所有的舆情处置都要以"公"和"真"为标准——只有以公众利益为核心，"公平公正公道不能丢，公心公义公德不能松"，才是网络舆论场是非对错的评判标准；只有提供真实信息、还原事件真相，才是网络舆论定纷止争的"灵丹妙药"，企图隐瞒真相，只会引发更大的信任危机。对于当事学校和监管部门来说，从一开始就对此次事件误判，没有把处置的根本目标定位在引发舆论的问题本身，而是以舆论为标靶，试图采用封堵甚至造假的方式来愚弄舆论。然而，这样做的后果，不仅降低了自己的诚信，还贻误了解决问题、减少舆论影响的有效时机，造成巨大的社会公信力损失。

二、舆论引导的"三个优先"与回应的"3+1"模型

除了上述六个原则之外，突发事件舆论引导的原则规范还有一些更为简单的说法，比如舆论引导的"三个优先"和突发事件回应的"3+1"模型。

（一）三个优先

"三个优先"是指"态度优先""关系优先""价值优先"。

"态度优先"，不仅是指发布者对待事件的具体态度，而且包括对舆论、对媒体、对社会公众的态度。要彻底抛弃"拖、瞒、卡、压、告"或"拖、瞒、躲、卡、删"五字诀，用坦率、积极、负责的态度，主动披露信息。之所以强调"态度优先"，一方面是因为态度也是信息，而且是重要的、直接关于发布者的信息；另一方面更重要的是，舆情的"情"不仅是情况的"情"，而且是情绪的"情"，正确的态度是平息愤怒情绪最好的阻燃剂。当然，态度不仅仅是说，而是说和做的统一。

"关系优先"，是指改变以往对抗式的引导策略，团结一切可以团结的人。有媒体报道，某国际会议就数据信道的长码使用方案进行投票时，联想没有投华为的票，联想是不爱国的企业。联想集团领导人怒气冲冲，在网上发文表示"团结起来，捍卫联想荣誉"。然而，这一做法犯了舆论引导的大忌——没有公关对象。这句话可解读为所有对联想有意见的人，都是要反对的对象。相比之下，任正非就高明许多。他曾经表示，"你们支持华为，不一定用华为手机，我的家人用的就是苹果，华为手机只是商品而已；你们反对美国，不要反对美国人民，也不要反对美国企业，最多就是反对美国的少数政客"。这就是"团结的人越多越好"的实际运用。不能谁说跟谁急，谁讲跟谁怼，没有公关对象，而是要团结大多数，争取最广大人民的支持。

"价值优先"，就是坚持前面所说的公众利益与人文关怀原则。价值是政府企业、社会组织存在的基础。而突发事件是展示和体现价值的重要时机。价值优先要体现在舆论引导的方方面面，体现在说和做的每一个细节。例如在"东方之星"沉船事故发布会上，有记者问为什么不尽快将船身翻过来，专家解释，在倾覆的船体内可能还有生命存在，必须用声呐探测确认没有任何生命体征存在之后，才可以将船身正过来。这样"以人为本"的理念就得到了清清楚楚的展现。在事故的"头七"当日，救援停止3分钟，所有路过的江轮鸣笛致哀，显示对逝者的尊重。因此，没有价值的引导，是没有灵魂的引导，最终也难以实现引导目标。

（二）"3+1"模型

突发事件回应的"3+1"模型，是突发事件舆论引导的标准模型。突发事件发生后，媒体一定会代表公众问三个问题：发生了什么事情？为什么发生？采取了什么措施以保证此类事件不再发生？政府或相关机构的回应模式一定是"3+1"，即及时回应这三个问题，同时表明自身的态度。

事实永远是第一位的。在突发事件的回应中，对于"发生了什么事情"的回应也是第一位的。突发事件发生后的一段时间，既是信息爆炸期，也是信息真空期。各种信息满天飞，媒体、公众甚至事件当事人都需要了解事件的真实信息。作为权威的信息源、事件的直接处理者，政府和相关机构需要在第一时间尽可能多地了解信息，发布事件的真实信息。舆情就像一个封闭的容器，里面正确的信息越多，错误的信息就越少，真实的信息越多，谣言就越少。及时准确地回应发生了什么事情，是其他一切回应的基础。

"为什么发生"，是前一个问题的逻辑延续。媒体和受众在知悉发生了什么事情后，也希望进一步了解发生的原因。在讲情报与定性优先原则时，我们就谈到了对事件原因的收集。政府和相关机构最好能在第一时间对事件的原因做初步的判断，这样不仅有利于事件的解决，也有利于事件的舆论引导。不过在实践中，事件发生的原因有时候很难判断。相对来说，自然灾害的发生原因比较简单，事故灾害就比较复杂，公共安全事件比较简单，社会安全事件就比较复杂。但是不论难易，对"为什么发生"的回答是难以回避的。如果原因无法确定，可以将一些调查情况作为替代信息提供给媒体和受众，调查情况包括现场的保护、人证和物证的收集、现场录音录像，调查组的授权、级别、人员结构、推进计划，等等。如果确切的原因无法确认，初步调查的结论也可以尽早地公布。

"采取了什么措施"，是回应中最有主动权的部分，也是只有政府和相关机构才掌握的信息。在这些措施中，有短期措施也有长期措施，有局部措施也有全局措施，有具体单位的措施也有行业性的措施，有抢险、救人、安置、善后等现场措施，也有举一反三、防止事故不再发生的改进措施。在谈措施的时候，要明确、简短、可信、可行、接地气。

新闻发言人在表达上述三个方面信息时，还要及时表明态度，包括对事件的态度、对受害人的态度、对责任人的态度等。比如，对所犯错误或失误的道歉、对事故损失的遗憾、对死亡人员的悼念、对责任人的追究等。注意在表明态度的时候，一定要真诚、坚决、务实、自然。比如，在对事件处置责任追究的时候，可以用"依法依规""四个不放过"①来表态，也可以用"一查到底、绝不姑息"来表态。同时要注意表态的场合、语气、表情、动作，甚至着装。再次强调，舆情的"情"不仅是情况的"情"，而且是情绪的"情"，及时正确的表态可以平息公众的情绪。

案例回顾 6-7

川航迫降事件

媒体呼吁，"我们需要英雄，也需要真相"。

2018 年 5 月 14 日 7：42，川航飞机在发生故障后成功降落成都机场。9：18，川航官方微博发布第一条相关消息；13：45，川航官方微博发布第二条相关消息。下午 3 点左右，有消息称川航将举办发布会，引发媒体极大期待。17：17，《成都商报》在官方微博发布对机长刘传健的"独家专访"。18 点左右，川航发言人迫于压力与媒体短暂见面，但再三表示"没有安排发布会"。21：30 左右，网上开始流传机组成员和媒体见面的视频。直到 16 日中午，机组及川航高层才召开了部分媒体参加的媒体座谈会。这本来是一次"史诗级降落"的积极事件，但是川航在媒体应对方面却显露出诸多不足：其一，发布信息被动。被动发了 3 次微博，但是给的信息量很少，直到第 3 天才组织媒体座谈会。其二，表态和行动自相矛盾。一方面说机长不能接受采访，让媒体理解机组成员在调查结束前不便面对媒体，但又屡屡传出"机长专访"等消息。其三，发布内容细节不严谨。如降落时间 42 分还是 46 分，旅客人数多少，送医就诊的是 29 人还是 27 人。事件的关键数据在发布过程中几次出现变动。其四，媒体见面会交流混乱，现场组织不力，出现了抢话、发言人念稿、不回答问题等现象。就上述介绍的"3+1"模型而言，此次川航在整个舆论引导过程中都没有做到，核心信息不完整。直到后来电影《中国机长》拍摄播出，才陆续有媒体完整报道了事件真相。

---

① "四个不放过"，指事故原因未查清不放过、责任人员未处理不放过、整改措施未落实不放过、有关人员未受到教育不放过。

三、舆论引导的"五个避免"和"五个金句"

在突发事件舆论引导中，除了上述提到的原则和模型外，还有信息披露的"五个避免"和"五个金句"。这些"避免"和"金句"，也是在实践中总结出来的经验。

"五个避免"：

（1）避免官腔官调或态度生硬；

（2）避免回应模糊或相互矛盾；

（3）避免缺乏关键数据或事实；

（4）避免一问三不知或问此说彼；

（5）避免生硬切割或大包大揽。

在实践中我们看到，凡是出现这些应该避免而没有避免的情况，往往会使舆情进一步发酵。就"官腔官调"而言，如在2016年12月发生的某小学"校园霸凌"事件中，该学校的第一次回应就是官腔官调和态度生硬的表现。一句"校园的归校园，社会的归社会"，引发了更大的舆情。就"回应模糊或相互矛盾"而言，如前面提到的发生的黑龙江绥化市庆安火车站的枪击案中，政府先是称警察的处置没有问题，随后又被爆出政府与死者家属签署了补偿协议，相互矛盾的做法，令人不懈。缺乏关键数据的支撑，如川航迫降事件发布会。就"一问三不知"而言，如2016年天津港爆炸，有媒体统计在天津港爆炸后政府举行的前6场发布会中，记者一共问了60多个问题，其中有30多个没有当场回答，主持人多次用"这个问题要回去查""这个问题负责人今天没来""这个问题不清楚"等言语推脱，发布会的效果可想而知。"问此说彼"是指回应的问题并非是受众最关切的问题。如2016年5月的北京"雷洋案"，公众和媒体关心雷洋是怎么死的，但警方却一直说其他问题，舆情不断发酵。所谓"生硬切割"就是随意甩锅，而"大包大揽"是指该处理的不处理。如有一段时间，单位一出事就推诿给"临时工"。再如，2016年12月的民生银行高管"性骚扰事件"。民生银行为了给当事人开脱，说骚扰只是微信上的，没有实际行为，"重新"定义性骚扰，引发了新的舆情。其实，认为处理当事人可能会影响所在单位形象是不对的，最终往往会事与愿违，形成相反的结果。只有该处理时果断处理，才能维护单位形象。在实践中，这五种需要避免的情况有时单独出现，而有时是同时存在的。

案例回顾 6-8

全棉时代"自夸式道歉"

在流量为王的短视频时代，品牌的广告营销越来越依赖于创意，有了好的创意才能被消费者看见，从众多竞品当中脱颖而出。然而，不把握好网络传播的舆论风向，创意不仅不能起到营销作用，反而可能带来不良影响。

2021年1月7日，全棉时代在网上发布了一则创意广告。在这则题为《防身术》的卸妆湿巾广告中，一名年轻女子下班夜归遭遇歹徒尾随，于是拿出该品牌的卸妆湿巾，歹徒看清卸妆后的女子立马被吓跑。广告内容被指丑化、侮辱女性，受到网友评论指责。公司随即开始回应，然而接连四波发声，却让舆论风波一浪高过一浪。第一波，全棉时代官方微博在网友评论中回复：视频为广告创意，无意侮辱女性，仅为突出商品清洁功能；第二波，发出正式致歉声明，由于"过于轻描淡写"，未能得到舆论接受；第三波更是"谜一般的操作"，长达两页的一封道歉信，仅用短短两段表达致歉，大段篇幅介绍全棉时代的创立初衷、专利技术、质量把控、原料选材、公益活动……夸夸其谈、自我标榜。这封道歉信一出，迅速引发网友热议，"不仅不见道歉的诚意，还想顺势收割""借机炒作""抖机灵"的批评之声不绝于耳。几小时内，#全棉时代的道歉#话题在微博阅读量就超过5亿。全棉时代三次发声回应，从"没有认识错误"到"没有道歉诚意"，再到"自夸式道歉"，一系列错误操作把自己送上舆论的风口浪尖。媒体评论称，"道歉当企宣，全棉时代的'聪明'用错了地方"；迫于舆论压力，全棉时代第四次发声，解释致歉信的来由："整个文案比较长，我们董事长亲自看过，也觉得要先把公司目前的价值观呈现给大家，其实是很真诚的……"又把董事长推到舆论面前，亲手拉领导下水，又迎来一轮炮火。

复盘这场失败的舆论应对，全面时代犯了几个关键错误：第一是不懂舆论，一脚踩在舆论敏感的深水区，所谓"创意"惹了众怒。第二是平息舆论的策略应该是减少信息、缩小舆论接触面，而全面时代的做法恰恰相反，在应该做减法的时候做加法，用力过猛、言辞过满，一封道歉信夹带了太多其他信息，因此被指"借机炒作"。第三是舆论从发酵转向衰退需要一定时间，而全棉时代出现舆论周期延长、舆论辐射扩大的情况，都是因为有新的线索、新的由头，让舆论有了新的增长点。全面时代拼命解释，不是彰显诚恳态度，反而将更多人"拉下水"，增加了更多舆论攻击点。

"金句"是指能够有效指导舆论引导的句子，在实践中我们总结出以下"五个金句"：

（1）你不可以改变事实，但是可以改变公众对你的看法；

（2）危机传播是平息公众的情绪，而不是发泄你的情绪；

（3）在危机处理中，团结的人越多越好，最大的忌讳就是没有公关对象；

（4）主动比被动强；

（5）合理得体顺势而为，不能生怼硬扛、逆势而上。

在实践中，遵从和违反这五个金句的正反两方面的例子有很多。如 2020 年 4 月，某市卫健委慰问返回的援鄂医疗队，照片一上网就惹怒了网友。照片上，领导在前面一排整齐站立，而医疗队员排在后面几乎看不见。随后，该市解释说由于抗疫要求，领导不能上台阶，医护人员不能下台阶，但是网友很快就扒出了同一场景中领导和医护人员混站在台阶上的照片。这样撒谎式回应，还不如不回应。在舆论引导中，不能只是被动回应，更要争取主动，这也是我们一再强调的原则。2020 年 11 月，有人投诉雪乡卖的东西太贵，引发"雪乡宰客"的舆情，哈尔滨某报纸却发表评论称"叹一声雪乡'窦娥冤'"。本来是一个简单的价格投诉，报纸评论却称网民是故意"抹黑碰瓷"，将网民称为"键盘手""喷子"，最后警告"互联网不是法外之地"。这样的评论生怼硬扛，只顾发泄自己的情绪，一下子推高了舆情。

因此，牢记以上的这些原则、规范、模式和金句，可以很好地帮助我们进行突发事件的舆论引导。

第七章 突发事件舆论引导的方法与渠道

■ **关键问题**

1. 突发事件舆论引导的流程是什么？

2. 突发事件的传播预案准备包括哪些内容？

3. 危机状态的风险评估和信息管理的要点是什么？

4. 突发事件中的新闻发布有哪些方式，如何把握发布内容？

5. 突发事件中的媒体沟通与应对要注意哪些方面？

6. 危机处置舆论引导的传播总结应该怎么写？

危机处置的关键在预防。我们可以通过环境保护制度减少自然灾害，通过安全生产制度减少事故灾害，通过疫情预报制度减少公共卫生事件，通过加强社会管理促进社会和谐减少社会安全事故，通过舆情监测减少负面事件引发的社会舆情。但我们还是难以避免突发事件的发生，那么，一旦突发事件发生了，又该用什么方法、通过什么渠道去引导那个似乎看不见摸不着，而又充满了可变性的舆论呢？

在前文中，我们已经总结了突发事件处置的原则、舆情发展的特点、舆论引导的机制以及突发事件舆论引导的原则和规范。这些规律和认识，都必须落实在具体的舆论引导实践中，本章就是探讨这些规律和认识的具体运用。

一、突发事件舆论引导的流程与注意事项

突发事件舆论引导的总体流程，见表 7-1。

表 7-1　突发事件舆论引导的总体流程

1	事件前	建立常态化的舆论引导机制。	准备传播预案，制定媒体联系机制、舆情监控机制、信息发布联动机制、重大政务信息公开发布和传播方案，阐明危机事件出现时各个部门的责任。
2	事件前	案例库、专家库、口径库建设与舆情监控。	案例库的更新、专家库的维护、口径库的更新，制定突发事件媒体沟通的应急预案，包括建立重大政务舆情会商联席会议制度，建立政务信息发布和舆情处置联动机制。
3	事件中	事件的分级响应与分类定性、危机状态的风险评估。	根据事件的性质和程度确定响应的级别，根据信息进行初步的分类定性，同时组织相关人员与专家对危机状态的风险进行评估，写出评估报告。
4	事件中	信息优先与渠道争夺。	收集事件核心信息，处理事件发生时产生的新信息和各方反映的信息，联系相关媒体，选择媒体发布、接受采访、召开发布会等不同的方式，保持发布渠道畅通。
5	事件中	适时、适度、分阶段发声与"3+1"模式的回应。	滚动发布，适时、分阶段发布，保持适度紧张，既要避免夸大和渲染，减少不确定性的信息，避免造成社会的恐慌，又要让公众保持警惕，保持"3+1"模式①的完整性。
6	事件中	透明度、及时反应和动态调整引导目标。	透明度是发声的时间与信息的数量，及时反应是回应舆情状况的速度，动态调整是根据事件处置的阶段性和舆情的周期性调整目标。
7	事件后	事后总结，化危为机，不断提高舆论引导能力与水平。	事件结束后，应该有跟踪式的后续信息发布，主要包括：突发事件遗留要素的进展状况；发生期间对公众承诺的兑现情况；相关涉事人员处理、安置情况；对类似突发事件的应急措施、整改情况以及新的政策制定、事件引导过程中的各类总结，等等。

一位疾控中心的主任说，舆论引导工作就是"没事多想事，事来不怕事，大事化小事，小事化没事，没事多想事……"这个顺口溜很好地概括了舆论引导的工作流程。"没事多想事"是建立舆论引导的机制，事先做好准备；"事来不怕事"是坚持正确的原

---

① 注："3+1"模式见第六章，指"发生了什么事情、为什么发生、采取了什么措施使类似事件不再发生＋态度"的回应模式。

则与方法;"大事化小事"是舆论引导的过程;"小事化无事"是善后的改进措施。这个过程只有经过多次正确循环,才能不断地提高舆论引导的水平。

就每次发生的具体事件而言,也有相应的舆论引导步骤和注意事项,见表7-2。

表 7-2　突发事件舆论引导的具体步骤与注意事项

发布原则	第一时间公开透明	要在突发事件发生的第一时间向社会公众和媒体公布有关事实,时刻保持第一时间发布的态势。
	以人为本	要将公众的利益放在第一位,坚持"以人为本"。态度上不能随意切割推诿,内容上满足社会关切,避免套话官话。
	客观真实	无论在任何情况下不说假话,信息要客观真实。
	阶段性滚动发布	保持信息滚动发布,发布重点与事件处置一致。
	权威性统一出口	在整个危机事件中,由统一的出口发布消息,保证消息的权威性和有效性,防止消息混乱、说法不一。
	适度紧张	发布信息既要保持紧张,也要避免夸大和刺激引发社会恐慌。
发布内容	发布目标	发布主体要告诉媒体和公众什么样的信息,希望媒体和公众作出何种反应。
	发布内容	在使用"3+1"模式进行回应时,要及时、客观、准确。
	发布方式	媒体发布、个人采访、召开发布会等。
发言人与发布团队	确定发言人	第一时间确定发言人,让发言人参与到事件处理的决策之中。选择发言人应注意:(1)根据突发事件的严重程度,确定相应级别的发言人;(2)发言人应具有权威性和专业性,有媒体沟通经验,熟悉媒体运作;(3)在突发事件处理中,发言人能参与决策或者列席决策会议;(4)发言人必须形象稳重,有较好的语言表达能力。
	确定发布团队	根据事态进展和发布内容的需要选择发布团队,注意协调性和专业性。
口径与敏感问题	发布口径	口径必须合理、合情,不仅要易传播,还要有准确丰富的数据和背景材料做支撑。在事件发展的不同时期,口径可能会有变化,但要注意口径的整体性和连续性。
	敏感问题回应	敏感问题就是关注度高、比较棘手、处于原则的边界、容易引发过度反应的问题,在回应敏感问题时,首先要预测问题,准备好口径;其次要保持好心态,冷静、从容不迫、态度合宜;最后要客观陈述事实,适当表明态度,善于积极引导。
新闻发布现场管理	成立临时新闻中心	成立临时新闻中心,方便发布方采集信息,也方便记者采访和发稿。
	现场媒体管理	可以通过临时新闻中心对记者进行登记管理,也可以采取滚动发布新闻的形式,通过服务实现对记者采访的"软"管理。
	提供媒体服务	临时新闻中心应提供或租借给记者一些必要的设备,如电话、传真、网络、发电设备甚至小型卫星传输设备等;提供必要的服务,确保媒体记者与发布工作人员的人身安全。

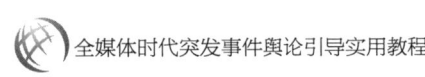

续表

复杂舆情引导	结合日常舆情研判复杂舆情	事件发生后深入研判舆情，是做好复杂事件舆论引导的前提。有关部门应当在日常工作中定期搜集汇编舆情简报，在突发事件发生后，在此基础上深入研判舆论走向，有的放矢制定引导方案。
	动态跟踪舆情即时调整策略	发布方在第一次发布信息之后，要密切跟踪媒体动态，提供舆情简报，及时调整发布内容。
复杂舆情引导	抓住主要矛盾及时发布信息	复杂事件往往会产生大量的混杂信息，因此必须抓住有舆情爆点和重要关注点，即抓住主要矛盾，在最短的时间内发布权威信息。这不仅可以体现政府的应急能力，也可以防止谣言产生。
	发布形式多样化	政府可以通过多种方式和渠道发布信息，如新闻发布会、记者见面会、媒体吹风会等，或通过官方网站、政务微博、微信、客户端、记者的微信群等实时更新最新进展，用含有"筋骨"（口径）的信息来应对多元的舆情。
发布总结	事件处置总结	包括事件的处理报告、对事件性质和责任的认定、对责任人的处理、事件改进或补救措施的落实，等等。
	舆论引导总结	包括微观层面的新闻发布会、中观层面的流程互动和宏观层面的总体评价等。

概而言之，从一个完整的突发事件舆论引导的流程来看，舆论引导的方法主要集中在以下五个方面：事前传播预案的准备，事中危机状态的风险评估与信息管理、新闻发布形式与内容、媒体沟通和应对，事后的传播总结。下面对这几个方面进行进一步的细化阐述。

二、突发事件前的传播预案准备

传播预案准备是突发事件舆论引导能否成功的第一步，"凡事预则立"。制度是舆论引导的基础，其本身也包含一些预期信息。

2003 年颁布的《突发公共卫生事件应急条例》规定国家建立突发事件应急预案，并明确了突发事件的信息发布制度。2006 年颁布的《国家突发公共事件总体应急预案》和2007 年颁布的《突发事件应对法》，进一步对建立突发事件的应急预案体系做了规定。不过如前所述，这些文件涉及的主要是事件本身，对传播和舆论引导所谈不多。最近几年，在对突发事件舆论引导机制不断探讨的过程中，各级政府和相关部门在建立新闻发言人制度的同时，也开始制定突发事件新闻报道的应急管理预案，各类规定、细则、办法、通知纷纷出台。在实际应用中，除了有些地方尚未制定预案外，已有预案的地方还出现了条理混乱、重点不突出和实施困难等问题。在一些事件中，预案并没有发挥相应的作用，反而影响到突发事件处置工作的展开。

因此，传播预案的主要内容应包括以下几个方面：（1）适用范围和报道原则；（2）组织机构和工作机制；（3）舆情研判和预警体系；（4）信息管理与新闻发布；（5）媒体服务与媒体管理；（6）应急保障与责任追究。

下面以"组织机构和工作机制""舆情研判和预警体系"两大方面为例，对突发事件传播预案中的核心问题和使用传播预案的方法进行说明。

（一）组织机构和工作机制

组织机构的建立是传播预案的重要内容。一般的传播预案在规定适用范围和报道原则之后，都会对组织机构的建立进行规定。适用范围是对突发事件的定义和分类，报道原则包括导向原则、以人为本原则、公开透明原则、及时准确原则、统筹协调原则等。组织机构主要是指挥机构的组成，一般由各级政府的宣传部门牵头进行统一协调。传播预案还有对组织机构工作职责的规定，例如上通下达、确定报道口径和报道内容、提供媒体服务、组织新闻发布、开展网络宣传，甚至包括值班制度、例会制度等。总体来说，组织机构的建立有以下几个要点。

第一，建立舆论引导的一把手责任制。如前所述，舆论引导与突发事件处置同样重要，"如同一个硬币的两面"，"这一现象可以称为'双因叠加效应'"[1]。在当今时代，领导干部应对媒体的能力已经成为执政能力的重要部分。2009年，时任中央党校校长的习近平就谈到各级领导干部要努力提高六个方面的能力，其中第六个就是要提高同媒体打交道的能力，尊重新闻舆论的传播规律，正确引导社会舆论。[2]2020年10月，习近平总书记在中央党校中青年干部培训班开班仪式上，再次讲到领导干部要提高解决实际问题能力，而且具体谈到七种能力，其中第五种是"应急处突的能力"。习近平总书记对领导干部应对突发事件的能力建设非常重视，2020年8月中央文献出版社出版了《习近平关于防范风险挑战、应对突发事件论述摘编》一书，书中分六个专题，收集了习近平

① 喻发胜，赵振宇.新形势下突发事件舆论引导机制的构建［J］.新闻记者，2010（10）：73-76.
② 习近平.关于新中国60年党的建设的几点思考——在中央党校2009年秋季开学典礼上的讲话［N］.学习时报，2009-09-28（1）.

从 2012 年到 2020 年的 180 多篇文章中的 404 段论述。在突发事件中，领导干部的担当非常重要。在广东"乌坎事件"发生后，时任广东省委书记的汪洋在总结中说："当今时代，交通通信手段越来越发达，获取信息的渠道越来越多，但都不能代替领导干部亲力亲为的调查研究。"汪洋一连用了四个"没有人能代替"加以阐释：一是在调查中与群众之间的感情交流，没有人能代替；二是对实际情况的切身体验，没有人能代替；三是与群众直接接触引发的思考，没有人能代替；四是调研中形成的决策思路和具体意见，没有人能代替。[①]在前面第四章关于政务信息公开的规定中，也有对一把手责任制的明确规定。比如 2016 年中共中央办公厅与国务院办公厅联合印发的《关于全面推进政务公开工作的意见》，明确提出"领导干部要带头宣讲政策，特别是遇有重大突发事件、重要社会关切等，主要负责人要带头接受媒体采访，表明立场态度，发出权威声音，当好'第一新闻发言人'"。在新冠肺炎疫情的新闻发布会中，我们也看到很多单位的一把手和主要负责人走向了发布前台。

第二，建立统一的舆论引导机构，并将其直接并入应急领导小组。建立舆论引导"一个中心、多个平台"的机制。"一个中心"由党委宣传部主导，负责所有与突发事件有关的事情，以利于高效完整地掌握各方面信息，统一信息口径，及时进行信息处置和新闻发布。"多个平台"是指以政府的新闻发布会、通气会为主，以接受采访、组织采访、提供新闻稿、网络发布等多种形式为辅，扩大信息出口，及时澄清不实传闻、回应社会关切、传播权威声音。如今，许多地方的宣传和新闻发布部门，都是联防联控机制的重要组成部分。

第三，建立舆论引导的分级管理和属地管理制度。突发事件的关键是早发现、早处置。《突发事件应对法》中的"国家建立统一领导、综合协调、分类管理、分级负责、属地管理为主的应急管理体制"就是对传播预案分级管理和属地管理的概括说明。

第四，建立舆论引导的报告与协调制度。传播预案应突出事件核心信息的上报制度，明确突发事件的应对团队是一个整体，既要强调各部门的任务和职责，也要强调各部门的通力协作。虽然不同的突发事件有不同的处置主体与合作机构，但是统一的合作机制必须建立起来。

---

① 钟平. 群众的利益诉求不能漠视——"乌坎事件"透视［J］. 源流，2012（02）：22-24.

第五，建立清晰完整的制度体系。制度要具有可理解性、可操作性。例如，制定工作流程表，明确时间限制，包括负责人到达现场的时间、第一条消息发出的时间、给事件"定性"的时间等。2016 年颁发的《〈关于全面推进政务公开工作的意见〉实施细则》，就明确规定了突发事件的政务舆情最迟要在 5 小时内发布权威信息，在 24 小时内举行新闻发布会，并根据工作进展情况，持续发布信息。

（二）舆情研判和预警体系

对舆情的研判和预警是突发事件处置的第一个环节，也是最重要的一个环节。《〈关于全面推进政务公开工作的意见〉实施细则》规定了建立健全政务舆情收集、会商、研判、回应、评估机制，强调对舆情的研判和评估。舆情研判是机制建设的重要组成部分，必须建立专门的舆情收集和分析机构。

信息的收集整理十分重要。有学者提出，有必要在政府中引进"首席信息官"制度（CIO，Chief Information Officer）。"政府部门的首席信息官产生于 20 世纪 80 年代的美国。1984 年，针对政府'结构真空'现象，美国每一级机构都设立了一名主管信息资源的信息官。CIO 就是指政府部门中负责战略信息管理和资源整合，实现跨部门信息共享和业务流程再造的负责人。"

在突发事件舆情的收集过程中，要注意以下四个方面的信息：一是现场信息，或者说来自口头舆论场的信息。新闻的一线在现场，现场是新闻的直接发生地。要在基层选调一批政治理论水平过硬、有较强信息搜集能力的舆情信息员，把他们安排在重要的地点或敏感的人群中，以便在发生突发事件时，他们能够在第一时间将信息报送政府的新闻中心，使新闻中心能够有针对性地分析舆情，阻止不实信息和不良信息的产生。二是来自媒体舆论场的信息。媒体舆论在社会上影响比较大，包括主流媒体、市场媒体、地方媒体的信息。要利用平时的媒体关系或设专人收集媒体信息。三是来自新媒体舆论场的信息。要加强对网上舆情信息的分析，由于境外记者往往会从互联网上发现和了解网民的反应，因此新闻中心负责网站联络的工作人员要注意收集敏感网站的新闻主页、微博、贴吧、论坛、微信公众号、短视频平台等出现的关于突发事件的信息及言论。四是搜集境外媒体舆情。随着国内外舆情的同频共振以及涉外舆情事件的增多，新闻中心要设立专门的境外舆情小组，负责翻译整理主要境外媒体对事件的报道，将它们报道的侧重点和触及的敏感话题进行分类整理、提炼要点，使新闻中心能够对境外舆情作出快速反应，防止境外媒体利用突发事件诋毁政府形象。

在舆情研判的过程中，要注意以下四个方面的问题：第一，要研究信息研判的方法。目前，及时妥善处置群体性事件，已经成为当地政府保持辖区稳定工作的重中之重。一些部门肩负着收集信息的责任。但是由于渠道不同，单一部门的信息有局限性，只有及时、科学地收集信息、综合处理，才能较全面地掌握事件的整体情况。第二，要解决少数部门隐瞒信息的问题，加大对"第一时间"信息的保护，使相关部门敢于提出初步舆情分析。第三，增加舆情观测点，将是否存在利用微博、微信等现代通信手段进行歪曲、煽动宣传作为评估可能诱发群体性事件的指标。在启动预警机制过程中要注意，既要维护群众利益，也要维护法律的尊严。第四，在舆情研判的过程中，不仅要考虑定量的因素，还要考虑定性的因素。定量方面，由于大数据技术的发展，一些互联网公司可以提供全网的信息数据，如报道量、点击量、转载量、回复率等，还可以将数据分为燃点、热点、焦点、爆点等不同的等级，这些都是重要的量化参考。定性方面，如事件是单一事件还是复杂事件，是开放话题还是封闭话题，爆料人是否是当事人，事件报道方式的新闻性如何，发布在什么样的媒体合适，事件的演变发展如何，事件是否契合社会热点或社会情绪，事件与当前政策的关系，等等。不看事件背后的因素，不做舆情的定性研究，是无法真正做好舆情研判的。

尽管突发事件是"突然发生"的，但是我们也可以发现一些前兆。例如，自然灾害有灾害预报，事故灾害有安全报告，公共卫生事件有病例报告等，而社会安全和媒介事件的情况相对复杂，要提前进行"热点"预测。启动预警机制建立在舆情研判的基础之上，并非所有的舆情都需要启动预警机制。有必要建立舆情指数和舆情热点，相关部门根据不同的指数、热度及事件与社会问题的契合度，决定预警的不同等级和不同程度的处置措施。

只有掌握突发事件的基本信息，才能及时启动预警。以突发事件中的群体性事件为例，要建立以各级公安、信访部门为平台，综合治理、公安、信访部门为主渠道，各级各部门、各单位共同参与的信息预警网络。对可能或即将发生的群体性事件的苗头和隐患，要做到"四个及时"：及时发现、及时报告、及时控制、及时处理，力争将群体性事件控制在潜伏期或热议期，尽快就地解决。

除了上述的"组织机构"和"预警体系"之外，我们在信息管理、新闻发布、媒体管理、应急保障、责任追究等方面也需要建立完整、清晰、规范、操作性强的相关规定。传播预案的关键在于规范化和制度化，要避免"纸上谈兵"、制度与行动不同步，要在演练和实践中不断完善和提高。

现在许多地方和部门的领导都十分重视舆情。对舆情研判的不同结论及预警机制是否启动，决定了事件的性质和走向。例如，2012年四川的"什邡事件"就是没有了解舆情而盲目举行项目开工仪式，触发了恶性的群体性事件。与之相反，2012年7月，有网友发帖称，江苏"南通大型达标水排海基础设施工程"将在启东设排污口，引发网民议论，甚至有部分市民准备于28日集体到市政府"请愿"。26日，政府在官方网站发表了一段名为《致全体市民一封信》的视频，说明工程已经暂停，呼吁市民不要参与游行，避免了恶性事件的发生。再如，在2011年"泰安袭警案"中，当地政府在第一时间启动了新闻发布应急预案，迅速成立了案件新闻应急处置工作组，制定了报道方案，并对工作机构、新闻发布、记者接待、对上联络、媒体采访、舆论引导、舆情搜集研判、报道安排等8个方面的情况做了部署，明确了工作分工和职责，保证了事件的舆论引导始终沿着正确的方向发展。与之相反的是，2017年的丽江游客被打事件就是因为相关部门没有认真了解舆情，粗暴回应导致舆情不断升级，出现了"塌方式舆情"。

三、危机状态的风险评估与信息管理

预警体系一旦启动，就要立刻进入危机处理的状态。在事件处置中，危机状态的风险评估和信息管理伴随着整个事件的处理过程。

（一）危机状态的风险评估

危机管理是一个决策的过程，因为危机中始终存在着高度的不确定性。《突发事件应对法》的第五条明确规定："国家建立重大事件风险评估体系。"2018年国家建立了应急管理部，各地方政府建立了相应的应急管理机构，各相关机构也都有重大事项社会稳定风险评估机制，这些机制完全可以被纳入突发事件舆论引导的管理办法中。

"风险"这一概念可以定义为"造成人员伤亡、财产损失或对社会带来其他伤害的可能性"。风险本身包含三个基本要素：一是实际的伤害后果，二是伤害产生的概率，三是伤害可能发生的时间。所谓"风险评估"就是在充分掌握资料的基础上，采用合适的方法，对已识别的风险进行系统分析和研究，评估风险发生的可能性、发生的时间、造成损失的范围和严重程度，为决策者选择合适的风险处理措施提供依据。风险评估有许多方法，如风险定性评估方法、风险定量评估方法、风险综合评估方法、社会调查法、系统分析法和利益分析法等。不同的分析方法有不同的特点，但一般都是通过比较、对照的方式对事件进行评估。就突发事件舆论引导的任务而言，危机状态的风险评估要注意以下三个方面。

第一，明确评估的组织机构和工作流程。风险评估的责任主体按照属地管理、分级负责的原则，"谁决策、谁负责"。与传播预案的准备单位一样，责任主体应全面掌握社情民意，充分运用各种手段了解不同舆论场的信息，准确把握各方对突发事件的反应以及与此相关的各种利益诉求。同时，评估机构还需要吸收专家团的意见。在突发事件的风险评估中，咨询是必要的。它可以弥补评估组织管理或实施评估的责任主体在专业方面的不足。在突发事件发生后，决策部门应迅速启动风险评估专家组以提供咨询。风险评估专家在知识结构、专业领域、工作背景和从业经历等方面应具有互补性，如"政策型专家""学术型专家""媒体及公共关系专家"等，共同参与风险评估报告的写作。

第二，明确风险评估的任务，写出评估报告。风险评估的任务是说明风险的类型、性质、程度及其延续和变异的可能性。风险评估首先要区分出事件的类型、性质、等级和层次，然后对突发事件对系统运行、社会稳定的影响，包括有无境外势力参与等作出预测，特别是对突发事件的舆情进行专门的研究分析，推测突发事件的发展趋势。落实到具体的工作中，一是对突发事件的情况进行梳理，二是对舆情的发展演变进行分析。以事故灾害类的突发事件为例：评估一方面包括对事故灾害的范围、损害程度、持续时间，是否有扩大的可能性、是否有潜在的影响等的分析，另一方面包括对利益的相关方、参与的媒体方，以及舆论的关注点及趋势演变等的研究。最后在定性、定量的基础上写出包括传播方案在内的评估报告，甚至是与哪些媒体接触，这些媒体的报道风格、需求，与媒体沟通过程中可能出现的问题等，都要纳入风险评估报告中。

第三，保持风险评估的动态化和常态化。突发事件是一个动态的发展过程，有的持续时间很短，有的持续时间很长。对于长期性的事件，就需要动态性的风险评估。在事件发生转折的时期、突发事件的不同阶段，需要根据情况的变化修改风险评估报告。另外，风险评估系统能否在突发事件中发挥作用，关键是平时能否将风险评估的各个方面贯穿到社会事务的处理中。例如在突发事件中建立情报报告制度、预警与预测制度，对近期比较集中的矛盾、可能出现风险的领域加以防范，积极研究和准备应对措施。做到早评估、早预防，事件一旦发生不至于手忙脚乱，能够有条不紊地按照预案准备。

（二）危机信息管理

突发事件舆论引导中的关键是对信息的管理。由于突发事件本身的复杂多变、利益相关方的深度参与及社会的高关注度，事件中会突然出现强而无序的高信息量。那么，如何掌握、分析、处理这些信息呢？

首先，明确突发事件信息的来源。在突发事件中，信息主要有三个来源：一是来自事态发展变化本身，二是来自政府对事件的处置，三是来自社会、媒体对事件及政府处置措施的反应与评价。以一场自然灾害——2012 年北京"7·21"暴雨为例，其中的信息包括降雨量、降雨范围、重灾区、降雨特点、人员伤亡与财产损失情况、可能发生的次生灾害；政府的应对措施，如降雨后处置事件的会议决策、领导的指示与行为，气象、公安、水利、交通、房管等相关单位及基层部门的工作，相关工作人员的救援；公众与媒体的反应，如对事件的反应及对救援工作的反应等。

其次，注意信息收集的渠道和方法。上述三个信息来源中，第一种事态本身的信息是政府与媒体共同掌握的，第二种对事态的处置是政府掌握的，第三种则来自社会与媒体，即通常所说的舆情。在前面讨论舆情研判时，我们已经介绍了对现场、传统媒体、新媒体和境外媒体四个方面的舆情研判及舆情收集的方法。

最后，分析和处理信息。政府的信息处理要注意两个方面：一是对信息进行管理分类。区分哪些是需要内部掌握的，包括需要上报、下传、协调及与不同部门分享的；哪些是需要对外公布的，包括公布的方式与时机。一般说来，涉及国家安全、民族团结、个人隐私、决策细节等内容，都不宜公开报道。但也要考虑当代信息传播的特点，总体趋势是内部信息越来越少，公开的信息越来越多，隐瞒信息的风险越来越大。二是对信息进行内容分类，同时进行舆论引导。在突发事件中聚集起来的高信息量，就内容而言分为三类：第一类是消极信息，第二类是积极信息，第三类是中性信息。总体来说，消极信息多于积极信息。政府要在分出三类信息的情况下，全面主动地发布积极信息，客观地发布中性信息，积极引导消极信息的转变。在此过程中，要考虑公众利益与人文关怀，注意适度、情感、自然、合理的原则，防止出现引导偏差，过犹不及。

上述的信息处置是一种静态的分析。实际上，突发事件的信息处置是一个动态的过程。所谓"动态化"，就是指在实际的处置中，除了上述要点外，还要考虑过程因素，考虑阶段性和热点的转移，考虑事态与信息发展是渐变还是突变，形成时空交错的立体处理模式。

"舆论场就像一个大容器，你公开注入的信息越早、越充分，其他人的意见空间和回击余地就越狭促。"[①]换一种说法，突发事件中的舆论场就像一个快速加热的封闭容器。如果无序的消极信息不断沸腾，容器就有可能爆炸而威胁社会安全。而如果引导信息有序运转并不断加入冷却剂（诚恳的态度和正确的处置措施），容器就会逐渐冷却。

四、突发事件中新闻发布的形式与内容

如果说传播预案的准备、风险评估及信息管理是突发事件舆论引导的基础性工作，那么新闻发布就是实施舆论引导的具体过程。

前文谈到了舆论引导的五项机制、六项原则，以及新闻发布的"三个优先""3+1"回应模型和"五个避免""五个金句"等，新闻发布就是这些机制和原则的具体体现。前文也介绍了突发事件信息的管理分类，而发布的内容就是信息管理分类中需要外界知晓的部分。

（一）新闻发布的三种形式

概括而言，新闻发布的形式主要有三种：新闻发布会、媒体采访和新媒体发布。这三种形式各有特点，其中新闻发布会比较正式，适合发布重大和核心信息；媒体采访机动灵活，适合深度发布和精准发布；新媒体发布比较便捷，可以随时随地发布。这些发布形式相互配合，体现了主动、积极、灵活的媒体特点。

---

① 陈芜.看香港政府如何与媒体打交道［J］.对外传播，2009（08）：22-23.

1. 新闻发布会

新闻发布会是由主办机构在特定的时间和地点向媒体发布新闻或介绍情况的一种方式。

新闻发布会的相关工作分为事前准备、事中控制和事后评估三个部分。发布会的事前准备包括时机、内容的选择，人员、场地的安排等。时机需要具体情况具体分析。内容包括发布主题、发布口径、新闻通稿、背景材料、事态进展、舆情分析、记者可能提出的问题等。人员的准备包括发言人、发布会负责人、拟邀请的媒体记者的确定，翻译及技术等各种工作人员的配备。场地的准备包括场地的选择，发言人和记者席的位置安排，灯光、录音、投影设备等的位置安排。事中控制包括发布会的时间控制、现场气氛控制、提问互动环节控制、发言人的应对技巧等。事后评估是对发布会进行复盘、对媒体的报道进行跟踪等。

新闻发布会的注意事项：（1）收集舆情，找出最难回答的问题做好预案，尤其要准备好前两个问题的回答，策划好新闻发布会的要点，准备好"三张纸"——要点验收单、口径单，以及希望让媒体采纳发挥的标题句、金句列表。（2）少说套话官话，多说接地气的话，多使用媒体语言，准备数据和故事。媒体语言有"三六九"原则，即30个字、6年级懂、90秒说完；还有"三三"原则，即一场发布会有三个要点，每个要点有三个信源或数据支持。（3）没有坏的问题，只有坏的问答。不要带着情绪回答问题，不要重复记者的提问，不要回答未发生的情况，只回答已经发生的事实和掌握的情况。（4）注意"三不""三个优先"与"一个原则"。"三不"是"不说谎、不说错、不逃避"，也就是不要推卸责任；"三个优先"是"态度优先、关系优先、价值优先"；"一个原则"是"真话不一定全说，但是假话绝不能说"。

一场成功的新闻发布会，应该具备以下五个要素，或者说可以从五个方面去评估：（1）目的明确、组织到位、程序完整；（2）记者积极，提问水平高；（3）发言人准备充分，反应敏锐，回答到位；（4）现场气氛活跃，局面可控；（5）传递出大量有效信息，可供记者从不同角度展开报道。例如2015年"东方之星"沉船事故后召开的新闻发布会，从救援、事故原因调查、善后等不同角度展开，每场都有明确的主题，发言人熟悉情况、准备充分，取得了较好的发布效果。在这五条中，第五条最为关键。新闻发布会最重要的是披露大量有效信息。

因为突发事件的特点是突发和急迫，所以突发事件新闻发布会召开一般不宜过晚，当天、最迟次日在掌握基本情况后就可以召开。根据国务院的文件规定，事件发生后不超过24小时就应进行新闻发布。新闻发布会时间不宜过长，30—50分钟为宜，核心信息要集中，3—5个即可，新闻稿一般不超过1500字。突发事件的事态是不断演变的，具有阶段性特点，发布会也应是连续的，不能指望一次发布会解决所有问题。

在突发事件中，"现场"是一个非常重要的概念，包括现场的信息采集、媒体管理和新闻发布。如今，突发事件的现场发布也成了常见的现象。例如，山东华源新泰煤矿透水事故工作组就在救援的矿井口旁召开了新闻发布会。"东方之星"沉船事故工作组在组织媒体记者去现场时，就在等船的码头请救援人员现场介绍情况。现场新闻发布能给人更强的真实感和新闻性，但是对新闻发布的组织和现场控制也带来了更大的挑战，需要很高的发布水平。

2. 媒体采访

采访是新闻专业术语，是新闻报道者出于大众传播的目的，通过提问、倾听和观察等手段，对可能受到广泛关注却鲜为人知的信息开展的搜集活动。采访是新闻业务中的一项重要内容，是整个新闻工作的基础。从本质上看，采访是一种具有双重主体的活动。也就是说，采访要在采访者与采访对象的共同努力下才能完成，或者说采访是采访者和采访对象共同完成的一项新闻挖掘活动。

采访有固定场所采访、事件现场采访、拦访、电话与邮件采访、回答记者问询、发布新闻稿、组织记者集体采访等形式。新闻发言人在接受采访时要注意资料的准备、口径的统一、记者的问题陷阱等。在非见面采访中，要特别注意核实记者的身份。相比而言，发新闻稿和组织记者集体采访比较主动。

采访者在采访前应进行充分的准备，包括平时准备和临时准备；采用恰当的采访形式，如面对面采访、电话采访、书面采访、邮件采访、体验式采访等；采用正确的采访方法，提问要有逻辑性、简洁性、指向性；学会倾听，以眼神、动作、短插话进行配合；仔细观察采访对象的一举一动，寻找提问的时机和内容；不仅要全记录，还要记重点、找破绽。

新闻发言人作为采访对象，要注意以几点：（1）事先准备，知己知彼；（2）有原则，有技巧，原则包括政治原则、保密原则、诚实信用原则等，技巧主要是指传播技巧；（3）坚持"三不""三个优先"，即"不说谎、不说错、不逃避"，"态度优先、关系优先、价值优先"；（4）学会倾听、平等交流，合理运用传播策略，注意非语言手段，时刻保持主动；（5）回答技巧有直接回应、幽默化解、以情感人、以数据与故事回应等。这些技巧中，最关键的是保持主动，说出调查清楚的事实和准备好的口径，设置议程，拉近情感，引导舆论。

案例回顾 7-1

任正非接受记者采访

2019 年 5 月 15 日，美国将华为列入实体制裁名单。为了回应关切、释放信息，任正非连续发声，在 5 月 17 日接受日本媒体采访后，又于 5 月 21 日召开媒体圆桌会，回答了中央电视台、人民日报、新华社、环球时报、澎湃新闻、观察者网、每日经济新闻等国内近 20 家媒体的群访。在两个半小时的时间内，任正非回答了记者 42 个非常尖锐的焦点问题，会后的采访实录达到两万多字。其中，核心句是"我们已经准备好了"，给消费者、供应商及合作伙伴以信心。在"我们已经准备好了"这个总口径之下，有稳定军心的分主题：美国给的 90 天延展期其实不重要，我们拥有强大、先进的技术；有展示"筹码"的分主题：华为一季度的营业额增加 39%，4 月份又增加 25%；有引领预期的分主题：华为永远需要美国芯片，称赞美国企业为华为加班加点生产，华为要将美国企业与政客分开，坚持在开放中创新；还有展示情感、增进亲和力的分主题：展现了与家人的亲情，解释了华为的股权结构，甚至有当场与下属通电话的情节。这场专访信息量非常大，任正非熟练的传播技巧得到充分展示，是接受采访的典型成功案例。

3.新媒体发布

新媒体发布是利用网络及移动媒体进行的发布，是政府与媒体争时间、抢速度、增加发布内容、拓展发布渠道的重要尝试。首先，这种发布的传播速度更快。例如，在2009年"6·5"成都公交车燃烧事件中，上午8点30分发生事故，四川在线网站于8时46分48秒就发出第一条快讯，而传统媒体在12点10分才发出第一条新闻。可见在时效上，传统媒体与新媒体之间存在巨大差距。在当前媒介融合时代，传统媒体已经实现与新媒体的融合，可以通过网络传递"正在发生的事情"。其次，这种发布的传播对象更精准，可以实现一事一传，也可以实现点对点的发布，更有效地传递信息。然后，这种发布的信息量更大，除了时间自由和传播便捷外，新媒体的主要特点就是空间的无限性，"网络有多大，媒体的传播空间就有多大"。最后，这种发布可以带来传播互动，实现更好的传播效果。网络媒体建立在"草根""大众"的基础上，具有交互性、分享性与体验性，传播特征明显。

值得注意的是，政府在新媒体发布方面已经作出许多努力，而且也取得了一定的成效。2011年11月，北京市集中各单位官微推出"微博发布厅"，成为"打通传播微血管的新尝试"[①]。在2012年北京"7·21"特大暴雨中，刚刚上线半年多的官方微博发布厅就发挥了重要的作用。市民纷纷@北京各政府机构开设的官方微博，报告险情、吁请救援。而"北京发布"及区县各部门微博，成为当晚重要的权威信息源。北京房山一个学校的师生因山洪暴发被困，市消防局的@北京消防、市水务局的@水润京华等均通过官方微博直播了消防官兵徒步驰援的情况，直至百余师生全部安全转移。救灾中一个派出所所长不幸牺牲，市公安局的@平安北京沉痛通报的帖文被转发50万次，评论达到8万多条。对比在2011年的故宫"N重门"媒介事件中，鲜见官方微博的身影，媒体不仅感慨："蓦然回首，在突发公共事件中，政府的新闻发布和官民互动已经发生了令人欣慰的进步。"[②]2014年之后，随着媒介融合的发展，政府的新媒体发布成了更为普遍的现象。在新冠肺炎疫情信息发布中，政务新媒体已经无处不在。

新媒体发布的平台很多，包括官方网站、论坛、贴吧、博客、微博、微信公众号、新闻客户端、短视频平台等。其中，官网、微博和微信公众号是常见的形式。官网发布相对正式，而微博、微信公众号灵活快捷，传播效果更好。微博以"4A"的传播特

---

① 刘笑盈.政务微博：打通传播微血管的新尝试——谈北京市政府微博发布厅的成功上线［J］.新闻与写作，2012（02）：5-8.
② 祝华新.暴雨中的微博勾勒出一种新国情［N］.中国青年报，2012-07-23（4）.

点——Anytime（任何时间）、Anywhere（任何地点）、Anything（任何事情）、Anyway（任何方式），以及开放式互动平台，成为最具影响力的传播方式之一。由于微信公众号具有很强的传播黏性和传播精准度，因此政务微信公众号逐渐兴起，成为新媒体传播的利器。目前，"一网两微"已经成为政府传播的标配，有的部门还推出自己的客户端，并入驻头条号、抖音、快手等新媒体平台，形成了新媒体发布的传播矩阵。不过，新媒体发布也有一些需要注意的问题：既要简短、可信、亲民，又不能使用过多太新、太怪的网络用语；既要快速传播大量信息，又要注意信息的真实性、准确性、客观性。另外，新媒体发布不能达到所有受众，还要关注网络之外的世界。

要进行新媒体发布，首先要知道网络舆情的特点。网络舆情具有直接性、突发性、偏差性。"直接性"是指网络舆情不需要铺垫；"突发性"是指舆情汇聚速度快；而"偏差性"则是指在网络舆情中，极端观点往往更容易盛行。其次还要掌握网络应对的原则和技巧。原则包括"及时沟通、解疑释惑、态度优先、公众利益、平等交流、网言网语"。基本的技巧和要求包括：（1）信息与定性优先，不同性质的问题回应口径和基调不同；（2）不能情绪化回应，不能用激烈措辞引发对立冲突；（3）以说明情况为主，适当表明态度；（4）寻找共同点，逐步寻求事实认同、利益认同和价值认同；（5）回应简明扼要、准确客观，坦率而不生硬。

总而言之，新闻发布就形式而言，重要的是主动控制下的发布无时不在和无处不在，以达到拓展传播渠道和引导舆论的最大效果。

（二）新闻发布的内容处理

就新闻发布的内容处理而言，有以下六点需要注意：一是对新闻的理解，发布的内容是新闻；二是口径与核心信息的处理；三是回应关切，政府议程与媒体议程、公众议程相结合；四是发布内容的广度与深度；五是对消极信息的处理；六是发布内容的适度、适量、适宜问题。

第一，发布的内容是新闻而不是宣传。新闻与宣传之间最大的区别就是新闻以信息为主，而宣传以观念为主。其他区别还有：新闻的价值在于满足受众的需求，宣传的价值在于满足宣传者的需求；新闻强调时效，宣传强调时宜；新闻的受众是不确定、最大化的，宣传的受众是确定的、特定的，等等。[①] 新闻具有及时性、重大性、真实性、客观性、反常性、贴近性等特征。在撰写新闻发布内容时，一定要考虑这些因素，多给实用信息，减少官话套话，不能把新闻稿写成宣传稿或者政府公文。

第二，口径和核心信息是最符合新闻价值的内容，一定要按照新闻规律去处理。如前所述，口径是在对事件定性的基础上，对问题权威、准确的回答；核心信息则是事件中最重要的信息。口径一致可以避免媒体炒作，发布时要简单、明快，符合"30 秒原则"，即 30 秒内说完。这样一来，不仅可以吸引媒体的注意，也可以减少媒体的解读空间。核心信息处理要符合及时、客观、准确的原则。例如在突发事件中，事件原因、政府态度、人员伤亡、财产损失等都是核心信息，也是新闻发布中的重要内容。如果这些信息发布不及时、不客观、不明确的话，就会被媒体"过度解读"或"演绎"。值得注意的是，随着"以人为本"认识的不断提升，突发事件中人员伤亡、救援、善后等问题作为核心信息的地位不断上升。在 2012 年"7·21"北京特大暴雨中，政府在 22 日 22 点及时发布了 37 人死亡的灾情通报，而在 24、25 日的发布会上没有更新，就成了社会议论的焦点。直到 26 日的发布会确认了 77 人的数字，而且提供了性别、年龄、身份、死亡地点、死亡方式等详细内容，才平息了议论。这种方式符合新闻对事实信息的要求，也显示了政府公开透明、认真负责的工作态度。

第三，发布的内容要回应社会关切，把政府议程与媒体议程、公众议程有机结合起来，从而掌握舆论主动权。"议程设置"是指通过传播信息赋予各种议题"显著性"，从而影响人们对事物重要性的判断。在现实社会中，由于关注的角度不同，议程也不尽相同。比如，政府关注发展问题的时候，媒体可能关注环境问题，而公众可能关注腐败问题。发布会的原则是"政府的声音、百姓的关注、媒体的视角"，实际上就是追求一种议程的结合，把百姓关注的内容用新闻的方式讲出来。在突发事件中，只有这种三合一的议程，才能形成合力。政府要紧紧围绕媒体和公众最关心、最迫切想了解的问题来确定发布内容、安排发布人员和部门，主动设置议题，及时回应媒体和公众的疑问。在实践中我们看到，在主动发布和回应关切之间，一定要把握好度，发布内容要有针对性，凡是不能回应关切的发布，都难以取得好的发布效果。

---

① 刘笑盈. 中外新闻传播史［M］. 北京：中国传媒大学出版社，2006：303.

第四，考虑发布内容的广度与深度。中央电视台新闻中心曾提出新闻的"四度理论"，即"速度、广度、深度、温度"。前文在"第一时间"和"人文关怀"原则的阐述中，已经谈到"速度"和"温度"，此处再强调"广度"和"深度"。所谓"广度"，就是发布信息的面要广，涉及突发事件的各方面。所谓"深度"，就是核心信息一定要说到位，最好能够成为媒体标题。发布要有连续性，并进行原因背景分析，以便形成立体的新闻发布，引导媒体报道。

第五，突发事件中新闻发布对消极信息的处理尤其值得我们注意。首先，要分清消极信息的性质，是情绪还是事实，是可证实还是不可证实，是对事态的消极还是对政府措施的消极，是事件导致的消极还是媒体渲染的消极，等等。其次要寻找适当的处理方法。如淡化转移、缩小适用范围、正面回应、说明消极信息的背景和原因、情感引导和感化、热点转移，等等。最后是及时处置谣言。在处置消极信息时，最需要及时处置的就是谣言，包括关于事态的谣言和对政府采取措施的谣言。第二章谈到过，"谣言＝重要性 × 模糊性"，这也是突发事件中谣言多的原因。消除谣言就是消除模糊性，对于那些可以证实的信息，要在第一时间公布，对于难以证实的，也要寻找间接证据予以证实。谣言的传播与公众的批判能力成反比。每一次辟谣的过程，也是提高公众批判能力的过程。

消极信息具有高传播性和裂变性的特点。俗话说"好事不出门，坏事传千里"，用"躲""辩""拖""压""告"等非新闻的方式处理消极信息，往往会适得其反。要记住，信息的容器容量有限，明确的、积极的、中性的信息占大多数，消极信息自然就会减少。

第六，新闻发布注意要适度、适量、适宜。舆论场是一个容器，并不是说政府装进去的内容越多越好，而应该给媒体留一些空间，做好媒体沟通与服务，让媒体去发声。政府要做的，是使舆论容器内的信息准确、有序。

总而言之，新闻发布应冷静客观、平稳有序，使传播效果达到最大化。

在突发事件新闻发布中，要注意形式和内容的统一。如核心信息与事件性质比较重要，适合通过正式的发布会形式发布，而细节和背景材料可以通过组织采访的形式发布；传统媒体适合深度报道，新媒体适合大众传播，等等。另外，还要掌握发布的时机与节奏，"快说事实，慢说原因""多说信息，少说观点""整体应对大于细节应对""阶段性

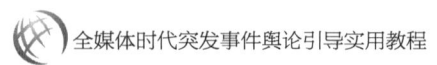

与渐进性结合""多说措施，及时表态"，时刻掌握舆论主动。

在具体的发布实践中，正反面的例子都出现过。例如在2011年9月27日的上海地铁追尾事件中，尽管有关方面采用微博通报了事故消息，但还是晚于网友和媒体微博的报道速度。同时，关于事故过程的报道多，关于人员情况的报道少。地铁运营方两次发出道歉微博，但又两次删除，结果引发争议，被网友认为是"在研究合适的官方解释"。直到晚上8点半，地铁运营方才发出道歉微博，并给出"上海地铁有史以来最暗淡的一天"的说法。次日，随着官方微博及时回应网友关切、正向信息传播增强，事件才逐渐平息。再如2019年的响水爆炸事故，江苏省生态环境厅在事故发生3小时后就发出了第一篇"速报"说明基本事实，在事件发生24小时内通过官方微博发布了6份通报，持续释放权威信息，大大挤压了谣言的传播空间。

五、突发事件中的媒体沟通与应对

一位新闻办主任曾经形象地说，突发事件的媒体应对只需要三个人——第一个拿着标有"媒体区"的牌子站在那里，第二个人上去说三句话：发生了什么？政府在做什么？政府的态度是什么？第三个人设立新闻中心，架设采访电话，印制采访申请表。在此基础上，事件的媒体应对就可以正常运行了。

这个说法看似简单，实际上指出了突发事件中媒体应对的三个基本要素：其一，媒体需要信息，最重要的媒体服务就是提供信息；其二，媒体需要管理，采访要有序，要让媒体找得到你；其三，媒体需要服务，要为其工作提供便利。

尽管现在已进入新媒体时代，大量的信息来自自媒体，但是专业媒体的重要作用无可替代。人们需要专业媒体的信息，因为专业媒体的信息更准确、权威。2016年中共中央办公厅和国务院办公厅发布《关于全面推进政务公开工作的意见》，专门提到要发挥新闻媒体的作用，"把新闻媒体作为党和政府联系群众的桥梁纽带，运用主要新闻媒体及时发布信息，解读政策，引领社会舆论"。

（一）为媒体提供信息

应对媒体的第一要务，就是主动给媒体"喂料"，即提供信息。突发事件的发展期，是媒体最兴奋、最繁忙的时期。媒体是一把双刃剑，运用得好可以拓宽信息传播渠道，起到监测社会环境、促进公民参与社会管理的作用；运用得不好则可能对社会造成伤害，尤其在媒体越来越商业化的时代更是如此。我们应该认识到，在全媒体时代，信息无处不在、无所不及、无人不用。在突发事件中，无论政府是否出声，媒体总要报道。政府没有给出信息，媒体只好转向其他信源。从根本上说，政府与媒体是合作的关系，二者的总体目标——在满足受众知情权的同时促进事件的解决和社会的进步——是一致的。所以，政府要用信息来填补媒体的需求，利用媒体的力量保障受众的知情权，向外界发出准确信息，表明政府姿态，保证舆论平台的畅通，从而掌握舆论引导的主动权。

政府在给媒体提供信息方面，有一些需要注意的地方。

首先是学会"与媒体一起工作"。政府要了解事件的新闻点和媒体的关注点、采访特点、发稿原则、编辑特点，不同媒体的报道角度和特性等。只有了解，才谈得上合作。

其次是抢速度、拓广度，为媒体提供统一准确的信息源。政府在第一时间发声的同时，应保持声音不断，滚动并全方位提供信息。一旦发生危机，政府必须主动寻求与媒体的合作，通过媒体进行及时、有效的信息传导。政府一旦"失声"，行动迟缓、保持沉默甚至刻意隐瞒，就等于主动放弃引导权，导致媒体各行其是，舆论陷入失控状态。

再次是利用好主流媒体，整合各路媒体资源。媒体有不同类型和不同影响范围。政府发布信息可以通过行政化程度高的媒体，也可以通过市场化程度高的媒体；可以通过传统媒体，也可以通过新媒体。不过在突发事件的信息发布中，政府通常更依靠主流媒体，特别是那些与新媒体融合较好的主流媒体。2016年国务院颁布的《〈关于全面推进政务公开工作的意见〉实施细则》专门强调，要充分运用中央新闻媒体及所属网站、微博微信和客户端进行政策宣传解读工作，"发挥主流媒体'定向定调'作用，正确引导舆论"。发挥主流媒体的作用，一是可以保证政府信息传播不走样，不被过度解读；二是可以进一步提高主流媒体的传播影响力。国外也是如此，在2011年8月伦敦骚乱的危机处理中，英国政府就充分利用主流媒体，与《泰晤士报》等在英国有影响力的主流媒体积极沟通，而《泰晤士报》也在处置危机的舆论引导中发挥了积极作用。[①]

---

① 周忠伟，周煜川.伦敦骚乱给我们的启示［J］.江西警察学院学报，2012（1）：32-35.

然后是提高信息的质量，理解媒体的特性，发挥各类传播平台的作用。前文谈到"信息容器的充分填充"，但这一任务不一定都要由政府来完成；前文谈到政府信息快、准、深、多，但这些也需要媒体的解读才能实现；前文还谈到政府与媒体的一致性，但我们也要理解媒体的特殊性与独立性。

最后是充分发挥新闻发言人的作用。作为政府与媒体之间的联系人，新闻发言人的职责就是解释政策、澄清疑惑、服务媒体。在突发事件中，新闻发言人的作用更加凸显。

（二）对媒体实行管理

媒体管理是一个世界性的问题。2004年11月28日，陕西省铜川矿务局陈家山矿发生特大瓦斯爆炸事故，166名被困井下的矿工全部遇难。事故发生后，全国各地的媒体记者蜂拥而至，达到200多人。由于事故处理方经验不足，对于引导舆论重视不够，未能及时成立负责宣传报道的专门协调指挥机构，导致采访秩序混乱，报道处于无序状态，各种小道消息满天飞。直到29日晚，陕西省委宣传部赶赴事故现场，协调抢险救灾新闻报道，规范采访秩序，要求持证采访；建立新闻发布制度，引导记者报道；在网络上建立专题页面，引导网络舆论，才扭转了不利局面，使舆论趋于理性。但在此后很多突发事件中，都出现了不同程度的媒体管理混乱的问题。比如，2011年"7·23"甬温动车事故的新闻发布会就出现了文字记者和摄影记者位置混乱的问题。由于发布会的会场是临时借用酒店的会议室，整个会场只有一个出入口，结果出现了发言人进来时文字记者在前、摄影记者在后，发言人走到发布桌时摄影记者在前、文字记者在后的情况。而在这种场合下，记者是不会听从指挥安排的，于是当发言人宣布发布会结束准备离开会场时，被各路记者围了个水泄不通。从此以后，记者和发言人不能走同一个出入口，就成了组织发布会时需要考虑的一个重要原则。在2015年"8·12"天津港爆炸事故的前六场发布会上，同样出现了记者管理混乱的问题。记者离发布台过近，随意提问干扰发言，破坏了会场秩序，甚至还出现了非记者冲入现场，致使发布会直播中断的情况。

突发事件中的媒体管理包括宏观管理和现场管理两个部分。宏观管理是指对整个突发事件报道的管理，事件的类型和等级不同，管理的机构和方式也有所不同。总的来说，主动、统一、协调、有序、规范是基本原则。当然，媒体不是政府行政部门，能达到"松而不散""疏而不乱"的状态就已经很理想了。有人说记者是"唯恐天下不乱"，其实这是他们向公众传播信息的责任和义务使然。记者的无组织采访有时会对危机的处置带来麻烦和干扰，但究其根本，还是与政府的管理混乱有关。因此在突发事件处置中，政府一定要正确对待记者的采访和报道，制定好记者接待方案，做到有礼有节。

"现场"是突发事件中的重要因素，也是我们反复强调的部分。在现场的三要素（信息收集、新闻发布、媒体管理）中，媒体管理非常重要。在这个过程中，政府首先要启动应急报道预案，相关人员要在第一时间到达现场，管理与协调新闻媒体的现场采访。其次，了解现场的记者情况，包括多少记者、来自哪些媒体、是否已经采访或发稿、采访了哪些信源，等等。然后，建立采访秩序，规范采访活动，包括记者登记、持证采访、划分采访区和非采访区（事故处理区一般禁止记者进入）、发放车证、控制记者的人数、对记者的采访活动提出要求（不是禁止报道或只能说好话，而是强调准确、客观、以人为本的原则）。最后，提供现场服务，包括提供采访证、车证、设置新闻中心、提供发稿便利，等等。

新闻发布会的现场管理还需要注意：采访证的领取、记者席的区域划分、提问的秩序、主持人的现场控制、活动的程序等。

为了充分发挥媒体在突发事件中的积极作用，政府必须放宽媒体介入报道的限制。但媒体的自由不是没有底线的，事件的处理是第一位的。如果媒体采访影响到政府的危机处置，或可能使受害者受到二次伤害，就需要被限制。所以，规范媒体活动也是突发事件舆论引导的一部分。

（三）为媒体提供服务

服务和管理相辅相承。近年来，在突发事件中，政府与媒体的关系逐渐从控制到管理再到合作转变，服务的概念也越来越受到重视。一些政府部门提出"主动靠前服务"的理念，体现了其在处理突发事件中主动与媒体合作的态度。

为媒体提供服务首先是态度的改变。记者不是呼来喝去的对象，记者与行政管理者的地位是平等的。行政管理者对记者要"有礼有节"："有节"就是上面所说的管理，记者的所有要求不可能都得到满足；"有礼"则是"以礼相待"，在提供信息的同时还要提供服务；既要有服务意识，也要有好的服务态度。在实践中我们可以看到，许多政府官员没有完成意识的转变，对记者态度蛮横，导致突发事件舆论引导不力，甚至此类行为本身也会成为社会热议的新闻。

为媒体提供服务要让记者找得到你，知道你在哪里，建立与记者联系的机制和机构。除了平时的联系渠道之外，在突发事件发生后设立新闻中心，公布联系电话、邮箱、微信或QQ号都是非常必要的。2007年6月国务院公布了各部委新闻发言人名单和联系电话，2011年2月国资委公布了央企新闻发言人的名单和联系电话，此后很多媒体都进行了联系测试，结果有三分之一左右的电话都无法接通。不过，现在的情况已经大为好转。在2020年3月四川西昌大火的事件处置中，西昌市政府建立了专门的媒体微信群——"四川西昌市经久乡森林火灾媒体群"，用于当地政府与媒体的沟通，在群里发布各种通报、通知和相关信息，就是一次很好的尝试。

政府为媒体服务还包括为记者写稿、发稿提供实实在在的帮助。例如提供电话、电脑、传真设备、资料查询、被采访人联系方式等。条件允许的话，还应该提供交通车辆、食宿等进一步的服务。你提供的服务越好，媒体就越有可能受到你的正面影响，这也是突发事件舆论引导的重要组成部分。

案例回顾 7-2

美伊战争中的媒体管理

2003年的美伊战争同时也是一场媒体战争，美国在这场战争中的媒体政策值得特别注意。一方面，美国政府的媒体服务达到一个新的水平，美国军方为记者提供了前所未有的"嵌入式"采访的机会，800名记者（包括20%的非美国记者）被安排在美国的战车、飞机、军舰上以及战争区域的军事基地，并在战区司令部设立设备先进的新闻中心；另一方面，美国政府的媒体管理也达到一个新的水平，如五角大楼印发了长达12页的《战地采访须知》，作出各种限制性的规定，在新闻发布中心的关键位置获得关键提问的一定是美国记者，等等。在这次战争报道中，美国主流媒体达成了空前一致的"与国家共进退"的目标，鲜有不同的声音。

六、突发事件之后的传播总结

突发事件之后的传播总结，是突发事件舆论引导的一部分。

美国危机管理专家罗伯特·希斯在《危机管理》一书中提出了危机管理的 4R 模式：缩减力（Reduction）、预备力（Readiness）、反应力（Response）和恢复力（Recovery）。其中恢复力是指在危机得到控制后着手形象恢复和提升，也指危机结束后的总结，以便为今后的危机管理提供经验和支持。应对突发事件，既要"瞻前"又要"顾后"。突发事件平息后，应进行详细总结，深入剖析问题发生的原因、处置措施的优点和不足、整改措施和方向，形成危机应对规范，奖惩有关单位和人员。这些对于我们提升应对突发事件的水平是很有必要的。

限于篇幅，这里不提供完整的传播总结方案，只强调几个关键的问题——

（一）总结的内容

整个突发事件一般有三个流程：一是事件本身的发展流程，包括酝酿期、爆发期、缓解期、善后期；二是事件中舆论的发展流程，包括舆论散播、舆论聚集、舆论爆发、舆论极化；三是事件中舆论引导的发展流程，包括传播预案的准备，事中的危机评估、信息管理、新闻发布、媒体应对，以及事后的传播总结。这三个流程存在着大体相当的并行关系。其中，微观层面的新闻发布会、中观层面的流程互动、宏观层面的整体效果评估，是传播总结中的三个主要问题。

新闻发布会的总结主要包括：发布会的定位是不是准确？准备是不是充分？要传播的信息有没有传播出去？有没有按照预想到的方式展开讨论？发布会的现场控制如何？发言人的表现如何？会后媒体报道的内容如何？受众的反应如何？受众对信息的认知程度、认可程度如何？发布会后有没有什么新的问题产生？等等。目前，新闻发布会还存在许多问题，如有名无实（没有内容）、定位不准、有宣传无新闻、有发布无反馈、有内容无时效，主动发布多回应关切少等，这些都需要改进。

流程互动的总结主要包括：舆论引导的口径、核心信息、发布时机是否与事态及舆情的发展一致？预判准确还是发布滞后？是否与事件的热点相对应？发布的效果如何？

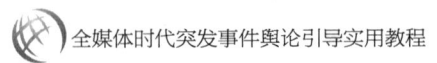

如果效果不佳，是什么原因造成的？等等。

整体效果评估是建立在以上两种评估基础之上的完整总结，是对事件中舆论引导的总体评价。

案例回顾 7-3

泰安袭警案的总结

在 2011 年山东泰安袭警案结束之后，泰安市委宣传部进行了关于事件舆论引导的总结，其中包括事件过程回放，迅速启动新闻应急处理机制，及时召开新闻发布会，滚动提供最新消息，积极引导、弱化负面声音等内容，汇总了第一时间发出权威声音、回应关切与科学设置发布内容、加强舆情分析与研判，以及争取上级的支持与协调四条经验，得出"在突发事件传播中，最可怕的不是记者抢发新闻，而是记者抢发的不是政府发布的新闻"的重要结论。

（二）总结的主体与方法

总结的主体是总结报告能否客观公正的重要因素。责任主体做总结当然可以，这是目前常见的总结方式，因为熟悉自己做过的事情，总结起来更方便。但是其中也有弊端，如不客观、不公正。所以我们认为，可以请对事件过程了解的第三方进行总结，在事件一发生就引入第三方评估，或者在总结中采用第三方的数据，自评与他评相结合。同时，总结应该多采用定量方法，如接受采访数量、发布会数量、新媒体报道量、动态反应能力、媒体报道倾向性、引导效果评估等。另外，总结报告应该呈报上级领导审批。

（三）总结的目的

总结的目的有两个：一是提升突发事件舆论引导的水平，二是有利于奖惩制度的建立与实施。事情都是在实践中发展提高的，如果只有实践而没有理论总结，等于"只埋头拉车，不抬头看路"，无法积累成功的经验，吸取失败的教训。古希腊有哲人言："人不能两次踏入同一条河流。"在这里，就是在指人不能重复犯同一个错误。另外，我国的《突发事件总体应急预案》和《突发事件应对法》，都有关于突发事件的评估总结的规定。《关于全面推进政务公开工作的意见》与《关于在政务公开工作中进一步做好政务舆情回应的通知》等文件，也有开展效果评估、建立政务舆情回应激励约束机制的规定。目前，新闻发布的问责制也在实践推进中，如果没有对突发事件的客观评估和总结，这些规定将无法真正落实。

第八章 突发事件舆论引导的公共表达

■ **关键问题**

1. 什么是公共表达?

2. 什么是语商和情景传播?

3. 在公共表达中,发言人要注意哪些因素?

4. 在突发事件舆论引导中,公共表达的作用是什么?

在研究了突发事件舆论引导的概念、机制建设、原则和方法,并且集中讨论了典型案例之后,我们还是要落实到具体的人和表达方式上。可以说,当前的社会治理已经从过去的信息封闭、自上而下的行政管理模式,逐渐演变为信息开放、政府—社会协商互动的管理模式;从过去单向度的宣传和灌输,演变为双向互动的传播和影响;从过去事件与接收者分离、接收者与传播者隔绝的传播演变为传播要素混合的情景传播;从过去以文字传播为主的延时传播演变成以口语传播为主的即时传播。因此,公共表达在新闻发布制度建设、发言人的素质要求及舆论引导中变得愈加重要。本章主要探讨公共表达的概念及其当代发展、公共表达中的核心要素以及公共表达与突发事件舆论引导的关系,以推进新闻发布的制度研究及突发事件舆论引导的实践。

一、公共表达的概念及其当代发展

公共表达是指"在公开场所或通过大众媒体，面对公众就社会公共事务所做的传播活动，是以口语传播为主要方式的一种特殊的信息交流活动"。具体来说，公共表达是以追求公众利益为目的，在公开场所或通过大众传媒，面对需要或愿意了解社会公共事务的受众，就社会公共事务的看法所做的公开传播，是以清晰准确的口语传播为主，包括使用文字及视频等传播工具的一种特殊的信息交流活动。公共性的要素包括言者和听者的公共性、表达场域的公共性、内容与话题的公共性。公共事务、公开场所、公开传播，是公共表达的三个基本要素，而推进公众利益的实现和提升，是这种传播的最终目的。①

与公共表达相关的概念有公众表达、口语表达、新闻发布等。所谓公众表达，就是在公众面前进行的表达。所谓口语表达，又被称为口语传播、有声语言传播，就是通过口头语言来传达思想、感情和信息的一种表达方式。所谓新闻发布，是指将特定信息或事件通过媒体渠道传达给大众的过程。这里讨论的公共表达，包括但不限于口语表达，而是各种传播工具的综合使用。与新闻发布相比，公共表达的历史更为悠久、内容更为丰富，而形式却相对单一。公共表达更多的是一种"在场"，②是面对面的交流。

公共表达是关于公共事务的传播，传播的内容与话题具有公共性。"公"即公平公道，"共"则是一起参与。严格说来，"公共"的层次要超过公众，公众一般指较多的人数，而公共除了人数多，还有意见集合的含义。与公共话题相对应的是私人话题，但是如果这种私人话题涉及整个社会的利益、社会的公序良俗和法律法规，就变成了公共话题。政治类话题是公共表达中最古老的话题之一，到了近代，经济类话题逐渐增多，而到了当代，文化类、社会类的话题明显增加，各种与人类社会有关的话题都成了公众讨论的对象。

---

① 刘笑盈，隋岩，安萧宇.中国公共表达蓝皮书（2018）［M］.北京：中国传媒大学出版社，2019：2.
② 在场（Anwesen）即直接呈现在面前的事物，是哲学中的概念。在柏拉图那里，"在场"是与理念世界对应的感觉世界，后来成了德国古典哲学中的"原现象""物自体"、法国启蒙哲学中的"对象的客观性"。在现象学家胡塞尔和海德格尔那里，"在场"成了"面向事物本身"的绝对体验，是"本质直观"，人们通过体验获得意义。其实庄子在《齐物论》中谈到的"物我齐一"，也是人的"在场"体验。当代新媒体可参与、可互动的特征，都是对"在场"的诠释，尤其是视频传播的盛行，更是一种"在场"的直接体验。

公共表达是在社会公开场所的传播。在西方政治哲学中，有对"公共领域"的研究。哈贝马斯认为，"举凡对所有公众开放的场合，都可以称为公共的"。公共领域与私人领域相对，它是讨论公共事务的领域，既指言论的空间，也指介质的空间，又指场所的空间。比如广播电视、报纸杂志之类的媒体，抑或剧院、咖啡馆、茶馆乃至广场、街头等场所。公共表达在当代得到了进一步发展，各种新媒体平台大大扩展了公共表达的空间。

公共表达是显示言者和听者公共性的公开传播。言者不仅要带着公众利益去表达事件，听者也要带着了解公共事务的愿望去接收事件的传播，二者基于事件的公共性达成理解和共识。

公共表达还是以口语传播为主要形式的一种传播。媒介研究的开创者、加拿大学者伊尼斯与麦克卢汉对口语传播都非常重视。伊尼斯认为，口语传播与文字传播是人类社会传播史上的两次突破，二者都具有扩大传播效果的一致性。它们的区别在于，口语传播具有个性、开放性和创造性，更加倚重时间；而文字传播具有抽象性和规范性，更加倚重空间。他非常推崇兼顾了二者平衡而又保持着口语传统的希腊文明，认为这一文明对西方历史产生了重要影响。因此他声称，"口头传统及其活力在希腊文明中至关重要""进步永远是在发展希腊人的构想中产生的"[①]。麦克卢汉则由于口语词汇具有丰富的情感，认为"言语的作用是把人和人分开，把人类和宇宙无意识分开。作为人各种感觉的同时延伸或吐露（即外化），语言一向被认为是人最丰富的技艺形式，这一技艺形式把人和动物区别开来"[②]。口语传播是双方或多方通过语言进行沟通的过程，具有互动性，包括语言的互动和心理层面的互动，同时口语传播也具有开放性和创造性。口语传播是即时互动的语言使用，传者和受者面对面，传者需要努力营造传播环境，以便获得更好的传播效果。[③]这些特点使口语传播成了公共表达的主要方式。

无论是古希腊的智者和演说家，还是中国先秦时代的诸子百家，无论是中世纪的传教士还是早期信奉科学的殉道者，无论是近代历史上的革命宣传家，还是现代的政治鼓动者，都以公共表达为工具，宣传自己的理想和信念。不过，公共表达也经历了一个曲

---

①　伊尼斯.传播的偏向［M］.何道宽，译.北京：中国人民大学出版社，2003：33.
②　麦克卢汉.理解媒介：论人的延伸［M］.何道宽，译.北京：商务印书馆，2000：116.
③　刘笑盈，隋岩，安萧宇.中国公共表达蓝皮书（2018）［M］.北京：中国传媒大学出版社，2019：241.

折的发展路线。正如麦克卢汉将人类的传播史分为部落社会、脱部落社会和再部落社会一样，公共表达的历史也经历了由古希腊和春秋战国时期的繁荣到文字及印刷时代的相对低谷，再到当代的复兴三个不同发展阶段。

在当代，公共表达在更大范围内、更高程度上表现出蓬勃发展的势头。一方面，它突破了政治领域的局限，在商业、文化及社会领域表现突出，同时突破了精英阶层的范畴，开始进入普通人的生产生活；另一方面，公共表达的对象经过媒体的放大，传递的范围和影响力也在急剧扩大。

可以说，当今我们处于一个表达的时代。表达对我们的重要性日益增强。究其原因，首先是传播技术的发展。在传播日益大众化的时代，公共表达拥有前所未有的广泛基础。其次是社会关系的发展。当今时代是社会关系不断变化的时代，更准确地说，是一个从"熟人社会"转向"陌生人社会"的时代。就人们的社会行为而言，当今社会是"参与型"社会，是"体验与分享"的社会。每个人都可以有一个舞台，都需要表达的勇气和能力。最后是社会需求和社会传播结构的变化。公共表达场所日趋多样化，几乎涉及人们生产生活的各个领域。无论是政治人物、商业领袖、社会精英，还是普通民众，都有表达的需求，表达的场所因人而异。就社会传播结构而言，传统的传播单线程变成了多线程、多维度、多可能的乱序或脱序状态，这就引发了多样性的社会观念。这种社会观念加之媒介技术的推动，就形成了广阔的公共表达空间。

特别需要指出的是，当代公共表达的崛起与视频传播潮流的出现密不可分。麦克卢汉说："媒介是人的延伸。"不同的传播媒介对应人类不同的感觉器官，如声音（语言）传播对应听觉能力，文字传播对应抽象思维能力，视频传播对应视觉能力。视频传播的优势，首先体现在传播内容上。视频包含文字、声音、图像等多种信息，天然适合多元传播。在传播效果上，视频传播的直观、感性与语言文字传播的间接与抽象形成鲜明对比。相比于"冷冰冰的"静态文字，人们显然更喜欢动态图像。然后，语言文字的传播是线性的、互动的，读者拥有足够的想象和思考的空间，而视频传播则是单向的、灌输性的，观众不再思考，劝服就变成了很容易的事情，传播效果实质上得到了强化。最后，在跨地域、跨文化的全球化传播中，传受双方彼此之间缺乏了解，因此形象的视频比抽象的文字更有利于获得理想的传播效果。

在当今中国，除了商业、文化和社会传播中的公共表达，政治传播中的公共表达更值得注意。根据统计，2013 年初到 2017 年底，习近平总书记公开发表的讲话达到 355 次，几乎是平均五天一次，在当代领导人中可能是最多的。[①]讲话内容涉及政治、经济、文化、社会、生态、党建、国防、外交等方面，大量使用民间接地气的语言、典故、诗词、谚语，形成了独特的话语体系。2019 年两会上，部长、委员和代表三大通道的推出，以及代表和委员在不同场合接受采访，说明在这个"全程、全息、全员、全效"的全媒体时代，两会成了新闻发布和公共表达汇聚的信息场所。

当然，在我国，公共表达还存在很大的障碍，即"不愿讲、不敢讲、不会讲"的问题。"不愿讲"是观念问题，儒家传统要求"君子讷于言而敏于行""刚毅木讷近仁"。其实，孔子的意思不是不说，而是不要随便说，不要说过头的话。"不敢讲"是制度的问题，新闻发布制度规定了发布的主体、发布的内容、发布的时间甚至发布的问责机制，但是对发布的保障、容错机制等规定得并不详细，导致新闻发言人能少说就少说，能不说就不说。"不会讲"是技巧问题，除了掌握必要的原则和方法外，公共表达的系统训练和技巧掌握也是非常重要的。

二、公共表达中语商与情景传播

公共表达是一种技术含量较高的活动，需要一整套相应的技巧和方法。其中最为重要的基础概念，就是"语商"和"情景传播"。

"语商"（Linguistic Quotient，LQ）是与"智商""情商"并存的现代人的一种基础能力。如果说"智商"是人们认识客观事物并运用知识解决实际问题的能力，"情商"是人们在情绪、情感、意志等方面的品质，是理解他人以及与他人相处的能力，那么语商就是在智商和情商的基础上，通过语言表达思想并影响他人的综合能力。具体而言，语商包括以下六大能力，如图 8-1 所示。

---

① 刘笑盈，隋岩，安萧宇.中国公共表达蓝皮书（2018）[M].北京：中国传媒大学出版社，2019：127.
注：其中政治方面 44 篇，经济方面 38 篇，文化方面 47 篇，社会方面 52 篇，生态方面 9 篇，党建方面 16 篇，国防方面 9 篇，外交方面 140 篇。

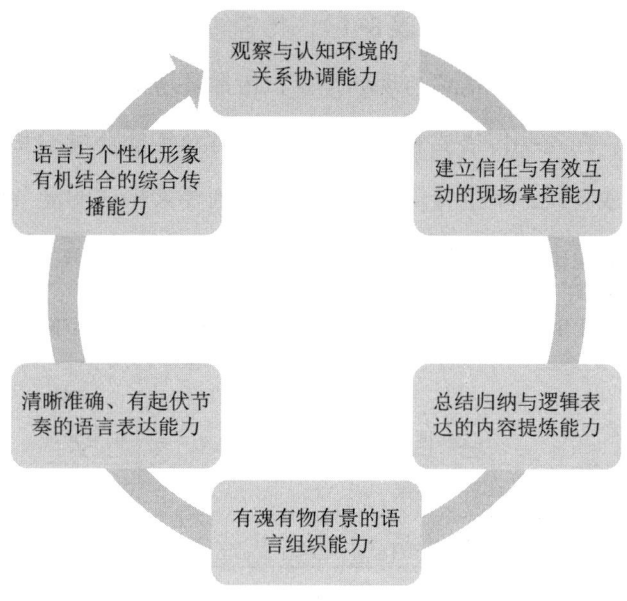

图 8-1　语商六大能力

语商不是独立产生的，而是在情景传播中实现的。情景传播的特点就是"在场"，在场是由"经验的直观性、无遮蔽性和敞开性"构成的体验舞台，是一种特殊的传播空间。

在传播学研究中，有三种与"场"相关的理论。一是微观研究的"心理场"，该理论来自格式塔心理学的心理场及勒温的群体动力理论，主要说明新媒介在构建传播情境的同时存在一个心理场，即心理环境。不同个体与不同社群间的心理场因时因地而不同，情绪性意见因此而崛起。二是中观研究的"媒介场"，这一理论来自梅罗维茨的媒介情境理论，主要研究融合传播中传受双方的角色转换、自由互动及传播行为的新环境。三是宏观研究的"社会场"，这一理论来自布尔迪厄的场域（社会空间、社会关系）研究，主要关注社会关系中人的行为，以及在这一场域中所形成的"符号暴力"。我们提出的情景传播，就是在心理场、媒介场、社会场三场合一情况下的一种特殊传播。它在场域理论的基础上，研究由内外情景因素的互动和刺激所构成的、信息可以高频有效沟通的、具有沉浸与感染特殊效能的传播空间。这一空间不仅是已有信息的传递，而且可以形成思想和力量，使信息放大与膨胀，瞬间形成新的信息。

情景传播如果细分，有三要素构成的框架结构。宏观的三要素包括传者、受者和传播环境。其中每个要素又有微观的三要素，形成了三层次九要素构成的网状结构，我们可以称之为"情景传播九宫格"（如表 8-1）。传者的三要素包括内容、语言与形象；受者的三要素包括关注度、个体情绪与现场气氛；传播环境的三要素则包括时空环境、符号建构与传受互动。在这些传播要素中，传者、受者及传播环境的互动和有机结合，就构成了情景传播。或者说，情景传播就是由这一系列要素构成的复杂信息系统，其中各要素的排列、影响以及由此产生的协同效应，形成了情景传播的特殊空间。

表 8-1　公共表达的三层次九要素（情景传播九宫格）

传者	受者	传播环境
内容	关注度	时空环境
语言	个体情绪	符号建构
形象	现场气氛	传受互动

请看一个关于公共表达的情景传播案例。

在孟晚舟事件的危机传播中，华为公司轮值董事长、高管和公关负责人多次接受中外媒体的采访，有一对一采访、群访等多种形式，采访地点在不同国家和地区。从 2018 年 12 月到 2020 年 3 月，一向低调、远离聚光灯的任正非先生史无前例地接受了 40 多场全球各国媒体的采访，包括记者圆桌会、见面会、咖啡论坛、一对一采访等，尽管形式不一、传播场景不同，但是华为释放的信息主题高度一致，体现了情景传播的系统性。

案例回顾 8-1

华为记者会上的"灯塔"纸杯

2018 年 12 月 25 日，在华为投资控股有限公司董事长梁华的记者会上，桌上事先摆放了由华为特制的纸杯。当记者问到与孟晚舟有关的问题时，梁华看似随意地举起这个杯子介绍说，这是我们的员工亲手制作的，也表明了我们对孟晚舟事件的态度。杯子上清晰可见的文字，"灯塔在守候，晚舟早归航"，深深打动了在场的媒体记者，这句话也迅即出现在各大媒体的报道中。用杯子说话，用细节说话，用环境符号说话，体现了华为公司精心设计的情景传播技巧。

图 8-2　华为发布会上的"灯塔盼归杯"

三、新闻发言人的公共表达技巧

新闻发言人是代表特定的社会组织（政府、企业、社会团体或民间机构）发布和传达新闻信息的专业人士，其主要职能是通过大众传播的方式向媒体或公众发布组织掌握的新闻信息，并通过大众传播渠道向社会公开。新闻发布活动是新闻发言人的主要工作。新闻发言人的职责及一系列相关活动构成了新闻发言人制度。

新闻发布活动是公共表达中最为突出、活跃的领域。20 世纪 30 年代，美国在白宫设立了新闻办公室和发言人，成为最早建立新闻发布制度与新闻发言人制度的国家。中国的新闻发言人制度自 1983 年开始建立，2003 年起进行大规模推广和完善，目前已经形成了政府高度重视、队伍不断扩大、水平不断提高、制度不断完善、效果不断提升的完整体系。可以说，新闻发言人是公共表达最重要的实践者。从实践来看，我们不宜仅仅把新闻发言人作为一种职务来定位，而要看其从事的活动。实际上，新闻发言人可以分为职业和非职业两种，关键是看其在新闻发布中承担的角色和任务。[1] 所有从事新闻发布工作的人都需要提高自己的"语商"，都需要掌握情景传播的发布技巧。

在两会的新闻发布中，发布者有专业的发言人、政府领导人、部门负责人等，发布的对象有中外不同媒体记者及受众。发布的场所有发布厅、会议室、会场通道，甚至还

---

① 杨正泉.新闻发言人的理论与实践［M］.北京：中国传媒大学出版社，2005：6.

有台阶、路旁。发布的内容有一般性的议题和特殊议题。从整体而言，发布者的素质在不断提高，原来不愿讲、不敢讲、不会讲的情况在逐步改变。

在两会的新闻发布中，开场的发言人记者会、会议过程中一些部门领导人关于焦点问题的发布会是新闻发布的聚焦点和放大器，也是研究公共表达和情景传播的重要案例。正是发布者良好的表现，才使得新闻发布获得了良好的传播效果。就两会的情景传播三要素来说，传播环境是相对固定的新闻发布厅，发布厅的设计庄重大气；受者是采访两会的中外媒体记者；传者是发言人。可以看到，两会中的发言人屡屡有精彩的表现。比如在2019年政协发布会结束后，媒体评价发言人郭卫民能"直面犀利的问题""讲好中国故事和政协故事"。在这一年两会记者会上，国务委员兼外交部部长王毅金句频出，如"合则两利、斗则俱伤"，中国不当"沉默的羔羊"，"'一带一路'绝不是什么'债务陷阱'，而是惠民的'馅饼'，绝不是什么'地缘政治工具'，而是共同发展的机遇"，等等。随着媒体的总结、放大和传播，这些发言取得了很好的效果。

除了传播内容外，媒体还十分注意传者的语音、语调和形象，包括表情、手势和体态。值得注意的是，两会的传者还善于用语言营造氛围，达到与受者互动的效果。例如，在2019年3月11日环保部的记者会上，李干杰部长在回答打好蓝天保卫战的问题时，首先说"今天天气不错，给我赏光，给我更多底气"，活跃了现场气氛。实际上这是情景传播中传受互动的重要体现。

前面谈到情景传播有三层次九要素，其中传者的三要素各对应三个要点，我们可以称之为传者的九宫格（如表8-2）。

表 8-2　传者的九宫格

内容	语言	形象
情	语音	眼神
理	语调	动作
法	语速	服饰

传播的关键是内容，而内容三要素包括情、理、法。用亚里士多德的话说是沟通的三要素：道德制高点、情感共鸣处和逻辑严密性。传者要将这些内容以个性化的语言组

织起来。传者的语言三要素包括语音、语调和语速。语音是不是好听、语调是不是有起伏、语速是不是有变化，对表达有重要影响。传者的形象三要素包括眼神、动作和服饰。眼神是坚定还是游离，动作是大方还是僵硬，服饰是否与发布内容相匹配，在公共表达中都很重要，以上因素共同形成了传者的传播情景。

在面对镜头、媒体记者进行公共表达时，发言人有两个至关重要的因素决定着发布能否成功，这两个因素一个是心态，一个是口径。

发言人要保持好的心态，因为内在的心情很容易外化表现出来。消极、对抗、愤怒、紧张，都不是好的心态。对发言人来说，好的心态就是愿意沟通，有话想说。要认识到表达对象不是敌人，不需要时时对抗，但也不是家人，不能什么话都说，更不是部下和学生，需要指示、教育，而是朋友。即使是面对一个话筒、一个镜头，发言人也要有对象感。发言人如何保持好的心态：一是做好充分的准备，包括日常的准备和专项的准备；二是提高排除突发影响因素的能力；三是头脑清醒，对敏感问题保持高度警觉；四是不断实践，使自己习惯镜头前的表达，所谓习惯成自然。

口径最初是指枪、炮管的内直径，它决定了弹药的规格，后来延伸为对问题的看法或处理问题的原则。舆论引导如同打仗，不仅要有弹药（信息）和瞄准镜（定性），还要有发射的口径。如前所述，"口径"是新闻发布工作中的术语，指对某一重要问题权威、准确的回答。口径不仅要合理，还要合情；不仅要有新闻价值易于传播，还要有准确的数据和背景材料作为支撑。突发事件中信息庞杂，需要有"口径"（定调）和"关键信息"（支撑定性）来引导，达到织网架梁、整合信息的效果。新闻发布的口径，建立在信息与定性优先的基础上，需要根据事件的进展和社会的关切而定，要因事、因时、因势、因情而定。口径应保持整体性和连续性，当然，不同的时期，口径可能会有所变化。新闻发布的口径制定有特定的程序，一般是由事件处置部门初步拟订，后由法务部门进行合规审查，再由宣传部门改写，力求通俗易懂、易于传播，最后若有必要，请上级部门审查并认同。在发布会上，新闻口径若与标题句、金句结合，可以产生更好的传播效果。

所谓标题句是可以直接用来做标题的句子，金句则是含金量很高的句子。媒体喜欢放大细节，而标题句和金句就是发布者希望媒体放大的细节。

案例回顾 8-2

2020年两会记者会

2020年5月24日，国务委员兼外交部部长王毅在两会之后按照惯例举行记者会。在100分钟的记者会上，王毅就中国的外交政策和对外关系回答了中外记者的23个问题。其中有很多问题十分尖锐，但是王毅侃侃而谈，沉着稳重，金句迭出。在谈到中美关系时，王毅说："中美'合则两利、斗则俱伤'……中国无意改变美国，更不想取代美国。"而在谈到国外就疫情针对中国的"起诉"时，王毅称之为"滥诉"，无事实基础、无法律依据、无国际先例，是彻头彻尾的"三无产品"。在谈到经济全球化和中国对外援助时，王毅说："经济全球化犹如百川汇成的大海，不可能再退缩为相互隔绝的湖泊……我们的援助不附加任何政治条件，光明磊落，坦然处之。"鲜明的立场、坚定的目光、有力的动作、沉稳的神态和频出的金句，构成了一个完整的关于中国外交的公共表达。

四、公共表达与突发事件舆论引导

在突发事件中，公共表达非常重要。可以说，突发事件中需要公共表达的场合非常多，无论是接受记者采访还是举行新闻发布会，无论是在事件发生的初期、事件处置的中期，还是事件发展的末期，无论是准备好的发布还是缺乏准备的即时发布，随时都有公共表达的场合与需求。在一个镜头无处不在的时代，发言人可能在不知不觉中就完成了一次公共表达。

好的公共表达可以为突发事件的舆论引导加分，而不好的公共表达必然会给舆论引导减分。在2015年"8·12"天津港爆炸事故中，前六场发布会开得极为混乱。记者们一共提出了60多个问题，其中一半没有当场回答，发言人多以"你这个问题我需要回去查""你这个问题具体负责人没有来"等理由搪塞，出现了信息黑洞。分析微博上关于天津港的网络舆论倾向性，期待政府部门严格查处相关责任官员的占22%，指责官方信息不透明的占 16%，质疑官方公布数据作假的占 13%，批评天津媒体信息封闭的占 10%，希望政府能严格监管该类企业的占 10%。[①]总体来看，负面评价高达三分之二。而发生在同一年的"6·1"东方之星沉船事件，由于发布会的频次高、主题鲜明、有事实、有回应，凸显了人文关怀，发布效果比较好。根据网络舆情的倾向性分析，多数舆论为中立信息。数据显示，在这次事件中，中立信息占 53.8%，正面信息占 12.8%，负面信息只有 33.4%。[②]与天津港爆炸的舆情形成了鲜明的对比。

可以说，表现不佳的公共表达不仅会增加事件处置的难度，而且会导致舆论引导的偏向。如 2017 年陕西榆林孕妇跳楼事件中面无表情的医院发言人、2020 年新冠疫情期间湖北黄冈那位一问三不知、一直打电话的卫健委主任。这些案例告诉我们，正确的公共表达有多么重要。

案例回顾 8-3

碧桂园系列坍塌事故新闻发布会

2018 年，知名房地产企业碧桂园发生系列事故：6 月 24 日上海碧桂园工地坍塌，7 月 19 日河南碧桂园发生火灾，7 月 26 日六安碧桂园工地坍塌。8 月 3 日，碧桂园在佛山总部召开媒体沟通会，却又成了新的"事故现场"。媒体吐槽要点包括：一是事先送名贵礼物，公关手段用力过猛；二是三个多小时的媒体见面会，一半时间在说公司的人才观、机器人项目；三是公共表达有问题，总裁一面鞠躬道歉，一面又开媒体玩笑，让媒体放过他，态度极不严肃。董事局主席更抢镜，说自己每天都在为社会美好而忙，是"天下最笨的人"，这句话成为整场发布会最大的槽点。

好的公共表达是突发事件舆论引导的利器，可以帮助发言人更好地披露信息、引导舆论。

---

①　柳斌杰.中国公共关系发展报告（2016）[M].北京：社会科学文献出版社，2016：203.
②　柳斌杰.中国公共关系发展报告（2016）[M].北京：社会科学文献出版社，2016：203.

案例回顾 8-4

关于香港问题新闻发布会

2019 年 8 月 15 日，中国驻英大使刘晓明就香港问题在英国举行新闻发布会，从公共表达的角度分析是非常成功的。首先，从发布内容来看，口径非常清楚明晰。刘晓明对香港事件给出清楚的定性，从"反修例"到"新极端主义"，"如果恶化，中央会平息动乱"。刘晓明还明确提出四条意见：支持特区政府、依法严惩暴力犯罪、外部势力停止干预、媒体负起社会责任。其次，从表述方式来看，刘晓明用了类比的方法，比如反问记者如果英国有暴徒闯进议会大楼，你们会怎么做？同时还采用举例的方法，现场展示图片、播放视频，充分调动一切传播符号。然后，就语言表达来说，刘晓明熟练的英语问答，语速恰当、表情沉稳。最后，从受者角度来说，出席发布会的有 40 多家媒体，包括英国的主流媒体。因此，此次发布会取得了较好的现场效果和传播效果。

在突发事件舆论引导中，发言人是站在新闻最前线的人。好的公共表达不仅可以增加信息的可信度、接受度、传播度，而且可以增加受众对发言人的信任度，进而增加对发言人代表的政府或机构的信任度。因此，良好的公共表达能力和水平，是发言人或者其他需要传播信息的人在这个全媒体时代必须具备的素质。

后　记

本书是《突发事件处置与舆论引导》一书的扩大升级版和实用版。

在那一本书的后记中，笔者就写到，能够亲身参加一场伟大的社会实践是幸福的，能够把实践中的观察写出来更是幸福的。尽管在写作的过程中充满了思考的艰辛、组织思路的困惑和逐一敲字的痛苦，但正是这种幸福，使这些痛苦都微不足道。在写这本书的过程中，这样的感觉依然存在。

从2005年开始，笔者就加入国务院的新闻发言人培训团队。此后多年一直在新闻发布、危机处置、舆情应对和舆论引导领域从事培训和研究工作，至今已经超过15年时间。在全国各地上千场培训中，经历了新闻发言人制度从小到大、从不成熟到日趋成熟的过程。

在这本书中，我们增加和更换了许多新的案例，增加新的理论、新的思考，全书的章节从原来的六章增加到了八章，内容大大地丰富了。

在本书的写作过程中，我的助教、中国传媒大学的康秋洁副教授参与了大量的工作，收集了很多的案例和资料，直接参与了本书一些章节的写作和修改，我们甚至还共同开设了一门"危机处置与舆论引导"的课程。

本书的完成，要感谢许多人。首先是国务院新闻办的信任，让我在这个领域承担了许多任务；其次是许多实际的舆论引导参与者，正是在与各地的宣传部门官员接触的过程中，让我看到了他们的困惑，看到了他们的进步，更学到了很多东西；再次是一些同行学者，与他们的研讨让我获益良多；此外，需要感谢的还有学员和学生，他们的督促

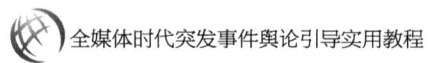

和希望促进了本书的完成。最后特别需要感谢的是中国传媒大学出版社的阳金洲和张笛编辑，她们为本书的出版做了大量工作。当然，本书还有很多不足，希望广大读者提出宝贵的建议。

刘笑盈

2024 年 5 月

图书在版编目(CIP)数据

全媒体时代突发事件舆论引导实用教程/刘笑盈，康秋洁著.-- 北京：中国传媒大学出版社，2024.7
新闻传播专业"十四五"规划教材
ISBN 978-7-5657-3395-6

Ⅰ．①全… Ⅱ．①刘… Ⅲ．①舆论—高等学校—教材 Ⅳ．①C912 .63

中国国家版本图书馆 CIP 数据核字(2023)第 017646号

全媒体时代突发事件舆论引导实用教程
QUANMEITI SHIDAI TUFA SHIJIAN YULUN YINDAO SHIYONG JIAOCHENG

著　　者	刘笑盈　康秋洁	
责任编辑	张　笛	
责任印制	李志鹏	
封面设计	拓美设计	

出版发行 中国传媒大学出版社

社　　址	北京市朝阳区定福庄东街 1 号	邮　　编	100024	
电　　话	86-10-65450528　65450532	传　　真	65779405	
网　　址	http：//cucp.cuc.edu.cn			
经　　销	全国新华书店			

印　　刷	北京中科印刷有限公司
开　　本	787mm×1092mm　1/16
印　　张	14.5
字　　数	290 千字
版　　次	2024 年 7 月第 1 版
印　　次	2024 年 7 月第 1 次印刷

书　　号	ISBN 978-7-5657-3395-6/C·3395	定　　价	49.80 元

本社法律顾问：北京嘉润律师事务所　郭建平